대학의 과거와 미래

UNIVERSITIES: Past and Future

허 준 지음

연세대학교 출판문화원

대학의 과거와 미래

지은이 허준
펴낸곳 연세대학교 출판문화원
주소 서울시 서대문구 연세로 50
등록 1955년 10월 13일 제9-60호
전화 02) 2123-3380~2
팩스 02) 2123-8673
전자우편 ysup@yonsei.ac.kr
웹사이트 http://press.yonsei.ac.kr
인쇄 (주)화신문화

2020년 6월 5일 1판 1쇄 2024년 7월 4일 1판 4쇄

ISBN 978-89-6850-401-3(03300)

값 16,000원

이 도서의 국립중앙도서관 출판예정도서목록(CIP)은 서지정보유통지원시스템 홈페이지(http://seoji.nl.go.kr)와 국가자료종합목록 구축시스템(http://kolis-net.nl.go.kr)에서 이용하실 수 있습니다.
(CIP제어번호 : CIP2020021762)

서문

대학은 무엇인가? 과거에는 무엇이었을까?
그리고 미래에 무엇이 될 것인가?

필자가 이 질문을 갖게 된 것은 2014년 9월 연세대학교에 신설된 Open Smart Education(OSE) 센터의 책임자가 된 이후이다. OSE 센터는 대부분의 대학이 가지고 있는 교수학습지원센터, 교육개발지원센터, 교육혁신센터 등의 이름으로 불리우는 CTL(Center for Teaching and Learning)에 새로운 이름을 붙인 조직이다. 고등교육 학습 리소스의 공개 및 공유를 뜻하는 'Open', 정보 기술을 이용한 학습 방법의 혁신을 뜻하는 'Smart' 그리고 이런 'Open'되고 'Smart'한 교육 환경에서 파편화되고 분절화될 수 있는 학생들에게 차별화된 교육을 제공하겠다는 의지의 표현인 'Education'으로 구성된 이름이 OSE이다. 교수자와 학생들의 교육과 학습을 지원하는 소극적인 역할에서 벗어나 고등교육의 혁신을 기획하고 실현하겠다는 적극적인 자세가 담긴 있는 이름이기도 하다. OSE 센터는 사립대학의 제한된 여건에서 교내에서 능력을 인정받은 인력들이 배치되었고, 교육 전반을 총괄하는 교무처와 교육/학습 관련 정보와 IT를 총괄하는 학술정보원이 함께 지원해 주는 파격적인 실험 조직으로 첫걸음을 내딛었다.

2013년과 2014년 당시는 국내외 주요 대학들이 MOOC(Massive Open Online Course) 에 대한 환상과 두려움을 동시에 느끼는 시기였다. 하버드 경영대학원의 크리스텐슨 교수는 자신의 '파괴적 혁신' 이론이 적용될 주요 분야 중에 하나로 고등교육을 언급하면서, MOOC로 인해 대학의 25% 정도는 문을 닫을 거라는 예측을 했고, 세계의 주요 석학들은 MOOC가 가져올 고등교육의 변화에 대해 다양한 예측을 제시하고 있었다. MOOC와 관련해서 무엇인가를 해야만 뒤쳐지지 않을 것 같은 분위기가 팽배한 시기에, OSE 센터의 주요 미션은 MOOC의 열풍에 대응하기 위해 직접 MOOC를 만들어 내는 것이었다. 가입자 수에서 3대 MOOC 플랫폼으로 평가되는, 하버드 대학과 MIT가 시작한 에덱스(Edx), 스탠포드 대학 출신 교수들이 창업한 코세라(Coursera), 우리나라의 방송통신대학에 해당하는 영국의 Open University가 시작한 퓨처런(FutureLearn) 중에 연세대학교는 코세라와 퓨처런에 가입했다. 교내에서 명강의로 이름 높은 교수들을 섭외하고, MOOC 개발을 진행하기 시작했다. 익숙하지 않은 외국의 온라인 강좌 개발 프로토콜을 따라 어렵게 개발을 진행했지만, 2015년 초반부터는 여러 강좌의 MOOC 개발을 마치고, 퓨처런과 코세라에 MOOC들을 공개하기 시작했다. 마치 IT 프로젝트를 진행하듯이 강좌 기획, 교수자 선정, 강좌 개발 과정 계획, 조교 교육 및 교안 개발, 테스트 촬영 및 개발 계획 수정, 본

촬영, 편집, 플랫폼 작업, 검수, 최종 수정, 강좌 개설의 일련의 업무를 강좌의 특성과 교수자의 특성에 따라 적절히 조율하면서 수행하였다. 차츰 국내외에서 연세대학교가 MOOC 분야에서 앞서 나간다는 사실이 알려지게 되고, 우리 대학의 MOOC 개발에 대해서 그리고 대학 교육 혁신에 대한 의견을 피력해야 하는 자리가 생기기 시작했다.

필자는 2000년부터 2005년까지 IT 관련 벤처기업에서 기술총괄이사로 재직하면서 2, 3개월 단위로 돌아가는 다양한 프로젝트를 수행한 경험이 있었다. 또한 클라이언트가 만족할 만한 결과물을 만들어 내는 프로젝트 관리에는 많은 경험을 갖고 있었다. 아울러 훌륭한 교내 인재들이 배치되고, 적지 않은 재원이 지원되었으며, 학내의 주요 인사들이 관심과 지원을 아끼지 않은 덕분에 MOOC 개발 프로젝트는 원활하게 진행되었다. 개인적으로 새로운 도전은 MOOC 개발을 포함한 OSE 센터의 여러 교육 혁신 활동에 의미를 부여하는 일이었다. 당시 학교의 분위기는 하버드 대학, MIT, 스탠포드 대학 등 주요 대학들이 하는 것이니 우리도 뒤쳐지지 않기 위해서 고민하지 않고 따라한다는 전형적인 동형화(Isomorphism) 자세였다. 따라서 필자에게 다가온 첫 번째 질문은 **"MOOC를 왜 만드는가?"**였다. 어느 누구도 그 답변을 주지 않았기 때문에, 이에 대한 비전과 그 가치를 명쾌하게 설정하는 것이 MOOC 개발의 지속성을 담보할 수 있다고 판단했다. 그리고 OSE 센터 직원들과 오랜 논의를 통해 우리 대학의 MOOC 개발은 5가지 목표를 갖는다고 정리했다.

첫째, 19세기 말 미국의 선교사들과 독지가들의 기부에 의해 설립된 연세대학교는 MOOC를 통해 기독교 대학의 소명인 지식의 기부를 실현하고 섬김의 리더십 구현을 목표로 한다. 둘째, 대학은 기본적으로 교육기관이나, 최근 연구 기능을 지나치게 강조하여 교육 기능이 상대적으로 간과되어 왔다. 수십만 명이 수강 가능한 MOOC의 활성화를 통해 교수들에게 교육의 중요성을 환기시키고자 한다. 셋째, 대학의 기능과 역할은 멀지 않은 미래에 크게 바뀔 것으로 예상되며, 그 변화를 가속화할 기제로 MOOC로 대표되는 온라인 강의 자원의 공개와 경쟁이 있다. 이런 변화를 피할 수 없다면 주도해야 하는 것이 연세대학교에 주어진 사명이다. 넷째, 대학 간의 순위 경쟁에 있어 인지도는 가장 중요한 평가 척도 중 하나이므로 우수한 MOOC 개발을 통해 우리 대학의 인지도 향상을 도모한다. 다섯째, 고등교육기관의 새로운 수입 창출 방법으로 온라인 강좌를 기반으로 새로운 교육 프로그램 제공이 각광받고 있다. MOOC 개발을 통해 이와 같은 변화를 선도하고자 한다.

위의 다섯 가지 비전을 국내외 여러 자리에서 언급하면서, 두 번째로 스스로에게 묻게 된 것은 **"도대체 대학은 무엇인가?"**라는 좀 더 근본적인 질문이었다. 이 질문은 "대학은 본질적으로 교육기관이다."라는 주장을 펴면서 이것이 맞는 주장인가 하는 의구심에서 시작되었다. 필자는 교수로서 학생들에게 도움이 되는 강의를 해야겠다는 소명 의식과, 재임용과 승진을 위해서 훌륭한 연구를 해야 한다는 절박함을 느끼며, 대학이란 교육과 연구를 위해 설계된 기관이라는 것을 체험으로 인식하고 있었다. 그러나 네트워크 관점에서 바라본 대학 역할의 변화를 논의했다. 다음으로 왜 대학이 중요한지에 대한 의견을 살펴보고, 함께 만들어 가는 대학의 미래를 위해 주요 혁신 방향과 이를 위한 구체적인 실행 항목을 제시해 보았다. 대학은 지식과 사상 그리고 다양한 영향력을 매개하는 '연결'을 담아 내는 플랫폼이다. 미래 대학의 성패는 '다양한' '연결'을 잘 담아 내는 '플랫폼'을 만드는지 여부에 달려 있을 것이다. 이를 위한 법령, 재정, 지배 구조 혁신과 같은 상위 구조의 혁신부터, 교육 방법과 대학 운영 방식과 같은 하부 구조의 혁신을 포함한 10가지 실행 항목을 제시했다. 마지막으로 대학의 혁신을 어떻게 수행해 낼 것인지에 대한 개인적인 의견을 담아 보았다. 우리나라 대학은 우군이 하나 없는 사면초가의 상황이다. 대학의 혁신이 국민의 신뢰와 존경을 회복하는 일부터 시작되어야 하는 이유이다.

필자는 지난 4년간 OSE 센터장으로 근무하면서, 대학 교육 변화와 관련된 다양한 정보에 접근할 수 있었고, 교육부의 위원회 활동 등을 통해 교육부의 정책, 여러 대학들의 변화 노력에 대한 이해를 높일 수 있었다. OSE 센터가 직접 진행한 여러 교육 혁신 노력과 그 성과들을 접해 보았고, 우리나라에서 30여 명의 교수만 경험해 본 코세라 MOOC 개설을 경험하기도 했다. 국내외 대학들의 교육 혁신과 관련된 주요 인사들 및 오피니언 리더들과 교류를 할 수 있었고, 이를 통해 대학 교육 변화에 대한 시각을 넓힐 수 있는 소중한 기회들도 가졌다. 미국의 벤처기업에 5년간 근무했던 경험도 대학의 과거, 현재, 미래를 바라보는 필자의 차별화된 시각에 자양분이 되었다고 생각한다.

『폐허의 대학』의 저자 빌 리딩스는 "21세기 대부분 대학의 프로젝트는 19세기의 대학의 것들과 놀라울 정도로 유사하다. 실제로는 오늘날 대학의 위기에 대한 대부분의 해결 방안은 대학의 역사에 대한 무지에서 비롯한 편견을 가진 훔볼트나 뉴먼의 재연에 지나지 않는다."라고 언급한 바 있다. 이 책이 리딩스가 비판한 범주에 속하지 않기를 소망해 본다.

2019. 10. 25

허 준

OSE 센터 업무를 함께 했던 故 김인섭 님께 헌정합니다.

CONTENTS

I 대학의 과거

1. 유럽의 대학

2. 미국의 대학

II 대학의 미래

1. 미래의 변화상과 혁신의 개요

2. 만들어 가는 대학의 미래

I

대학의 과거

대학은 중세 유럽이 만들어 낸 역사적인 성과물 중의 하나이다. 중세 대학은 학생들과 교수들에게 지식에 대한 배타적 독점권과 자치 특권을 부여했으며, 이들이 대학을 이동해 다니며 전파한 사상과 지식은 중세 사회의 사상적 보편성과 구조적 통일성을 유지하는 중요한 역할을 담당했다. 이런 중세 대학의 역할은 교황 권력과 왕정 권력의 긴장 관계가 절묘하게 유지되는 중세이기에 가능했던 특징이다. 왕정 권력이 교황 권력을 압도하면서 대학은 왕권에 복속되며 자율성을 잃게 되었고 서서히 몰락해 갔다. 대학은 국민국가의 발흥과 함께 부활했다. 산업혁명과 시민혁명을 통해 이룩된 근대사회에서 대학은 새로운 시대에 필요한 새로운 인재 육성을 새로운 방식으로 담당해 냈고, 그 역할을 재정의했다. 19세기 초반까지 2류 국가에 불과했던 미국은 남북전쟁 이후 유럽을 압도하는 경제성장을 시작했고 대학의 모습도 획기적으로 변화시켜 갔다. 새로운 시도에 두려움이 없던 미국의 대학들은 사회의 요구를 반영하며 지속적으로 혁신해 왔다. 미국은 두 차례 세계대전의 승전을 통해 정치 경제뿐 아니라 학문의 주도권을 잡게 되었고, 100여 년간 혁신해 온 미국의 대학은 세계 고등교육의 표준이 되었다.

이 장에서는 대학의 과거를 지리적 관점에서 살펴본다. 대학의 원형이 발생한 유럽 대학의 역사와 20세기 이후 전 세계 대학의 표준을 제시하고 이끌고 있는 미국 대학의 역사를 살펴볼 것이다. 대학은 기업과 함께 20세기가 역할을 확대하고 재정의한 대표적인 조직으로 언급될 만큼 현대사회를 구성하는 중요한 조직이다. 그러나 우리가 알고 있는 대학의 모습은 대학의 변화와 혁신의 역사 속에서는 대학의 다양한 양상 중 하나일 뿐이다. 다가올 대학의 자율적인 혁신 또는 타율적인 변화가 900여 년의 통시적인 관점에서 보면 대단한 변화가 아니라는 사실을 전달하고자 한다. 또한 정치, 경제, 사회, 과학기술 변화에 응답했던 대학의 역사와 그 변화 과정의 이해는 대학의 미래를 예측하는 데 있어 중요한 근거가 되며, 이 글의 목적인 우리나라 대학의 변화와 혁신의 방향을 제시하는 데 기초 자료로서 의미를 갖는다.

01

유럽의 대학

1.1 대학의 원형, 볼로냐 대학과 파리 대학

이탈리아 볼로냐 대학은 세계 최초의 대학으로 알려져 있다. '학문 연구를 위해 편력하는 자들'의 특권을 인정한 신성로마제국 황제인 프리드리히 1세의 특허장이 수여된 1158년이 볼로냐 대학의 공식적인 설립 시기로 인정받고 있다. 이 특허장은 '학자들의 특권(Authentica Habita)' 칙령이라고 불리기도 한다. 볼로냐 대학의 학생들은 오직 교수와 주교 앞에서만 재판을 받을 수 있는 사법적 특권이 있고, 학업을 위한 이동과 여행의 자유를 보장받으며, 채무 변제를 위한 강제 구금이나 재산 압류를 금지한다는 보복권 면제 등, 여러 특권들을 통해 공식적인 지위를 수여받았음을 특허장을 통해 알 수 있다. 정확한 설립 연도와 관련해서 볼로냐 대학은 11세기 로마법의 권위자 이르네리우스가 법학부를 열었다는 1088년을 창립 연도로 주장하고 있다. 어떤 설립 연도를 받아들이든 볼로냐 대학이 세계에서 가장 오래된 대학이며, 전 세계 대학의 시초라는 명예에는 변함이 없다.

을 유지하기 위한 고육책이기도 했다. 1278년 도시가 교황을 볼로냐의 영주로 인정하면서, 볼로냐 대학의 구성원들은 더욱 큰 자율권을 획득할 수 있었다. 이후 볼로냐 대학의 학생들은 교회의 사법권 아래에 들어갔고, 교회는 이들이 다른 정치 권력에 이용되는 것을 막기 위해 더욱 관대한 자세를 취하게 된다. 볼로냐 대학의 학생들은 향후 교회 권력으로 진출하거나 왕정 권력으로 진출하는 등, 중세 정치권력에 큰 영향력을 행사했다. 대학이 교황 권력, 황제 권력, 도시내의 유력 권력을 상대할 수 있는 자율성을 갖게 된 것은 중세 정치권력들 간의 힘의 균형이라는 시대적 배경, 이동 가능한 학생 집단의 특성 그리고 이를 품어 줄 수 있는 중세 자치 도시의 수평적 성격이 어우러졌기에 가능했던 것이다. 볼로냐 대학은 학생 우위, 법학 중시라는 특징을 갖고 학생·교수·시민 간의 적절한 내부적 긴장 관계 그리고 교황 권력, 황제 권력, 중세 자치 도시의 외부적 긴장 관계 속에서 균형을 잡아가며 고도의 자율성과 여러 특권을 확보할 수 있었다. 중세 자치 도시들이 강력한 중앙 권력에 기반한 왕정 국가로 흡수된 이후에도 대학은 이와 같은 자율과 특권의 DNA를 유지해 왔다. 이로 인해 대학에는 학문의 자유와 대학의 자율적 운영을 대학의 가장 소중한 가치로 생각하는 전통이 생기게 되었고, 이것은 변화를 거부하는 교수 집단의 논거로 사용되기도 한다.

볼로냐 대학 설립 이후 파리 대학(1200), 발렌시아 대학(1212), 케임브리지 대학(1217), 살라망카 대학(1218), 파두아 대학(1222), 나폴리 대학(1224), 아비뇽 대학(1227), 툴루즈 대학(1229), 오를레앙 대학(1235), 시에나 대학(1240) 등이 설립되었다. 이들 가운데 중세 대학의 또 다른 유형을 만들어 낸 것은 파리 대학이다. 볼로냐 대학과 마찬가지로 중세 시대 후반 인구의 증가, 상업의 발전, 도시의 건설 그리고 절대 권력의 부재라는 사회, 경제, 정치적 배경 속에서 이동하는 자유로운 지식인 계층의 출현[1]이 파리 대학의 기원에 관계된다는 공통점을 갖고 있다. 두 대학의 차이점은 볼로냐 대학이 학생들의 조합이 중심이었던 것에 비해, 파리 대학은 전 유럽에서 몰려든 성직자이자 신학자인 교수들의 조합이 중심이었다는 점이다.

파리는 12세기 카페 왕조의 수도가 되었고, 이후 여러 국왕들의 치세하에 서유럽의 경제 문화 중심지로 발돋움하게 된다. 루이 7세는 파리를 수도로 정하고, 1163년 노트르담 대성당을 건설하기 시작했다. 루이 7세의 뒤를 이은 필리프 2세는 지식인의 활동을 지원하는 것이 왕국의 번영과 왕권 강화에 도움이 될 수 있다는 것을 깨닫고, 파리로 몰려드는 성직자와 신학자들을 적극 지원하였다. 그는 또한 학생들에게 자유와 특권을 베푸는 데 인색하지 않았다. 학칙이나 조직을 갖추지 못한 단순한 교육 집단이었던 파리 대학은 이방인들인 학생과 교수들의 이익을 보호하기 위해 공동체를 조직했는데, 볼로냐 대학과 다른 점은 콜레쥬(college)라는 교수 조합이 더 강력했다는 점이다. 이 조합은 일종의 기숙 학교인 콜레쥬가 생기는 기반이 되었고, 이러한 단체가 모두 대학이라고 불리게 되었다. 파리 대학을 구성하고 있는 여러 학교 중에서 대표적인 것은 시테섬 안에 있는 노트르담대성당 학교[2]였고, 이 학교 석학들의 명성은 전 유럽으로부터 성직자들과 유랑 지식인들이 모여들게

---

1 자크 르 코프, 『중세의 지식인들』

2 Paris Cathedral School(École de Paris) 라고도 불리며, 파리 대학의 기원으로 인정받는다.

하였다. 성 베르나르[3], 상포의 기욤[4] 그리고 중세 최고의 자유 사상가인 피에르 아벨라르가 대표적인 신학자들이자 철학자들이었다.

파리는 당시 유럽의 중심 도시 중 하나로 외지인에 대한 큰 포용성을 갖고 있었다. 그러나 너무 많아진 학생 수는 볼로냐와 마찬가지로 거주 문제, 주민들과의 분쟁 등 다양한 문제를 야기할 수 밖에 없었다. 파리에서 벌어진 학생들과 정부 관리들 사이의 유혈 사태 이후 1200년, 국왕 필리프 2세는 학교의 구성원들 - 학생들과 교수들 - 의 사법 결정은 주교 법정에 귀속한다는 특허권을 수여했다. 이를 통해 파리 대학 학생들과 교수들은 볼로냐 대학과 마찬가지로 성직자에 준하는 특권을 갖게 되었다. 한편 파리 대학에 대한 교황청의 관심 역시 매우 높았는데, 이는 신학에 대한 학문적 주도권을 교회의 위계질서 안에서 관리하고 감독하고자 했던 의도로 판단된다. 특히 파리 대학에서 신학을 수학하고, 볼로냐 대학에서 법학을 수학했던 교황 이노첸시오 3세는 1215년 추기경 로베르 드 쿠르송을 파견해 파리의 모든 교수와 학생들에게 교수의 자격과 권한, 교과과정을 포함한 매우 상세한 규약을 전달했다. 중세 후기 가장 강력했던 교황으로 알려진 이노첸시오 3세는 파리 대학에서 맺은 인연을 이용하여 파리 대학 교수들과 적극적인 협력 관계를 유지했다.

---

3 성 베르나르(St. Bernard)는 1174년 교황 알렉산데르 3세에 의해 시성되었고, 1830년 교황 비오 8세는 신학자로서 최고의 영예인 교회의 선생님(Doctor of the church)으로 선포되었다. 그는 인본 철학과 신학의 통합으로 유명하며, 강의와 이론이 매우 매력적이어서 선종 800주기인 1953년에 Doctor Mellifluus라는 명예로운 호칭을 얻게 되었다.

4 상포의 기욤(Guillaume de Champeaux)은 12세기 초반의 가장 유명한 철학자이자 신학자로서, 후일 제자이자 12세기 파리 대학의 자유로운 지식인의 상징과 같은 아벨라르(Abélard)와 갈등을 겪기도 했다.

1228년 일련의 폭력 사건을 통해 파리 대학이 혼란에 휩싸이자, 1231년 그레고리우스 9세는 칙서를 통해 필리프 2세가 수여한 특권을 뛰어넘는 권한을 교수 조합에 부여했다. 이 대학의 '헌장'을 통해, 현재 대학 총장에 해당하는 대성당 상서인 칸셀라(Chancellor)의 교수 면허 수여 방법을 정의했고, 교수 조합에 강의 정지권, 학생의 제명권을 포함한 여러 특권을 추가로 수여하였다. 이는 파리 대학에 대한 교황청의 지배를 재확인 것으로 중세 대학 공동체의 '자치'와 '특권'의 확고부동한 기반이 되었다. 이 칙서에서 확인된 교수 조합의 강의 중지권은 중세 대학이 소재한 도시와의 갈등 시 사용되는 가장 강력한 수단이 되었다. 이 칙서에는 20세기에 확립된 교수의 종신 임용제를 연상시키는 사항들도 포함되어 있다. 교수 취임식을 한 뒤에는 자유를 전적으로 보장하고, 칸셀라라고 하더라도 교수들에게 피해를 입히거나, 서약이나 복종을 요구해서도 안 되며, 교수 면허를 수여하는 대가로 이익을 약속 받아서는 안 된다고 명시하고 있다.

볼로냐 대학은 교황과 가까운 이탈리아에 위치했지만 법학부 중심의 대학이었고, 파리 대학은 교황 권력에 경쟁하는 왕정이 자리 잡은 프랑스에 위치하고 있으나 신학부 중심의 대학이었다. 볼로냐 대학은 신성로마제국의 권위에 의지했고, 파리 대학은 교황청의 권위에 의지한 것도 차이점이다. 파리 대학의 명성은 13세기 최고의 신학자들을 배출하며 정점에 달했는데, 신학의 아버지라 불리는 '토마스 아퀴나스'도 교수로 재직했다. 그가 저술한 『신학 대전(Summa Theologica)』은 중세를 넘어 현재까지 가톨릭 신학의 근간을 이루고 있다. 이후 에라스무스, 로욜라, 칼빈 등 교회사의 빛나는 인물들을 지속적으로 배출하여 파리 대학은 신학에 있어 독보적인 위상을 갖게되고, 교황청이 인정하는 중세 유럽 지성인의 고향으로 자리 잡았다. 파리 대학의 신학부는 13세기 교황에 의해 '주의 빛나는 등불' 로서 특별한 배려와 독점권을 부여받았고, 16세기 종교개혁 때까지 파리 대학의 신학부 교수는 카톨릭 공의회에서 항상 상석을 차지했다. 권위가 중요한 파리 대학은 교수 중심의 대학이었고, 볼로냐 대학은 학생 중심의 대학이었다는 점도 흥미로운 대칭적 특징이다. 중세 대학의 특징인 '자율'과 '특권'은 어떤 집단도 절대적인 우위를 갖지 못하던 중세의 분권적 긴장 관계에 기반한 인류사에서 그 예를 찾기 어려운 특별한 권한이었다. 그리고 고도의 문명을 만들어낸 다양한 제국의 지식 기관들과 중세 유럽이 탄생시킨 대학의 결정적인 차이는 결국 중세 자치 도시라는 특별한 환경에 기인한다.

중세 대학들의 학제 구성은 대체로 4개의 학부 - 신학부, 법학부, 의학부, 학예학부 - 로 구성되었고, 학부가 교육과 연구의 중심 기관 역할을 수행했다. 기독교적 질서에 기반한 중세 시대에는 학문의 지위에도 상하가 있었다. 신학부가 정점에 있고, 법학부와 의학부가 바로 아래에 위치했다. 문법, 수사학, 논리학, 산수, 기하학, 음악, 천문학으로 구성된 자유 교양 7과목을 고루 배우는 학예학부는 상위 학부에 진학하고자 하는 학생들이 우선 배워야 하는 기초 과정으로 간주되었다. 자유 교양, 즉 교양과목을 선수강하는 전통은 현대의 대학에까지 이어지고 있다. 자유 교양 7과 그리스 - 로마 시대의 교육과정을 이어받은 것으로, 자유 교양(Liberal Art)이라고 불리는 것은 자유인(Liberal)을 위한 교양(Art)으로 인식되었기 때문이다.

중세 대학의 교육 방식은 강의와 토론으로 구성되었다. 1231년 그레고리우스 9세의 칙서에도 강의와 토론이라는 두 가지 교육 방법이 명시되어 있다. 교수가 정해진 텍스트를 구술하고 설명하는 강의는 주로 강사들에 의해 행해진데 비하여, 토론은 반드시 정교수의 주도로 이루어졌다. 토론은 우선 교수가 주제를 정해서 알리고, 토론에 참여한 교수, 졸업생, 학생들이 이견을 제기한 데 대해 토론을 주관한 교수가 해답을 제시하고 결론을 내리는 방식으로 진행했다. 모든 정교수는 연 두 차례 광장에서 열리는 공개 토론을 주관해야 했으며, 학예학부를 졸업하기 위해서는 공개 토론에 꼭 참여해야 한다는 규정이 있을 만큼 토론은 중요하게 여겨졌다. 중세 대학의 학습 방법은 원문 강독으로 시작해서 질문을 도출하고, 질문에 대한 토론을 통해 지적 훈련을 하는 방식이었다. 현대의 세미나와 콜로키움, 토론식 강의 구성 - 발제, 논평, 전체 토론, 요약 -이 중세 대학의 토론과 같은 방식으로 진행되는 학습 방법이다. 토론하는 학풍에는 앞서 언급한 아벨라르의 기여가 절대적이었다. 그는 신학자라기 보다 진리를 끊임없이 탐구하는 철학자이자 논리학자였으며, 그의 저서 『가와 부(Sic et Non)[5]』를 통해 158개의 핵심 명제를 제시하고, 그 답변의 찬반이 어떤 논리적 틀에서 생겨나는지를 고찰하는, 묻는 방법에 기반한 학습 방법의 혁신을 가져온 근대적인 지식인이었다. 대학 교육의 파괴적 혁신을 주장하는 학자들은 대학의 교육 방법이 아벨라르 이후 1000년 동안 발전된 것이 없다고 주장하기도 한다.

5 158개의 명제 중에는 "신은 단일한가 아닌가?", "신은 전능한가 아닌가?", "신은 악의 창조자인가 아닌가" 와 같이 가톨릭의 본영에서는 받아들이기 어려운 질문을 포함할 만큼 파격적인 자세와 논리적 정교함으로 유럽 전 지역에서 몰려든 학생들의 마음을 사로잡은 중세 학계의 진정한 슈퍼스타였다. "아벨라르가 파리를 만들었다."라는 주장이 있을 만큼 많은 학생들이 추종했으며, 제자였던 엘로이즈와의 사랑으로도 유명하다. 말년에는 성 베르나르에 의해 이단으로 몰리는 어려움을 겪었다.

1.2 후기 중세 대학의 모습과 쇠락의 시작

13세기 초반, 중세 대학의 원형인 볼로냐 대학과 파리 대학의 크나큰 성공은 주요 도시들의 대학 설립으로 이어졌다. 대학 설립은 학생과 교수의 유입이 가져오는 경제적인 효과, 중세 사회의 근간인 신학과 법학에 대한 주도권 확보, 성직자 배출과 전문 지식인인 법률가 육성, 학문과 자유 학예를 수호한다는 명예까지, 지역 유력자들의 이해를 대변해 줄 수 있는 매력을 갖고 있었다. 대학 설립은 자치 도시가 많았던 이탈리아, 스페인, 남부 프랑스에서 빨리 시작되었고, 영국과 북유럽이 뒤를 이었으며, 독일을 포함한 중부 유럽에서는 16세기 들어 집중적으로 대학이 설립되었다. 1500년을 기준으로 유럽 대학은 79[6]개에 이르렀다.

중세 대학의 전성기는 길지 않았다. 이미 15세기에 대학의 수는 늘고 있었지만 실질적인 대학의 발전이 멈추어 버렸다. 중세 대학의 위기는 중세의 분권적이면서 동시에 보편적인 특징을 갖고 있던 유럽의 통일성이 붕괴된 것으로부터 비롯되었다. 라틴어를 학문의 공용 언어로 사용하며, 아리스토텔레스의 철학 체계를 커리큘럼의 근저로 삼은 자유 교양 7과를 기본 소양으로 하고, 기독교 신학 체계와 로마법에 기반한 법률 체계를 공유했기 때문에 중세 대학들은 거의 동일한 내용을 가르쳤다. 대학 간의 커리큘럼 통용이 가능했기 때문에 대학의 박사 학위 졸업생들은 유럽 내의 어느 대학

6 윌리엄 보이드, 『서양 교육사』

에서도 가르칠 수 있는 자격을 갖게 되었다. 이런 보편성에 기반한 중세 대학의 활력은 14세기 유럽의 정치 사회적 격변 속에서 스러져 갔다. 경제 성장의 시대가 끝나고, 교류와 이동이 제한되기 시작했으며, 흉작과 기근, 긴 전쟁과 인구 감소, 특히 유럽 인구의 1/3을 앗아간 흑사병 창궐은 반이성주의와 신비주의가 득세하는 시대를 만들었다. 영국과 프랑스의 100년 전쟁, 교황청의 분열은 유럽적 보편성을 잃게 하였고, 대학은 어느 왕권에 속해 있느냐가 가장 중요하게 되었다. 대학의 존립 근거였던 교사와 학생의 조합적 성격과 교황과 황제로부터 보장받았던 자치적 특권을 상실하게 되었고, 군주와 관료들의 관리 아래 놓이게 되었다. 이로써 중세 대학의 가장 대표적인 특징인 자율과 자치적 특권에 기반한 학문의 활력이 사라지게 된 것이다. 중세 대학의 본질은 '자치'와 '이동의 자유'라는 특권을 누린 학생들과 교수들의 공동체라는 데 있었다. 이런 특징을 상실하기 시작한 중세 대학은 중세의 보편성과 통일성을 유지하는 역할을 잃게 되었다.

볼로냐 대학은 짧은 전성기를 누렸다. 1383년 흑사병이 창궐하자 외국인 학생들과 교수들이 도시를 떠나 대학의 명맥을 잇기 어려운 수준까지 쇠락했다. 그 자리를 이탈리아 내의 파도바 대학, 나폴리 대학, 피렌체 대학, 시에나 대학, 토리노 대학 등이 대신하게 되었다. 파리 대학이 누리던 자율과 특권은 왕권의 신장이 두드러진 15세기에 완전히 사라지게 된다. 샤를 7세는 대학이 누리던 재정적 자율권을 박탈한 데 이어, 1445년 독자적인 사법권이라는 특권을 박탈했다. 1470년 루이 11세는 모든 교수와 학생들에게 왕의 신민임을 서약하게 만들었고, 1499년 대학의 강의 정지권과 대학

해산권마저 박탈했다.

이런 상황 속에서도 지역 군주들에 의한 대학 설립은 계속 되었다. 특히 1495년 신성로마제국의 황제 막시밀리안 1세는 지역 군주들에게 대학을 설치하도록 권유하였고, 대학에 대한 철학과 이해가 부족한 지역 군주들이 이웃 국가들과 경쟁을 위해 형식적인 대학 설립에 적극 나서게 되었다. 군주라면 대학은 가져야 한다는 허영심이 대학 설립의 한 가지 이유였지만, 16세 초반 종교개혁의 격랑 속에서 정치 권력이 카톨릭과 프로테스탄트로 양분되자, 종교적 해석에 대한 학문적 지원이 필요했던 지역 군주들은 신학부를 중심으로 대학을 설립하게 되었다. 지역 군주들은 대부분 재정적으로 취약했기 때문에 기존의 중등학교(김나지움)에 교수 몇 명을 추가로 채용하여 대학을 설립했고, 부실한 교육 내용과 부족한 재정 지원으로 명맥만 유지되는 사례가 많았다. 우리나라 해방 직후와 1990년대 대학설립 준칙주의 이후의 한국 모습에 비견할 만한 비정상적인 대학 설립이었다.

대학은 유럽 전역에서 지속적으로 설립되고 있었으나, 자율적인 지적 공동체로 인간의 지식을 확장하고 학자들의 이동을 통해 지식을 전파하는 중세 대학 본연의 기능을 상실하게 된다. 중세 대학의 몰락이 시작된 것은 16세기 종교개혁과 교황 권위의 위축에 따른 왕정 권력의 강화에 기인한다. 교황 권력과 왕정 권력의 균형 속에 자율과 특권을 부여받은 이동 가능한 지식인들의 공동체였던 대학은 왕정 권력 아래에 복속되었다. 종교개혁 동안 가톨릭과 프로테스탄트는 서로를 인정하지 않았으며, 프로테스탄트도 루터파나 칼빈파 등으로 분화되었다. 이런 혼란 속에서 대학은 소속된 왕정 권력이 선택한 종파에 순응하는 방식으로 적응했고, 결국 이념 체계의 분화가 대학에 새로운 기회가 아니라 몰락의 시작이 되었다. 12~14세기 중세 대학이 교황의 권위에 도전하고 나아가 교황 권력의 이념 체계에 영향력을 행사하던 시대가 종말을 고한 것이다. 이런 경향은 16, 17세기 절대왕정의 대두로 더욱 강화되었다. 대학은 국가기관이 되었고, 교수는 국가에서 급여를 받음으로서 자율성을 포기하는 대신 경제적 안정을 제공받게 되었다. 이런 변화에 순응한 영국의 케임브리지 대학과 옥스포드 대학은 귀족 자제들의 놀이터가 되었으며, 교육의 목표가 국왕과 국교회에 충성스러운 신민을 길러 내는 것으로 명시되었다. 『유토피아』의 작가이자 정치가인 토마스 무어와 교류하고, 옥스포드 대학과 케임브리지 대학에서 강의와 저술 작업을 했던 에라스무스는 후일 "1510년대까지만 해도 영국의 대학들은 개방적이고 자유로웠다."라고 언급[7]하기도 했다. 16, 17세기 국가권력의 대학 포획이라 할 수 있는 이 변화는 20세기 시장 권력의 대학 포획과 비견되는 대학의 역사에 중요한 변곡점이었다. 시장 권력이 대학의 포획을 가시화하던 20세기 초반, 업튼 싱클레어는 교수 집단의 취약성을 신랄하게 지적하면서 교수들이 자신들의 물리적 조건, 즉 피고용 조건에 무지하기 때문에 '금권정치의 살찐 토끼'가 될 것이라고 주장[8]했는데 금권정치를 국가권력으로 대치한다면 그대로 적용이 가능한 역사적 변화였던 것이다.

---

7 Ross Anderson, *What's academic freedom anyway*

8 업튼 싱클레어, 『프러시아식 획일교육』

명맥을 이어 오던 중세 대학의 몰락에 큰 역할을 한 것은 인쇄술의 혁명이었다. 왕정 권력의 강화는 국경의 강화로 이어졌고, 이동의 자유를 상실한 교수와 학생은 지식 네트워크의 주인공 자리에서 밀려나게 되었다. 이때 이동하는 지식인의 역할을 대체한 것이 활판 인쇄술이다. 15세기 구텐베르크가 발명한 활판 인쇄술은 필사 문화를 대체함으로서, 인류 지식 확산에 파괴적 혁신을 이루어 냈다. 학생과 교수가 도시를 오가며 지식을 매개하던 역할이 대량생산된 책으로 대체되었고, 토론을 기반으로 한 학습과 연구에서 서재나 도서실에 앉아 책을 읽고 꼼꼼히 비교하며 학습하고 연구하는 시대가 열린 것이다. 16세기 이후 이와 같은 지식인의 모습은 마키아벨리의 글[9]에 상징적으로 서술되어 있다.

"해가 뜨면 나는 일어나 숲으로 간다네. 그곳에서 벌채를 감독하고 있기 때문이지. (중략) 숲에서 나오면 옹달샘으로 가지. 거기서 비로소 나는 내 자신의 시간을 갖는다네. 보통 책을 한 권 들고 가는데 단테, 페트라르카, 아니면 더 편한 티불루스, 오비디우스 같은 시인들의 작품이지. (중략) 밤이 되면 집에 돌아가 서재에 들어가는데 흙과 때로 더러워진 옷을 벗고, 관복으로 갈아입는다네. 예절을 갖춘 복장으로 몸을 정제한 다음, 옛사람들이 모인 궁정에 입궐한다네. 그곳에서 나는 그들의 친절한 영접을 받고 나만을 위해 준비된, 내 생의 목적인 양식을 향유한다네. 나는 아무런 두려움 없이 그들과 이야기를 나누고, 그들의 행동에 대한 이유를 물어보고는

---

9 1513년 로마 교황청의 피렌체 대사였던 친구 프란체스코 베트리에게 보낸 편지

하지. 물론 그들은 내 질문에 친절하게 대답해 준다네. 그렇게 보내는 네 시간 동안 전혀 지루함을 느끼지 않네. (후략)”

지식의 소통이라는 측면에서 대학과 출판은 독점과 폐쇄성, 공유와 개방성이라는 대립되는 성격을 갖는다. 라틴어를 할 수 있는 이동하는 지식인들과 자치 도시의 네트워크에 기반했던 대학이 독점했던 학문과 그 기록인 필사본 서책은 그 자체로 아우라를 가지고 신비화될 수 있었다. 텍스트의 대량 복제 기술인 출판은 필사본 서책이 갖고 있던 아우라를 제거했고, 학문에 대한 접근성을 비약적으로 증가시켰다. 정보의 확산이라는 측면에서도 학자들의 이동과는 비교할 수 없는 속도의 전파를 가능하게 했는데, 이 차별성은 중세 대학의 몰락을 넘어 종교개혁과 르네상스 도래라는 중세 패러다임의 전복을 가져왔다. 마르틴 루터는 1517년 가톨릭의 면죄부 판매와 여러 부당한 처사를 비판하기 위해 95개 조 반박문을 써서 비텐베르크 대학 부속 성당의 정문에 붙였다. 이 글은 활판 인쇄술에 의해 대량으로 인쇄되어 두 주만에 독일 전역에, 두 달만에 유럽 전역에 퍼졌다. 인쇄술 혁명이 종교개혁의 불씨를 지폈다고 할 수 있다.

출판물에 의한 학습과 이를 통한 지적 교류의 폭발적인 증가는 독점적이며 폐쇄적인 성격을 갖고 있던 낡은 학설들에 대한 신뢰를 약화시켰을 뿐 아니라 새로운 지식의 창출과 통합을 촉진했고, 완전히 새로운 인식 체계를 창출하기 시작했다. 르네상스의 정신적인 토대인 인문주의의 태동까지는 제한적이나마 어느 정도의 역할을 담당[10]하던 중세 대학은, 계몽주의 철학이 대두되고 자연과학의 발전이 가속되는 17세기에 이르러 그 역할을 완전히 상실했다. 갈릴레이, 케플러와 같은 천문학자, 데카르트, 파스칼 같은 철학자 겸 수학자들이 새로운 세계관과 과학관을 제시하는 동안, 대학은 기존의 스콜라적 학문이라는 낡은 전통을 고수하며 교조주의에 사로잡혀 새로운 사상과 발견들을 적대시하고 있었다. 중세 대학은 강력한 국가권력에 완전히 복속되면서 11세기부터 16세기까지 면면히 유지되던 시대정신을 선도하던 지적 플랫폼의 기능을 상실했던 것이다. 새로이 대두되는 인식 체계의 발전과 전수를 위한 교류의 현실 공간이 필요한 상황에서, 이런 필요를 충족시킨 것은 대학이 아니라 아카데미, 전문학교 그리고 살롱이었다.

아카데미의 효시는 피렌체를 350년간 지배한 메디치 가문이 1439년 설립한 플라톤 아카데미로 알려져 있다. 플라톤 아카데미는 르네상스 정신의 이론적 토대가 되는 플라톤 전집을 라틴어로 번역하는 등, 인문학 융성에 크게 기여하였다. 학회, 협회 등으로 불리기도 했던 아카데미 설립이 본격화된 것은 16세기부터이다. 왕정 또는 유력자의 지원으로 설립된 아카데미는 살롱보다는 격식을 갖추고 있으며, 대학보다는 격식에 덜 구애받아 변화를 추구하기에 적당한 지식인 집단의 형태를 갖고 있었다. 이런 집단들은 회원제, 확립된 규정, 정기 모임을 특징으로 하는 기관으로 성장하였다.

---

10 인문주의자들의 왕자라는 칭호를 누렸던 에라스무스는 파리 대학 몬테귀 콜레쥬에서 수학했고, 영국에서 『유토피아』의 저자 토마스 무어와 교류하면서 1498년 옥스포드 대학에서 그리스어를 가르쳤다. 1506년에는 이탈리아 토리노대학을 졸업했다. 다시 영국으로 돌아와 케임브리지 대학에서 1511년 『우신 예찬』을 출판했다.

1600년 시점에는 이탈리아에만 400여 개의 아카데미가 존재했다[11]. 자연과학에 기반한 새로운 인식 체계는 대학에서 특히 거부감이 강했기 때문에 이런 반대에 대응하는 아카데미가 활발히 설립되었다. 피렌체의 아카데미아 델시멘토(1657년), 런던의 왕립 학회(1660년), 파리의 아카데미 데시앙스(1666년), 파리 천문대(1667년), 그리니치 왕립 천문대(1676년) 등이 그 대표적인 기관들이었다. 과학에서 뛰어난 재능을 가진 젊은이는 대학이 아니라 위에 언급한 아카데미에서 수학해야 한다는 것이 상식이 되었다. 영국에서는 1750년까지 영국 국교회에 속하지 않는 약 60여 개의 아카데미가 설립되었다[12]. 대학과 달리 전통적인 색체가 옅었고, 실용적인 실업가를 육성하는 목적으로 근대과학, 자연철학, 근대사 등의 새로운 과목을 중시했다. 아카데미는 구태의연한 중세 대학을 대신해서 새로운 첨단 학문을 실질적인 목적을 갖고 교육하는 기관으로 자리 잡았다.

첨단 학문이었던 공학과 새로운 학문 분야를 가르치는 전문학교의 활발한 설립도 대학의 몰락을 증명하는 현상이었다. 1717년 비엔나와 1718년 프라하에 토목전문학교가 설립되었고, 1763년에는 임학전문학교가 설립되었다. 그 밖에 유럽 각지에서 다양한 전문학교가 설립되었다. 특히 프랑스는 국가 주도로 공학 교육의 제도화를 이루었다. 1747년 토목전문학교를 시작으로 공병학교, 포병학교, 광산학교, 수로측량학교를 설립했고, 선구적인 공학 교육의 체계를 구축했다. 귀족층 자제들을 대상으로 치열한

11 피터 바크, 『지식의 사회사』
12 피터 바크, 같은 책

경쟁을 통해 입학생을 선발했고, 이들은 과학자, 엔지니어, 관료로 왕정 권력에 봉사했다. 이 전문학교들은 프랑스 혁명 이후 1794년 공화국에 실질적인 도움을 줄 수 있는 과학자와 엔지니어 양성을 위한 공공사업중앙학교 창설의 토대가 되었다. 이 학교는 1795년 공공 분야뿐 아니라 민간과 군사 부문에서도 활용 가능한 엔지니어 양성을 위해 교명을 에콜 폴리테크닉으로 개명했다. 그 명칭은 지금까지 유지되고 있다.

살롱 문화의 시작은 복잡하며 흥미로운 현상이었다. 귀족 문화의 일부로 세련을 넘어 선멋(프레시오지테)을 부리며 언어유희를 중요시했다는 비판이 존재하지만, 살롱의 주인이 주로 여성이라는 점에서 남녀 차별을 타파하는 여성 해방의 출발점이었다. 또한 남녀노소, 국적, 사회적 신분과 지위를 초월한 토론과 교류의 장이라는 점에서 살롱은 진보의 시험장이었다. 살롱은 스콜라 철학의 구습에 화석화되어 가던 대학과 대립하며 활성화되었다. 시대를 대표하는 지성과 문화의 산실이자, 철학과 정치사상을 연결하고 전파하는 플랫폼으로서의 역할을 담당했다. 랑베르 부인의 살롱, 탱상 부인의 살롱, 조프랭 부인의 살롱, 데팡 부인의 살롱 등이 역사적인 의미를 갖고 있는 대표적인 살롱들이다. 달랑베르의 생모로 알려진 탱상 부인의 살롱은 전통적인 문학에 집중했고, 조프랭 부인의 살롱은 디드로의『백과사전』편찬 작업을 지원했다. 데팡 부인의 살롱에 정기적으로 출입하던 시대의 지성으로『관용론』의 볼테르,『법의 정신』의 몽테스키외, 백과사전학파의 거두 퐁트넬[13], 프랑스

13 퐁트넬은 프랑스 아카데미 데시앙스 간사이기도 했다.

공교육의 설계자 콩도르세, 고전역학의 선구자이자 『백과사전』의 편집자인 달랑베르 등이 있었다. 살롱은 프랑스 혁명 직전 파리에 800여 개[14]가 있었으며, 계몽사상이 자라난 온상이자 프랑스 혁명의 사상적 기반을 키워 내고 전파하던 공간이었다.

대규모로 유통되는 출판물을 매개로 아카데미, 전문학교, 살롱이라는 공간에서 이론가(학자)와 실천가(귀족과 정치가)가 만나고, 예술가와 인문주의자, 인문주의자와 과학자, 과학자와 자본가가 교류했다. 또한 같은 전문 분야의 실력자들이 만나 함께 학습하고 후학을 양성하는, 지식과 사상을 연결하는 교류의 플랫폼 역할을 담당하여 근대 지성의 창발을 가능하게 했던 것이다. 기존 대학의 역할을 대신하는 다양한 학습 조직들과 교육 기업들이 폭발적으로 증가하고 있는 21세기 모습에 비견할 만하다.

중세 대학이 종말을 고하던 18세기, 1776년 애덤 스미스는 『국부론』에서 케임브리지 대학과 옥스포드 대학을 가리키며 "세계의 다른 이곳저곳에서 타파된 체계나 시대에 뒤떨어진 편견이 추방당한 뒤, 그곳에서 피난처를 발견하고 보호를 요청하는 성역"이라고 평가하면서 대학이 낡은 것을 고수하는 습관이 굳어져 버린 장소가 되었다고 비판하기도 했다. 18세기 이후 중세 대학은 껍데기만 남은 채 신학자 양성과 같은 제한적 기능만을 수행하며, 죽음을 맞이했다.

---

14 이광주, "유럽사회 - 풍속산책"

1.3 국민국가의 출현과 대학의 재탄생

대학의 재탄생은 서유럽의 후진 국가였던 독일에서 일어났다. 절대왕정국가 형성이 늦었던 독일은 역설적으로 중세 대학들이 더 오래 지속될 수 있었다. 독일은 정치적으로 신성로마제국의 일부이기는 했지만, 영주들과 지방의 유력자들에 의해 지배되는 중세적인 정치 구조를 더 오랜 기간 유지했다. 경제적으로도 프랑스와 이탈리아에 비해 뒤떨어진 독일은 13, 14세기에 들어서야 경제적으로 성장하게 되었고, 상인조합, 장인조합, 회사조합으로 이어지는 조합들이 17세기까지 정치 권력의 중심에 있었다. 16세기 종교개혁의 주무대였던 사실도 종교적 입장과 논리에 관한 자문이 필요했던 지방 군주들의 대학 설립을 촉진하기도 했다. 프랑스, 이탈리아, 영국 등과 비교하면 대학의 발전이 2, 3세기는 뒤처져 있었고, 중세적 정치 구조와 종교개혁의 격랑 속에서 중세 대학의 설립과 운영이 상대적으로 활발했던 것이다.

17세기, 30년 전쟁은 전쟁의 주요 무대였던 독일 전 지역을 초토화시켰다. 전투에 참여한 군인 대부분이 용병이었던 까닭에 보급을 위해 주변 지역을 약탈했고, 전염병까지 창궐해 독일 인구의 1/3 이상이 감소했다. 프로테스탄트와 가톨릭의 분쟁으로 시작된 30년 전쟁의 결과 프로테스탄트의 공인, 합스부르크 가문의 추락과 신성로마제국의 실질적인 붕괴를 야기했고, 독일은 300여 개의 연방 국가로 분할되는 극심한 정치적 혼란을 겪게 된다. 경제적으로 무기력해진 독일 내 주요 도시들은 대학을 경제적 회생 방법으로 사용했다. 1737년 설립된 괴팅겐 대학이 그 대표적인 사례이다. 괴팅겐시는 한때 번성했던 도시가 몰락한 상황이었기 때문에 도시 인프라가 갖추어져 있어 대학 운영과 학생들의 생활 비용이 크게 들지 않았다. 지방 군주 입장에서는 대학 설립이 학문과 인재 육성이라는 명분과 경제적 실리를 동시에 얻을 수 있는 방책이었다. 프랑스와 이탈리아에서는 13, 14세기에 지나간 대학 설립의 근거가 독일에서는 17, 18세기에 적용된 셈이다.

17, 18세기 독일 대학들의 차별성은 변화하는 시대의 요구를 대학이라는 연결의 플랫폼 안에서 적극적으로 수용하고, 더 나아가 그런 시대의 변화를 이끌었다는 데 있었다. 중세 대학에서 근대의 새로운 대학으로의 변신을 내부적인 혁신을 통해 준비했던 것이다. 이런 흐름을 주도한 대학들이 할레 대학, 에를랑겐 대학, 예나 대학, 괴팅겐 대학, 라이프치히 대학, 하이델베르크 대학, 헬름슈테트 대학 등이다. 괴팅겐 대학[15]의 경우 창립자였던 재상 뮌히하우젠은 교수들이 연구와 가르치는 일에 집중하도록 했으며, 대학 관리와 운영에 관여하는 것을 금지했다. 교수들은 재정적으로 충분한 지원을 받았으며, 특히 지적 자유와 가르치는 자유를 충분히 보장받았다. 독일의 대부분 대학에서는 교수들의 저작물에 대해 신학부에서 이단 여부를 검열하는 제도가 있었는데, 괴팅겐 대학에서는 이 제도를 폐지했다. 이와 같이 신학의 위상을 격하시키고, 실용 학문 교육과 과학적 연구를 적극 지원하였다. 교수 임용도 미래 지향적인 과학 분야를 우선시했으며, 각 분야의 최고 교수들을 초빙하였다. 교육 방식에 있어서 단순 지식 전달이 아닌

---

15 정영진, 『괴팅겐대학: 대학과 사회라는 유기적 공동체의 본보기』

세미나 수업을 처음으로 도입했다. 세미나는 중세의 토론 수업을 변화시킨 것으로 이 대학 교수였던 시인 하이네가 처음으로 시도[16]했다. 세계 최초의 학술 종합 도서관을 설립했는데, 당시 유럽에서 가장 근대적인 학술 시설로 평가되었다. 이 도서관은 학생들에게 개방되었는데 당시에는 매우 파격적인 조치였다. 괴팅겐 대학에서 수학한 대표적인 학자들로는 현대 수학의 아버지인 가우스가 있다. 그는 1790년대에 수학한 뒤, 1807년부터 교수로 재직했다. 이 밖에 근대 음악사의 선구자 포르켈, 근대 지리학의 선구자 알렉산더 훔볼트[17], 철학자 쇼펜하우어 등이 있다. 괴팅겐 대학은 설립 초기부터 교육에만 집중한 것이 아니라, 연구의 중요성을 강조했다. 괴팅겐 왕립 학회를 설립하고 괴팅겐 왕립 학회지와 괴팅겐 학술지를 발행하여 유럽 과학에 중요한 역할을 하였다. 1766년 학회에 미국의 벤저민 프랭클린이 참석하고 회원으로 활동하기도 했다.

근대 철학의 시작을 알린 프랑스의 데카르트는 뽀와띠에 대학에서 수학한 후 학사 학위를 취득했지만, 이후 대학과는 어떤 관계도 맺지 않았다. 그는 프랑스, 독일, 네덜란드, 스웨덴을 떠돌며, 『세계론(1628)』, 『방법서설(1637)』『철학 원리(1644)』를 출판했고, 그의 지성을 흠모한 스웨덴 여왕 크리스티나의 초청으로 스톡홀름에 머물며 여왕에게 철학을 강의하고, 스웨덴 아카데미 창립에 관여하다 1650년 사망했다. 한편, 근대 철학을

16 이상오, 『계몽주의 교육 - 이론과 실제』

17 베를린 대학의 설계자이자 창립자인 빌헬름 훔볼트의 동생으로, 베를린 대학의 새로운 모델을 실제 구현하는 데 큰 역할을 했다.

집대성한 독일의 칸트는 독일의 대학을 기반으로 연구 활동을 수행했다. 그는 1740년 쾨니히스베르크 대학에 입학하여 철학, 수학, 물리학을 공부했고, 같은 대학에서 교수직을 얻으려고 지속적으로 노력한 끝에 1770년 마침내 쾨니히스베르크 대학의 철학 교수직을 얻었다. 이후 근대 철학의 기념비적 저서인 『순수이성비판(1781)』, 『실천이성비판(1788)』, 『판단력비판(1790)』을 출판했다. 또한 1786~1788년에는 쾨니히스베르크 대학 총장으로 봉직했다. 인류 지성사에 큰 자취를 남긴 두 철학자의 차별화된 삶의 궤적은 프랑스로 대표되는 선진 유럽과 독일로 대표되는 후진 유럽의 17, 18세기 대학의 상황을 요약해 주는 듯하다. 프랑스, 영국, 이탈리아에서 중세 대학이 그 생명을 다하고 있는 동안, 독일과 중부 유럽은 대학 문화의 중심지 역할과 혁신이 이루어지고 있었다.

대학 총장으로 봉직한 칸트는 1798년 『학부들의 논쟁』에서 대학의 미래에 대한 그의 비전을 제시했다. 그는 대학을 '신학부', '법학부', '의학부'의 상위 학부와 '철학부'라는 하위 학부의 변증법적 통일체로 인식했고, '신학부' - '철학부' 논쟁, '법학부' - '철학부' 논쟁, '의학부' - '철학부' 논쟁을 통해 세 학부와 철학부의 관계가 어떻게 정립되어야 하는가를 논증했다. 상위 학부들이 국가와 사회에 유용한 수단과 도구를 제공하는 반면, 철학부는 자유로운 이성의 원리에 따라 순수하게 진리를 추구해 유용성과 거리가 멀다고 주장했다. 상위 학부들은 정부에 유용성을 제공하지만, 정부의 간섭에서 자유로울 수 없기 때문에 진리를 자신들의 척도로 삼을 수 없다는 한계를 지적하고, '이성의 입법' 아래에 있는 하위 학부가 대학 체계 안에 꼭 존재해야 한다고 주장을 펼쳤다. 그는 또한 외부의 개입 없이 오직 이성만을 준거로 삼는 하위 학부의 검증이 있어야만 상위 학부들이 진리에서 멀어지지 않을 수 있으므로, 상위 학부와 하위 학부는 서로 독립적으로 존재해야 한다고도 주장했다. 자유롭게 사유하는 이성은 과학과 모든 지식의 근원이므로 철학부는 다른 학부들이 제시하는 진리를 검증할 자격을 갖게 되며, 이들 학부들이 벌이는 변증법적 갈등 관계가 대학 활력의 원천이 된다는 것이다. 이성을 강조하는 칸트의 대학관은 근대 정신의 투영이며, 새로이 태동하고 있는 근대 대학의 철학적 토대가 되었다. 이성에 기반한 자기 반성이 내재화된 메커니즘은 아카데미나 전문학교가 제공할 수 없는 대학의 강력한 차별성이었다. 이는 근대 대학이 담당하게 되는 교육과 연구의 일치라는 새로운 역할의 철학적 토대가 되었다.

독일에서 근대 대학이 태동하게 되는 결정적인 사건은 프랑스 혁명과 나폴레옹군에 맞섰던 프로이센군의 처절한 패배였다. 독일 지역에 여러 공국들 중 하나였던 프로이센은 1701년 쾨니히스베르크를 수도로 하는 왕국으로 승격되었고, '군인왕' 빌헬름 1세와 개혁 군주였던 프리드리히 2세에 의해 유럽에서 강력한 군사력을 가진, 떠오르는 국가로 발전하게 되었다. 그러나 뒤를 이은 빌헬름 2세와 빌헬름 3세는 선제들에 비해 무능했고, 약화된 국력으로 1806년 나폴레옹군에게 연달아 패했다. 결국 프로이센은 1807년 틸지트 조약으로 영토의 절반을 잃고, 막대한 보상금 지불, 대영 무역 금지, 프랑스군의 주둔 등, 프랑스의 지배를 받는 실질적인 속국으로 전락한다. 패전국이 된 프로이센은 재상 하이덴베르크와 클라우제비츠 등이 나서서 국가 개조를 위한 근대화 혁신을 주도하고, 극작가 클라이스트와 같은 열정적인 애국자들이 국가주의를 고취시켰다. 독일의 철학자 피히테는 1807~1808년 독일인의 애국심과 자각을 촉구하며 독일의 국가주의를 옹호하는 연속 강연을 진행했는데 그 내용은 『독일 국민에게 고함』이라는 책으로 출판되었다.

이런 분위기 속에서 1809년 저명한 언어학자이자 교육부 장관이었던 빌헬름 훔볼트는 이성의 확대라는 계몽주의 세계관을 기반으로 교육과 연구를 통합하는 새로운 대학 모델을 제시했다. 18세기 독일 대학들의 내부 혁신 과정에서 시도되었던 여러 모델의 장점을 통합한 이 모델을 프로이센 정부가 적극 수용했고 1810년 베를린 대학[18]이라는 이름으로 새로운 대학이 설립되었다. 피히테를 총장으로 법학부, 의학부, 신학부, 철학부를 설치하고 256명의 학생들과 강사 52명으로 출발[19]했다. 이후 자연과학의 여러 학과와 역사학과를 신설하고, 베를린에 산재한 전문학교와 학부들을 흡수하여 근대 종합대학의 원형을 구현했다. 훔볼트 대학 모델의 혁신성은 교육기관이었던 대학에 연구를 강조하는 규정과 조직을 도입한 것이다. 훔볼트는 지식은 정형화된 것이 아니라 끊임없이 변화하며 새롭게 생성된다고 믿었다. 대학은 이미 알려진 지식을 가르치는 것뿐 아니라 지식을 생산해 내는 방법을 가르쳐야 한다고 생각했고, 실험, 세미나, 논문 발표를 중심

18 베를린 대학은 프리드리히 빌헬름 대학, 훔볼트 대학을 거쳐 현재 베를린 훔볼트 대학으로 명칭이 변경되었다. 이 글에서는 베를린 대학과 베를린 훔볼트 대학을 동시에 사용한다.

19 임상우, 『베를린 훔볼트 대학: 근대 대학의 어머니』

으로 커리큐럼을 재편했다. 연구가 대학의 중요 역할로 정착하자 교수 임용 시 연구 능력을 중요하게 평가하게 되었는데 이는 다시 대학의 연구 기능을 강화하는 방향으로 선순환 구조를 만들어 냈다. 훔볼트는 다음과 같이 주장했다. "교수는 단지 가르치는 사람이 아니고, 대학생은 단지 배우는 사람이 아니다. 대학생은 스스로 연구를 수행해야 하며, 교수는 학생의 연구를 도와야 한다." 현대의 대학모습과 직접 연결되는 대학의 원형이 설립된 것이다. 그러나 혁신적인 독일 근대 대학의 이면에는 대학은 국가의 것이며, 국가기관으로서 국가를 위해 봉사해야 한다는 암묵적인 동의를 기반으로 하고 있었다. 독일 근대 대학의 교수들이 누렸던 연구의 자유 및 사회적 지위라는 과두제적 특권은 국가에 정치적으로 복종하는 대가였다.

근대 대학의 시작은 독일의 국가 개조라는 과업을 위해, 독일이 17~18세기 동안 대학 내에서 축적해 온 내부적 혁신, 철학적 토대 그리고 과학적 성취를 국가주의를 구현할 인재 육성과 연결시키고자 한 노력의 결실이었다. 국민국가가 발흥함에 따라 국가가 주도하는 근대 대학은 사상과 지식의 본산으로, 이를 체계화하고 재생산하는 역할을 부여받으며 전성기를 누렸다.

1.4 근대 대학 모델의 확산과 유럽 대학의 전성기

독일에서 시작된 근대 대학의 새로운 모델은 독일 국내를 넘어 유럽의 주변 국가와 미국 그리고 전 세계로 전파되었다. 이 새로운 대학은 중세 대학을 낡은 개념으로 만들었고, 전문학교와 아카데미와 같은 자생적인 조직까지 무력화시키며, 근대를 대표하는 교육 및 연구 체계로 성장했다. 국가 주도의 근대 대학 설립을 통해 국민국가의 인재 양성 기관을 체계화하는 것은 19세기 제국주의 경쟁 속에 국가의 존립과 성패에 관계되는 문제로 인식되었다.

독일에 가까운 북유럽이 이러한 흐름에 가장 빠르게 대응했다. 네덜란드의 경우 네덜란드 연합 왕국의 빌럼 1세가 1815년 즉위한 후, 국가 부흥 프로그램의 일환으로 루뱅 국립대학(1816), 리아주 대학(1817), 겐트 대학(1817)을 국가 주도 근대 대학으로 설립했다. 스위스는 국가 주도로 기존의 학부들을 통합해 1833년 취리히 대학을 설립했다. 독일의 경쟁 국가였던 오스트리아에서는 비엔나 대학의 1848년 학생 혁명 이후 국가 주도 근대 대학이 시작되었다.

영국에서는 구시대의 유물이 된 옥스포드 대학과 케임브리지 대학을 혁신하는 대신, 이들을 대체할 새로운 대학 설립 방향으로 혁신이 진행되었다. 독일 대학의 성공에 자극을 받은 영국에서는 산업 시대에 걸맞은 실용적인 직업교육과 모든 국민에게 문호가 개방된 대학이 필요하다는 요구가 일기 시작했다. 이런 흐름 속에서 1822년 유니버시티 칼리지가 민간 주도로 설립되었고, 1829년 킹스 칼리지가 성공회 주도로 설립되었다. 1836년 두 칼리지의 통합으로 민립 런던 대학이 출범하였다. 이어서 1832년 더럼 대학, 1851년 맨체스터 대학이 설립되었다. 한편 영국 근대 대학의 역사에서 언급되어야 하는 것은 스코틀랜드의 대학들이다. 영국의 주변부라고 할 수 있는 스코틀랜드에서는 17, 18세기에 자연과학, 공학과 같은 새로운 학문을 강조하는 자생적인 내부 혁신이 진행되었다. 마치 유럽의 주변부였던 독일의 대학들이 17, 18세기 내부 혁신의 과정을 거친 것과 매우 유사했다. 스코틀랜드의 대학들은 재정적 취약성 때문에 사회에서 요구하는 인재 육성에 좀 더 적극적일 수 밖에 없었고, 18, 19세기 영국의 산업혁명을 이끈 기술 개발과 인재 양성[20]에 크게 기여했다.

독일의 대학 개혁에 대한 영국 내에서 반향은 1852년 뉴먼의『대학의 이념』에 잘 나타나 있다. 뉴먼은 자유 교양(Liberal arts)은 그 자체가 목적으로 다른 외적인 목적을 위한 것이 아니며, 어떤 초월성에 종속되는 것도 아니고 유용성을 위한 수단도 아니라고 주장했다. 뉴먼은 아리스토텔레스까지 거슬러 올라가 '자유 교양'의 반대말이 '노예적'이라고 하면서 대학은 자유 교양을 고양시키는 교육을 담당해야 하며, 교양 교육의 목적은 '사회의 지적 분위기 고양', '공공 정신의 고취', 더 나아가 '국가 취향의 정제'라고 주장[21]했다. 국가가 주도하는 독일의 대학들이 '교육과 연구의 일치'를 통해 학문의 중심지로 자리매김하고 있는 동안, 영국은 뒤늦게 교양 있는 지성, 냉정한 정신, 예의 있는 '신사'의 배출을 통해 영국 산업사회의 무질서를 정리하고 국민의 문화적 정체성을 정립한다는 새로운 대학 이념을 제시했다. 이런 이념적 토대 위에서 1871년 대학 시험 법령이 글래드스턴 1차 내각에

20 증기기관의 발명자 제임스 와트는 글래스고 대학을 졸업했고, 일본 제국대학 공학 교육의 기반이 스코틀랜드의 대학으로부터 전수되었을 정도로 과학기술 분야에서 앞서 있었다.

21 John Henry Newman,『*The Idea of a University*』

서 통과됨으로서 비국교도들도 옥스포드 대학과 케임브리지 대학에 입학할 수 있게 되었다. 이후 두 대학은 성직자 배출이라는 중세적 역할을 벗어던지고, 국가를 위한 대학의 역할을 담당하기 시작했고, 스코틀랜드의 대학들과 런던 대학 등에 빼앗겼던 학문적 주도권도 회복할 수 있었다. 옥스포드 대학과 케임브리지 대학의 교수들은 19세기 후반의 자율성 확보가 두 대학의 도약의 핵심이라고 주장[22]하지만, 실질적으로는 두 대학의 개혁을 위한 정부의 적극적인 행정적 재정적 지원이 더욱 큰 역할을 했다. 영국 정부의 이러한 지원은 런던 대학을 비롯한 새로운 대학들이 위축되는 결과[23]를 가져왔다.

미국에서는 토마스 제퍼슨 주도로 대학 개혁이 시도되었다. 아울러 독일의 대학을 체험한 독일 유학파 교수들이 미국 사립대학의 혁신을 시도하기도 했다. 19세기 중반, 미국의 유학파 교수들은 대부분 독일에서 유학[24]했고, 이들은 독일 대학을 본뜬 대학의 설립을 꿈꾸었다. 이들의 염원은 1860년대 모릴(Morrill)의 주도로 국가가 지원하는 토지 허여(Land Grant) 주립대학 설립을 통해 실현되었다. 독일의 국가 주도 근대 대학 모델은 유럽과 미주를 넘어 전 세계로 퍼져 나갔다. 터키, 인도 등에서도 국가 주도 근대 대학이 설립되었고, 일본의 제국대학도 독일의 국가 주도 근대 대학 모델을 모방해서

---

22 Ross Anderson, *What's academic freedom anyway*

23 홍성욱 등, 『선진국 대학연구체계의 발전과 현황에 대한 연구』

24 미국의 유학생들이 영국을 선택하지 않은 이유는 영국의 옥스포드 대학과 케임브리지 대학이 1871년까지 영국 국교회 신자만 입학을 허가했기 때문이다.

설립[25]되었다. 19세기 중반부터 전 세계의 인재들이 모여들며 독일의 대학들은 명실상부한 '세계 학문의 중심지'라는 위상을 갖게 되었다.

프랑스 대학의 혁신과 변화 과정은 19세기 프랑스 역사의 질곡처럼 복잡했다. 독일의 국가 주도 근대 대학 모델은 프랑스 고등교육의 장점을 모방한 것이므로 독일의 근대 대학 모델이 프랑스로 확산되었다는 표현은 적절하지 않다. 프랑스 혁명 이후 콩도르세가 제시한 교육 개혁의 기본 방향은 교육 기회의 평등, 남녀평등의 구현, 무상교육, 학문의 자유, 종교의 배제와 보편성 확보 등, 실로 혁명적이었으며 교육기관을 국가가 관리하는 방식으로 진행되었다. 공교육과 의무교육의 개념을 처음 도입했으며, 초·중등교육을 제도화하여 현대 교육체계의 기본 구조를 제시하는 역사적인 시도였다. 프랑스 혁명은 프랑스 고등교육을 두 가지 방향으로 개혁했다. 첫째, 기존 중세 대학들은 구체제에 봉사했던 특권 조직이라는 이유로 해체되었고, 고등교육이 민주화되는 공간으로 새롭게 재편되었다. 둘째, 전문학교와 아카데미가 가지고 있던 실용 학문의 주도권을 국가 주도의 공교육 체계에 편입시켰다. 그러나 고등교육과 관련된 개혁의 세부 조치들은 새로운 문제들을 야기했고, 프랑스 고등교육이 정체되고 쇠퇴하는 결과를 낳았다.

혁명정부의 공포정치가 정점에 달했던 1793년 9월, 국민공회는 파리 대학을 비롯한 프랑스 모든 대학들을 폐쇄하고, 이공, 공예, 광업, 언어, 음악,

---

25 아마노 이쿠오 『제국대학』

미술 등 각종 특수 단과 전문학교 설립을 결의했다. 프랑스의 고등교육은 파리 대학과 같은 종합대학이 아니라 전문 분야에 집중하는 전문학교 중심으로 변신했다. 1808년 나폴레옹 정부에 의해 Université de France라는 통합된 하나의 대학으로 재편되었지만 이후 왕정복고, 7월 혁명, 2월 혁명, 제2공화정, 제2제정, 제3공화정을 거치며, 프랑스 대학은 수차례에 걸친 조직과 구조의 변화를 겪었다. 이런 혼란 속에서도 프랑스 대학의 개혁은 프랑스 혁명 정신의 핵심인 자유와 평등을 구현하려는 방향으로 진행되었다. 대학의 교양학부는 문과(Letters) 학부와 이과(Science) 학부로 분리되었고, 교수들에게는 중등교육기관인 리세 및 콜레쥬의 졸업 시험을 주관하는 업무가 부과되었다. 교수들의 강의는 학생들에게만 제공되는 것이 아니라 누구든지 들을 수 있는 시민 강좌로 운영되었다. 이렇게 고등교육의 평등성과 보편성이 강화되었지만 고등교육의 질적 하락을 피할 수는 없었다. 그 결과 유럽 지성의 중심지 역할을 자임했던 중세 파리 대학의 영광은 과거가 되었고, 21세기 현재까지 그 위상을 회복하지 못하고 있다. 19세기 초, 프랑스 중세 대학의 혁신은 고등교육의 민주화라는 측면에서 역사적 의미를 갖지만 대학의 또 다른 역할인 수월성 확보에는 실패했던 것이다. 이런 실패를 자인하고 종합대학의 모습으로 회귀한 것은 1892년이었다.

19세기 프랑스 고등교육 개혁의 다른 측면은 고등교육 수월성 확보를 위해 전문학교들을 재편한 그랑제콜 체계를 구축한 것이었다. 앞서 언급한 프랑스의 전문학교들은 혁명 이후에도 주변 국가와의 전쟁에 필요한 공학 인력의 수급, 국가 기반 시설 개발, 엘리트 정부 관리의 양성을 위해 유지되었고, 이들 전문학교를 기반으로 국가 주도의 엘리트 고등교육기관인 그랑제콜 체계가 자리 잡았다. 1794년 국민공회에 의해 설립된 인문학과 자연과학 계열의 국립고등사범학교(에콜노르말 또는 ENS로 통칭됨)와 공학 계열의 공공사업중앙학교(1795년 에콜폴리테크닉으로 개명)가 그랑제콜의 효시가 되었다. 기존의 주요 전문학교들도 그랑제콜의 체계에 편입되었는데, 1741년 설립된 왕립선박기사학교(가장 오래된 그랑제콜이며, 1795년 에콜폴리테크닉의 응용학교로 재편되었다가 후일 ENSTA로 개명됨), 1747년 설립된 국립교량도로학교(국립토목학교라고 불리기도 하며, ENP로 개명됨), 1780년에 설립된 국립공예학교, 1781년에 설립된 국립광산학교 등이 그 예다. 특히 에콜폴리테크닉은 나폴레옹의 지원하에 제국사관학교의 지위를 부여받았고, 최고의 실력자들이 교수로 부임하여 19세기 초, 프랑스 최고 엘리트의 산실이 되었다. 프랑스의 국가 주도 과학기술 교육에 영감을 받은 제국주의 국가들은 에콜폴리테크닉의 모델을 수입 모방했다. 오스트리아가 가장 먼저 1815년 비엔나에 왕립 폴리테크닉을 설립했다. 근대 대학 모델을 창시했던 홈볼트도 에콜폴리테크닉의 성취를 높이 평가[26 27]했다. 이후 독일은 1825년 카를스루에에 첫 번째 폴리테크닉을 설립하고 1827년 뮌헨, 1828년 드레스덴, 1829년 슈투트가르트 그리고 1830년대에는 여러 도시에 폴리테크닉을 설립했다. 독일은 프랑스에서 시작된 엘리트 과학기술 교육제도를 빠르게 도입하고, 그 저변을 확대함으로서 폭발적

26 유진영, 『카를스루에 공과대학: 유럽 과학기술 교육의 선두』

27 베를린 홈볼트 대학 운영에 깊이 관여한 빌헬름 홈볼트의 동생 알렉산더 홈볼트는 1800년대 파리에 머무르며 에콜폴리텍크닉의 조교이자 후일 교수가 되는 게이 뤼삭과 함께 생활하면서 1805년 물 분자 를 이루는 산소와 수소의 부피비가 1:2라는 사실을 밝혀내기도 했다.

으로 증가하는 과학기술 교육 수요에 민첩하게 대처했다. 영국도 프랑스의 모델을 받아들여 1838년 왕립폴리테크닉을 설립하였다. 1802년 미국의 제퍼슨 대통령은 에콜폴리테크닉의 모델을 따라 전쟁에 필요한 기술 개발과 인력 수급을 위해 웨스트포인트에 미국 사관학교를 세웠다. 이후 미국에서는 MIT의 전신인 보스턴 테크와, 조지아 공대, 뉴저지 폴리테크닉 등이 설립되었다. 20세기 후반, MIT를 모방해서 설립된 홍콩과학기술대학, 난양공과대학, 인도공과대학, KAIST 등 아시아 엘리트 공과대학의 원형은 결국 에콜폴리테크닉인 것이다. 독일의 근대 대학 모델이 전 세계에 전파되었듯이, 과학기술을 가르치는 엘리트 고등교육기관은 프랑스의 에콜폴리테크닉 모델이 전 세계에 원형을 제공했다.

19세기 초, 에콜폴리테크닉의 성공은 독일의 근대 대학 성공과 함께 유럽 대학 모델의 또 다른 변화 방향을 제시했다. 두 가지 시도 모두 국가 지도자들의 비전과 당대 실력자들의 참여가 고등교육을 어떻게 변화시킬 수 있는지에 대한 역사적 사례들인 것이다. 하지만 독일이 근대 대학 모델을 국가 혁신의 추동력으로 사용하고 2차 세계대전까지 학문적 주도권을 유지했던 것과 비교하여, 에콜폴리테크닉 모델은 극소수 엘리트 육성이 갖는 문제점을 드러내며 프랑스에서 서서히 긍정적인 기능을 상실해 갔다. 가장 큰 문제는 극소수 엘리트들이 선민의식과 독점욕을 가지고 새로운 국가 귀족으로 자리매김하면서 생긴 계급 갈등과 독선이었다. 탁월한 지적 능력과 막강한 인적 네트워크로 무장한 이들은 독점적 위상을 유지하기 위해 보수화될 수 밖에 없었고, 19세기 급격한 산업화에 대응하기 보다 기득권에 안주하며, 계급의 이해에 천착하고 변화에 저항하는 세력이 되었다. 에콜노르말에서 수학한 대학 교수들은 실력보다 모교의 권위에 기대는 행태를 보였으며, 자유와 평등을 지향한 혁신 조치들은 모두 획일화되어 커리큘럼, 학위 수여, 학문적 시각, 외모까지 세세한 규정과 통제를 따라야 하는 양태를 띄게 되었다. 그랑제콜은 고등교육의 수월성 확보에는 성공했지만 엘리트 교육의 폐쇄성과 경직성으로 지속 가능한 혁신 체계를 만들어 내지 못했다.

1870년 보불전쟁은 대학 혁신에 앞장섰던 독일과 프랑스의 국가 개조 결과의 시험 무대였다. 이 전쟁에서 프로이센(독일)에게 처참하게 패배한 프랑스는 유럽의 중심이자 인류사를 주도해 왔다는 자긍심에 큰 상처를 입었다. 독일이 프랑스를 패퇴시킬 수 있었던 것은 베를린 대학으로 대표되는 독일의 대학들이 키워 낸 인재들이 국가와 행정을 책임지고, 국력을 강화한 덕분이라는 인식이 지배적이었다. 프랑스는 프랑스 혁명 정신을 구현하기 위해 평등성을 강화했던 프랑스 대학의 혁신과, 수월성을 추구했던 그랑제콜 체계의 도입이라는 이원적 고등교육 체계가 실패했다는 것을 인정했다. 보불전쟁 이후 프랑스는 다양한 고등교육의 혁신을 시도했다. 이원적 체계를 약화시키기 위해 그랑제콜을 대학 조직망에 편입하려는 시도를 했으며, 다양한 경제 계층의 학생들이 입학할 수 있도록 그랑제콜의 입학 제도를 개혁했다. 그랑제콜에 대항하는 대학의 이학부를 강화하고 지원했으며, 대학의 자율성을 확대하고, 파편화된 단과대학들을 묶어 종합대학 모델로 회귀했다. 또한 시앙스포와 같은 시민사회가 주도한 사립 그랑제콜의 설립을 수용했다. 이를 통해 전반적인 대학의 역량 강화, 고등교육의 다양화, 교육을 통한 계급 이동이 원활해지면서 프랑스의 교육과 연구는 상당 부분 개선되었다. 하지만 세계를 주도하는 학문의 중심지였던 과거의 위상을 되찾지는 못했다.

유럽 대학의 독주는 20세기 초반까지 흔들리지 않고 유지되었다. 19세기 후반, 급격한 경제 발전을 이룬 미국이 대학원 도입과 같은 혁신적인 조치를 통해 대학의 역량을 강화하고 있었지만, 2차 세계대전까지는 유럽의 대학이 압도적으로 학문적 주도권을 잡고 있었다. 심지어 1910년까지 독일과 네덜란드는 미국의 엘리트 대학 9개와 주요 주립대학 5개를 제외한 미국 대학의 학위를 인정하지 않았다[28]. 인류 지성에 기여한 학문적 성취의 대표적인 영예인 노벨상 수상자를 보면 1901년부터 1950년까지 수상자의 73%는 유럽 국가 출신[29]이다. 이 기간 동안 독일 베를린 훔볼트 대학에서만 34명의 노벨상 수상자가 배출[30]되었다. 베를린 훔볼트 대학의 수상자들의 면면도 압도적이었다. 이들 중 몇 명만 살펴보면, 1905년 결핵균을 발견한 코흐가 의학상, 1909년 브라운관의 발명자 브라운은 물리학상, 1918년 양자역학에 기여한 막스 플랑크가 물리학상, 1921년 광전효과를 설명한 아인슈타인이 물리학상, 1932년 양자역학을 창시한 하이젠베르크가 물리학상, 1933년 양자역학의 불확실성을 설명한 슈뢰딩거가 물리학상을 수상했다. 이렇게 20세기 초반 현대 과학을 대표하는 유럽 과학자들의 명단은 유럽 대학의 독주를 증명한다.

---

28 Slosson, 『*Great American Universities*』

29 요 리츤, 『유럽의 대학: 어디로 갈 것인가』

30 노벨상 배출 기준은 다양한데, 해당 대학에서 연구를 수행한 인물을 기준으로 산정했다.

1.5 유럽 대학의 침체와 21세기의 혁신 노력

유럽 대학의 영광은 전 유럽이 초토화된 2차 세계대전과 함께 사라졌다. 전 세계 학문의 중심지 역할을 자랑했던 독일 대학들은 히틀러가 정권을 잡은 1933년부터 붕괴하기 시작했다. 1933년 직업공무원 법령, 1935년 인종법이 시행되면서 대학에서 유태인 교수들과 직원들이 축출되었고, 석학급 인재들의 해외 탈출이 줄을 이었다. 1933년 불온서적을 제거한다고 독일 전국의 대학에서 서적을 불태우기도 했으며, 특히 베를린 훔볼트 대학에는 나치의 선전상이었던 괴벨스가 서적 방화 행사에 직접 참여하기도 했다. 2차 세계대전의 패망은 서독과 동독으로의 국가 분할, 기반 시설의 붕괴, 연구 금지 조치 등으로 독일 대학들에 회복 불가능한 수준의 타격을 입혔다. 특히 베를린 훔볼트 대학의 경우 베를린의 소련 지배 지역에 속해 있었으며, 소련의 군정 기간 동안 또 한번 교수들과 학생들이 축출되었다. 베를린 훔볼트 대학의 쇠락은 노벨상 수상자의 숫자에서 극명하게 나타난다. 1956년까지 총 38명의 노벨상 수상자를 배출했으나, 그 이후 50여 년간 노벨상 수상자가 없었던 것이다. 베를린 장벽이 무너진 이후인 2007년에서야 다시 수상자[31]를 배출했다. 독일은 학문의 재건을 위해 1951년 독일연구재단(DFG)을 출범시키며 연구 지원 기능을 총괄하기 시작했다. 연방교육연구부, 연방경제기술부, 국가과학위원회 등이 주도하여 교육과 연구 활동 정책 수립 및 집행이 조직적으로 이루어지게 되었으며 독일의 대학, 연

31 연료전지 이론을 규명하여 화학상을 수상한 게르하르트 에틀 박사로 막스플랑크 연구소 교수이자, 1989년 베를린장벽이 무너진 이후 1996년부터 베를린 훔볼트 대학 교수로 재직했다.

방 연구소를 중심으로 하는 교육, 연구 활동 체계가 정립되었다. 정부의 체계적인 지원을 통해 기초 연구에 집중하는 막스플랑크 연구협회와 응용 연구에 집중하는 프라운호퍼 연구협회 같은 세계 최고의 연구 기관을 만들어 내는 큰 성과를 얻기도 했다. 그러나 연구 기관들의 약진은 역설적으로 독일 대학이 교육 중심 기관으로 평준화되는 결과를 낳았다. 훔볼트의 근대 고등교육의 핵심인 '교육과 연구의 일치'를 그 발상지에서 저버린 것이다.

2차 세계대전 이후, 독일에서는 지방정부(주정부)가 대학의 재정을 책임지는 구조가 제도화되었다. 고등교육을 포함해서 모든 교육이 국가 재정으로 운영되고 누구나 입학할 수 있어야 하며, 모든 국립대학이 평준화되어 있다는 이상을 구현했다. 독일 헌법 12조 "모든 독일인은 업종과 직업, 직장에 대해 자유로이 선택할 권리가 있다."는 국공립 교육기관이 등록금을 받지 못하는 근거로 인용되어 왔다. 2차 세계대전 이후 지속적으로 증가하던 독일의 대학생 수는 1970년대 전문단과대학 같은 새로운 형태의 대학이 도입되면서 더욱 가파르게 증가했다. 독일의 대학은 엘리트 고급 인력 양성기관에서 대중 고등교육기관으로 변모하였고, 전 세계적인 대학 교육의 보편화가 독일에서도 시작되었다. 가속화되는 대학생 수 증가는 정부의 학생 1인당 재정 지원의 감소로 이어졌고, 이후 40여 년간 고등교육의 지속적인 질적 저하를 야기하는 원인이 되었다. 2005년 연방헌법재판소의 결정으로 헌법 12조에 기반한 대학 등록금 부과 금지 결정이 폐기되었다. 이후 독일은 모든 주에서 대학이 등록금을 부과할 수 있으며, 얼마나 부과할지를 자체적으로 정할 수 있게 되었다. 2007년 보수 정권이 대학 등록금을 도입했지만, 대학 등록금 폐지를 공약으로 내건 사회민주당이 여러 주의 선거에서 승리했던 2010년을 기점으로 대학 등록금을 받지 않는 주가 늘어나 2014년 기준 16개 주 가운데 14개 주에서 무상으로 대학 교육을 제공하고 있다. 독일의 대학 진학률은 계속 높아지는 추세로 2005년에는 37%였으나, 2017년에는 55%으로 상승[32]했다. 2010년부터 무상교육이 확대되고 2011년 7월부터 징병제가 폐지된 영향도 있으나, 무엇보다 임금격차가 대학 진학률 상승의 배경으로 분석된다. 대졸자와 직업 전문교육을 받은 사람 간의 임금격차가 심화되면서 대학 교육을 선택에서 필수로 보는 경향이 증가한 것이다. 상승하는 대학 진학률에 대응하기 위해 16개 주정부는 연방 정부와 2007년 '대학교육협약 2020'을 체결하고, 대학 입학 정원을 76만 명까지 확대하는 것을 목표로 연방 정부의 추가 재정 지원을 받게 되었다. 독일은 대학 진학률 증가를 미래 지식사회를 대비하는 주요 정책 목표로 설정하고 고등교육 정책을 추진하고 있다.

독일에서는 1990년대 통일 후, 동독 대학 체계를 정비하고 서독 대학의 모델을 이식하는 고등교육 통합이 진행되었다. 동독 지역의 대학들은 마르크스 레닌주의에 입각한 획일화된 교육체계를 개혁하는 과정에서 인적 청산과 같은 고통스런 과정[33]을 거쳤으며, 연구력 강화, 대학 간 협력, 연구소와의 협력 등이 권고되었다. 이런 과정에서 독일 대학의 연구 시스템 개혁에 대한 논의

32 독일대학 총장회의, 2017, Higher Education Compass, https://www.hochschulkompass.de

33 베를린 훔볼트 대학의 경우 교수 자격 재심사를 통해서 국가보위부(슈타지)에 협력한 교수 130명을 해고하였고, 신임 교수 116명을 채용했다. 신임 교수의 50%는 서독 지역 출신의 인력으로 충원되었다.

가 시작되었다. 독일 대학의 연구 시스템 개혁은 교육과 연구의 일치를 통해 대학의 연구 기능을 강화하는 것이며, 이를 위해 교육 중심의 조직 구조를 교육과 연구를 균형 있게 수행할 수 있도록 재편하는 것으로 요약할 수 있다. 연구력 강화 정책은 2006년부터 시작된 우수 대학 육성 지원 사업으로 더욱 구체화되었다. 독일 대학들의 연구 능력과 국제 경쟁력 향상을 위해 기획된 이 사업은 대학원을 지원하는 '대학원 육성 사업', 대학, 산업계, 공공 연구 기관이 참여하는 '우수 클러스터 지원 사업', 세계적 수준의 대학 연구와 국제경쟁력 향상 지원을 위한 '미래 대학 육성 사업(엘리트 대학 육성 사업)'의 세 가지로 구성되었다. 이 사업은 독일 대학 체계가 견지해 온 '평준화'의 대원칙[34]을 폐기했다는 데 의미가 있다. 특히 엘리트 대학에 선정된 11개의 대학[35]은 연방 정부의 집중적인 지원을 받고 있고, 10여 년에 걸친 엘리트 대학에 대한 집중 지원의 결과가 세계 대학 평가에서 성공적으로 가시화되고 있다. 2018년 더타임즈 세계 대학 평가에서 독일 대학들은 50위 안에 3개, 100위 안에 10개, 200위 안에는 20개가 진입했다. 2008년 같은 평가에서 50위 안의 대학은 없었고, 100위 안에 3개의 대학, 200위 안에 11개 대학이 위치 했었던 것에 비하면 괄목할 만한 성과이다.

프랑스는 전승 국가였지만, 독일에게 점령된 후 남부 지역에 세워졌던 괴

---

34 독일의 대학 입시는 국가가 주관하는 학력 시험인 아비투어와 내신으로만 구성되어 있으며, 대학 입시에 있어서는 대체적으로 지역별 평준화가 유지되고 있다.

35 드레스덴 공대, 뮌헨 대학, 뮌헨 공대, 베를린 대학, 베를린 자유대학, 브레멘 대학, 아헨 공대, 콘스탄츠 대학, 쾰른 대학, 튀빙겐 대학, 하이델베르크 대학이다. 1차, 2차에 걸친 선정 과정을 통해 엘리트 대학으로 진입과 탈락이 진행되었다.

뢰 비시 정부의 처리 문제 등으로 2차 세계대전 이후 큰 정치적 혼란을 겪었다. 2차 세계대전 직후 세워진 제4공화국 기간 동안 수많은 정당이 난립했고, 6개월마다 정권이 바뀌는 정치적 혼란 속에서 고등교육의 혁신은 주요 쟁점이 되지 못했다. 프랑스 교육은 전통적으로 초등학교는 노동자와 소시민을 위한 교육기관이고, 중등학교는 지주나 자본가의 자제를 위한 교육기관이었다. 이를 개선하기 위한 랑주방 개혁안이 1947년 제안되었고, 제5공화국 성립 직후 1959년 시행된 베르토앵 개혁안으로 구체화되었다. 이를 통해 국가가 주도하는 의무교육 기간의 확대, 초·중등교육제도 개편을 통한 민주적 학교 제도가 확립되었다. 전쟁 이후의 인구 사회적 특징인 베이비붐으로 전후 젊은 층 인구가 급증했고, 독일의 '라인강의 기적'에 비견되는 '영광의 30년(1945~1975)'으로 경제성장과 소비자본주의가 급속히 확대되었다. 생활수준이 전반적으로 향상되어 노동자와 소시민 출신 학생들도 교육을 통해 신분 상승을 꿈꿀 수 있는 기반이 마련되었다.

이런 배경 속에서 대학생 수가 1960년 20만 명 수준에서 1968년 59만 명으로 급격하게 증가했다. 학생 수의 급격한 증가는 대학 내의 공간 부족과 교육의 질 저하와 같은 심각한 문제를 야기할 수 밖에 없었다. 프랑스 정부는 1965년 푸쉐 개혁안을 통해 고등교육의 변화를 시도했지만, 2년제 학위 도입과 선별 입학제를 통한 정원 조절 같은 논란이 있는 정책을 추진한데다가, 지속적인 고등교육 예산 삭감으로 고등교육의 문제는 더욱 악화되었다. 부족한 재정 지원과 구태의연한 프랑스 대학에 대한 불만이 1968년 5월 학생 혁명으로 폭발했다. 낭테르 대학의 학생 6명이 베트남전 반대 시위에서 체포되면서 촉발된 5월 혁명은 드골 정부의 강경한 진압에 대한 반발로 프랑스 전역의 학생 시위와 노동자 총파업으로 확산되었다. 시위는 가부장적인 기존 질서를 대표하는 드골 정부에 대한 반발, 나아가 베트남전으로 촉발된 반전 운동과 권위주의에 대한 전면적인 저항 운동으로 확대되었다. 기존의 보수적 가치를 거부하고, "금지하는 것을 금지한다."라는 슬로건하에 평등, 인권, 공동체, 성 해방, 생태주의 같은 새로운 가치가 제시되었으며, 계급 해방을 넘어 인간 해방을 지향하는 신좌파가 대두되었다. 이 사태는 역사적으로 탈권위적 탈위계적이며, 문화적 관용과 다양성을 특징으로 하는 현대 유럽 사회가 시작되는 분수령[36]이 되었고 미국, 독일, 일본, 체코 등의 학생운동에도 큰 영향을 끼쳤다. 그러나 학생 혁명의 과격성, 극심한 무질서와 혼란은 일반 시민들의 반감을 야기하여 같은 해 6월, 의회 해산과 즉각적인 총선 그리고 집권당 승리로 5월 혁명은 막을 내렸다.

그럼에도 대학에서 시작된 5월 혁명은 프랑스 대학에 큰 변화와 혁신을 가져왔다. 교육부 장관에 임명된 포르는 새로운 투쟁을 준비하던 대학생들의 불만을 잠재울 수 있는 대학 개혁안을 신속하게 준비했다. 1960년대 대학의 개혁을 주창한 좌파학자들의 역할이 두드러졌던 이 대학 개혁안은 1968년 11월에 시행되었다. 이 법령의 세 가지 원칙은 '자율', '참여', '다학제'였고, 이를 위해 다양한 구조 개혁이 수행되었다. 단과대학 중심의 느슨

36 1968년 5월 혁명에 대해서는, 우군이었던 온건한 자유주의를 몰락시키고, 개인주의를 부추켜 80년대 신자유주의 등장에 기여했으며, 프랑스 제국주의의 잘못에는 눈을 감고 있는 선진국 젊은이들의 일탈이라는 부정적인 평가가 존재한다.

한 조직체였던 파리 대학은 여러 개의 단과대학이 통합된 종합대학으로 재편되었고, '다학제' 를 구현하기 위해 일부 단과대학의 이름이 바뀌기도 했다. 예를 들어 문과대학은 '문학과 인문과학 대학', 법과대학은 '법학과 경제학 대학' 등으로 바뀌었다. 포르 장관은 법학 교수로서 그의 경험을 통해, 학문 영역이 독립적으로 나누어져 있는 것이 학문 발전을 저해하는 것은 물론 학문의 목적 자체에도 부합하지 않는다고 생각[37]했다. 그러므로 인문과 예술을 과학과 기술에 연계시켜야 한다고 개혁안에서 설명하기도 했다. '참여'의 원칙은 대학 운영을 이해 당사자들인 교수, 교직원, 학생 등으로 구성된 위원회에게 맡긴다는 것이고, '자율'의 원칙은 스스로 다학제에 기초한 교육과정을 설계하고 교육 방법과 운영을 책임진다는 것이었다. 1971년 대학조직법을 통해 교수들을 재배치하고, 파리 대학은 13개의 종합대학으로 재구성되었다. 현재 파리 제1대학부터 파리 제13대학까지 이름은 대학들의 우열 없는 교육 평등을 지향한 1968년 5월 혁명의 유산이다.

5월 혁명 이후 프랑스의 대학 혁신에서 주목할 움직임은 실험대학[38]의 설립이었다. 1968년 7월부터 1969년 1월 사이에 대학생들의 불만을 잠재울 목적으로 26개 대학이 새로 설립되었다. 이중 파리 제8대학으로 자리 잡은 뱅센 대학과 파리 제9대학이 된 도핀 대학은 실험대학으로 설립되었는데, 일정 수준의 직장 경력이 있으면, 대학 입학 기준에 못 미치더라도 입학이 가능했다. 우리나라의 과거 개방대학 또는 평생교육원의 성격을 갖고 있었

37 박단 "파리8대학: 68혁명과 파리8대학의 출현"

38 실험대학은 같은 이름이지만 다른 목적으로 1970년대 우리나라에서 대학 혁신 프로그램으로 시도되었다.

지만, 일반대학과 똑같은 학위 과정으로 설계되었고 교육 수준에 있어서도 일반대학에 뒤지지 않았다. 특히 뱅센 대학의 경우 자크 라캉, 롤랑 바르트, 미셸 푸코, 엘렌 식수와 같은 세계적인 좌파 지식인들이 교수로 자리 잡으면서 공산당원으로 활동하던 노동자들이 학생으로 모여들었고, 대학의 미래 모델이라 할 만한 혁신적인 교육과 운영을 시도했다. 포르 개혁안의 '다학제'를 위해 전례 없던 영화학, 정신분석학, 도시공학, 하이퍼미디어학, 심지어 21세기에 큰 이슈가 되고 있는 인공지능학 전공을 개설[39] 했다. 더하여 교수 평가를 폐지하고, 학생들에게는 전통적인 시험을 없애고 그 대신 교수와 학생 간의 관계를 강화하고, 수업 시간마다 지속되는 계속 평가 방식을 도입[40]했다. 21세기 대학의 혁신에서 언급되는 변화가 50년 전에 이미 시도되었던 것이다.

1968년 5월 혁명은 프랑스가 세계사에서 변화를 이끄는 국가임을 다시 한번 확인시켜 주었는데, 그 결과물 중 하나는 국립대학의 보편화와 평준화였다. 그러나 5월 혁명의 고등교육 혁신은 50년이 지난 현재, 프랑스 혁명을 통한 고등교육 혁신 사례와 같이 그 의미가 퇴색하고 있으며, 성공적이지 못한 시도로 평가받고 있다. 그 이유는 다음과 같다. 첫째, 포르 장관의 고등교육 혁신에 그랑제콜은 참여하지 않았고, 이원적 대학 교육은 변화가 없었다. 그랑제콜은 국가가 주관하는 시험을 통과한 최고의 학생들로 구성된 엘리트 교육기관이지만 전문직 양성이 목표이므로 연구를 강조하

39 박단, "파리8대학: 68혁명과 파리8대학의 출현"
40 박단 같은 글

지 않는다. 학업 역량이 가장 뛰어난 학생들이 연구를 하고 있지 않다는 것은 프랑스 대학들이 국제적 경쟁력을 갖지 못하는 결정적인 이유[41]이다. 최근 그랑제콜, 국립대학, 국립연구소를 연결한 파리-사클레 대학 같은 연합대학을 설립해 문제 해결을 시도하고 있다. 둘째, 국립대학이 지향한 평준화는 결국 실패했다. 대학 입학 자격시험(바칼로레아)에 합격한 학생은 거주지에 따라 대학을 배정받는데, 파리 대학의 경우 부촌에 위치한 대학과 빈민촌에 위치한 대학은 지역 간 경제적 불균형이 대학의 서열화에 그대로 반영되었다. 2018년부터는 바칼로레아, 고등학교 성적 및 학생의 프로필을 고려해서 대학이 학생을 선택하도록 바뀌었다. 지역별로 지원 학생을 대학에 배정하는 1968년 5월 혁명의 전통이 무너진 것이다. 마크롱 대통령의 공약이었던 평준화 폐지[42] 와 그 실현은 대학 경쟁력 하락에 대한 국민들의 염려[43]를 반영한 조치였다. 대학의 존재 가치는 수월성과 평등성이라는 두 바퀴가 함께 굴러가야 함을 보여 주는 사례이다. 셋째, 프랑스 국립대학은 교육의 질 유지에도 실패했다. 재정 확보 실패가 가장 큰 이유였다. 『21세기 자본』의 저자 토마 피케티도 교육재정 자료 분석을 통해 학생 1인당 재정 지원의 감소가 프랑스 대학 교육의 가장 큰 문제[44]임을 명확히 했다. 급증해 온 대학생 수에 비해 증가하지 않은 고등교육 재정 지원이 프랑스 대학을 빈사 상태로 몰아가고 있으며, 평준화 실패도 이면에는 부족한 재정 지원

---

41 Orivel, "Pourqoi les universities francaises sont - elle si mal classes dans les .." 저자는 2004년에 발표된 이 논문에서 우수한 학생이 R&D 분야에 참여하는 국가로 미국, 일본, 한국, 스웨덴을 적시했다.

42 2003년 시라크 정부와 2007년 사르코지 정부에서도 대학 입시 제도 개혁을 시도했지만 학생들의 반대로 실패했다.

43 2018년 '프랑스 엥포'와 '르피가로'가 시행한 설문 조사에 따르면 프랑스인 52%는 대학 교육제도 개편에 긍정적이라고 답변했다.

44 Thomas Piketty http://piketty.blog.lemonde.fr/2017/10/12/budget-2018-la-jeunesse-sacrifiee/

에 그 원인이 있었다. 효용성과 가치 교환이 평가 규칙인 시장 권력에서 자유롭기 위해서는 역설적으로 충분한 재정 지원이 필수적이다. 프랑스 대학의 침체는 고등교육의 평준화라는 이상과, 자본과 시장 권력에서 자유롭지 않은 프랑스 사회 현실의 괴리가 만들어 낸 결과물이다.

프랑스는 세계 대학 평가가 주요 뉴스가 되기 시작한 2000년대 이후 프랑스에 대표 대학이 없다는 사실을 국격의 문제로 인식했고, 이에 대한 해결책으로 주요 대학, 그랑제콜, 연구소의 연합으로 규모를 키우는 방식을 채택했다. 2010년 파리 과학 · 인문학 대학이라는 이름의 대학 연합체를 프랑스 최고의 학문 기관인 콜레쥬 드 프랑스와 에콜노르말의 주도로 설립하고, 2013년에는 소르본느-파리-시테 대학이라는 이름으로 대학 연합체를 설립했으며, 2014년에는 세계 10위권 연구 중심 대학을 목표로 파리-사클레 대학을 설립했다. 특히 파리-사클레 대학은 공학 및 과학 관련 4개의 그랑제콜들과 3개의 주요 대학들 그리고 7개의 국가 연구소가 연합하는 파격적인 시도로 설립되었다. 주요 이공계 그랑제콜인 전기공학 정보과학 분야의 수펠리크, 광학 분야의 쉬프옵티크가 참여했고, 이공계에 강점이 있는 파리 11대학이 국립대학에서 참여했다. 국가 연구소 중에서는 프랑스 고등과학연구소, 프랑스 원자력연구소, 프랑스 국립항공우주연구소 등이 참여해 학생 수 6만 명, 교직원 수 2만 명에 달하게 된 거대한 규모의 파리-사클레 대학이 2015년부터 운영되고 있다. 파리-사클레 대학의 인지도는 급격히 상승하고 있으며, 설립 4년만에 US News의 2019년 세계 대학 평가에서 30위에 오르기도 했다.

20세기 후반, 유럽 대학의 전반적인 침체 속에서 세계적 위상을 지켜 낸 것은 영국의 대학들이었다. 19세기 영국의 대학들은 민립 대학들과 스코틀랜드 대학들의 약진이 있었지만, 전반적으로 유럽의 국가 주도 근대 대학들과 비교하여 뒤쳐져 있었다. 1871년 비국교도에 대한 옥스포드 대학과 케임브리지 대학의 입학 허가를 기점으로 변화가 시작되었다. 정부의 행정적, 재정적 지원 속에서 지배 구조를 정립하고, 대학의 사명에 대한 자율적인 혁신을 통해 세계적인 대학으로 위상을 회복할 수 있었다. 2차 세계대전 이후에는 전승국으로서 고등교육의 물적 인프라를 온전히 지켜 낼 수 있었고 나아가 독일, 프랑스와 반대 방향으로 대학 교육 혁신을 시도한 것이 성공적이었던 것으로 평가된다. 소위 '영미식 모델'이라고 칭해지는 영국 대학의 혁신은 대학 간의 경쟁 도입, 대학원 육성과 연구 강화, 민간과 공공의 적절한 재정 지원, 자율적인 지배 구조, 국제적 네트워크를 활용한 인재 확보로 정리된다.

영국 대학은 독일, 프랑스 대학들과 달리 학문적으로 우수한 학생을 선택할 수 있었다. 프랑스가 2018년까지 대학이 학생들을 선별할 수 없도록 법으로 명문화되어 있었고, 독일도 대학 평준화를 통해 주거지에 가까운 대학 진학이 일반적인 것과 대비된다. 학생들을 선별할 수 있는 영국의 대학들은 기본적으로 경쟁을 통해 국가의 재정 지원을 확보한다. 1992년 설립된 영국 고등교육 재정 지원위원회(HEFCE)를 포함한 4개의 재정 지원위원회는 학생 수, 개설 강좌, 연구의 양과 질 등을 종합적으로 판단하여 각 대학에 지원금을 결정한다. 영국 정부의 재정 지원 특징은 교육과 연구의 분리이며, 연구 활동에 대한 지원금은 각 대학의 연구실적을 평가하여 차등 배분한다. 연구 지원금의 40%가량은 상위 6개 대학에 집중되고 있다. 지원금이 많이 배정되는 우수 대학에는 우수 학생이 몰리는 선순환 구조가 자리 잡았고, 우수 인력의 집중을 통해 탁월한 학문적 성과를 재생산할 수 있었다. 영국 대학은 중세에 설립된 옥스포드 대학, 케임브리지 대학, 세인트앤드류스 대학, 글래스고 대학, 애버딘 대학, 에딘버러 대학과 19세기에서 20세기 초에 설립되어 붉은 벽돌 대학이라고 칭해지는 버밍엄 대학, 브리스톨 대학, 리즈 대학, 리버풀 대학, 맨체스터 대학, 셰필드 대학, 런던 대학을 최우수 대학으로 평가한다. 미국의 아이비리그에 비견되는 러셀 그룹과 거의 일치하는 대학들이다. 2차 세계대전 이후에 설립된 엑세스터 대학, 킬 대학, 노팅엄 대학, 워윅 대학 등 20여 개 대학은 그 다음 순위로 인식된다. 1997년부터 고등교육품질평가원(QAA)이 각 대학과 학과를 평가하고, 그 결과를 공개하는 역할을 담당하고 있다. 영국에서는 공개와 경쟁이라는 시장의 규칙이 대학에 적용되고 있는 것이다. 독일은 2006년 우수 대학 육성 지원 사업이 시작될 때까지, 프랑스는 2018년까지 모든 대학이 예산과 인력 배정에 있어 동등한 대우를 받기 때문에 대학 간의 경쟁이 존재하지 않았다.

영국의 우수 대학들은 대학원 프로그램을 강화하고 교육과 연구를 통합하는 노력을 기울였으며, 엄격한 기준을 통해 역량 있는 대학원생들을 선발하고 있다. 반면 프랑스[45]와 독일은 국가 연구소가 연구를 주도하고 대학

45 프랑스 국립과학연구소(CNRS)와 연계된 연구 기관들과 대학의 부속 연구 기관들은 엄격한 분리가 이루어져 있었다.

은 교육에 집중하는 구조를 최근까지 유지했으며, 주요 대기업의 경우 세계적인 자체 연구소를 가지고 있어 대학과의 연구 협력은 일반적이지 않았다. 또한 영국의 대학들은 세계에서 몰려든 우수 대학원생들과 우수 교수의 임용을 통해서도 연구 역량을 강화하고 있다. 영국의 높은 국제화 수준과 외국인에 대한 수용성은 세계 각지의 능력 있는 인재를 유치하는 데 도움이 되며, 인재의 교류를 통해 새로운 지식 창출 및 연구 성과 확산에 크게 기여하고 있다. 영국은 과거 식민지였던 영연방 국가들과 인력 교류를 지속하고 있고, 20세기 후반 이래 세계 대학의 표준을 제시하고 있는 미국과도 종주국의 입장에서 인적, 물적 교류를 유지하고 있다. 해외 유학생의 가치를 재정적인 측면에서도 이해[46]하고, 전 세계 103개 영국 문화원을 통한 영국 대학의 홍보를 적극적으로 시행하고 있다. 무엇보다도 영국은 중세 라틴어에 필적할 만한 세계 공용어인 영어를 사용하기 때문에 해외 인재 유치에 있어 유럽의 어느 나라보다도 유리한 입지를 갖고 있다. 유학생 자료를 보면 2017년 460만 명의 전 세계 유학생 중 11%가 영국에서 유학하고 있다. 이는 미국의 24% 다음으로 세계 2위에 해당[47]한다. 2006년 자료를 보면 옥스포드 대학과 케임브리지 대학의 외국인 학자 비중은 각각 36%와 33%였으며, 프랑스의 경우는 7%에 불과[48]했다.

46 EU국민을 제외한 외국인 학생들에게 영국인들보다 높은 등록금을 징수하였기 때문에 재정적인 측면에서도 도움이 되었다.

47 Migration Policy Institute, 2018 "International Student in the United States"

48 World Bank, 2009, "The Challenge of Establishing World Class Universities"

영국의 대학들은 대부분 정부의 재정 지원을 받는 국립대학[49]이지만 운영의 자율권을 보장받는 측면에서 사립대학의 성격을 띠고 있다. 국가의 재정 지원을 받지만 법적으로는 독립되어 있어, 모든 대학에 적용되는 법령은 없으며, 대학마다 자체 규정을 갖고 있다. 대학별로 자체 의사결정기구를 구성하며 주요 의사 결정을 수행한다. 옥스포드 대학과 케임브리지 대학의 경우는 3,000명이 넘는 인원으로 구성된 통치 기구[50]가 있으며, 여기서 선출된 위원과 당연직 위원으로 구성된 대표 위원회(The Council)가 최고 의사 결정을 수행한다. 총장 선출 등 주요 결정은 자체적으로 결정된 규정에 따라 이루어지므로 정부가 관여할 여지가 거의 없다. 영국의 대학들은 공개와 경쟁의 틀 속에서 구성원들이 지향점을 공유하고 자율적으로 혁신을 수행해 왔다. 반면, 프랑스와 독일의 대학은 기본적으로 정부 기관이며, 교수들은 국가공무원 신분으로 연공서열에 의한 봉급과 높은 사회적 지위를 누리는 대신 공무원에 적용되는 법규와 엄격한 관리 통제하에 있다. 프랑스는 1968년 포르 개혁을 통해 대학이 자율권을 확보하였으나, 이 자율성을 학문의 수월성 추구보다 사회의 평등성을 구현하는 데 집중해 왔다. 독일은 1998년 연방 대학기본법 개정을 통해 대학의 최고 집행부 구성과 구성원들의 합의체 구성에 대해 자율성을 갖게 되었고, 2007년 연방 대학기본법이 폐지됨으로서 주정부가 독자적으로 대학 제도를 형성해 나갈 수 있는 토대가 마련되었다. 니더작센주는 대학법을 개정하여 2003년 괴팅겐

---

49 버킹검 대학, 런던리젠트 대학, 법학대학, BPP 대학은 정부의 재정 지원을 받지 않는 4개의 사립대학이다.

50 옥스포드대학은 3700명 정도로 구성된 Congregation, 케임브리지대학은 3000명 정도로 구성된 The Regent House가 공식적인 통치 기구이다.

대학 등을 재단이 운영하는 대학으로 전환 하였고, 2008년에는 헤센주가 프랑크푸르트 대학을 재단 대학으로 전환했다. 독일에서 시작된 근대 대학의 이면에 자리 잡고 있던 "대학은 국가의 것이고, 국가의 기관이며, 국가에 봉사해야 한다."라는 기본 개념이 200여 년이 지난 뒤 독일 대학의 발전에 걸림돌이 된다는 사실을 인정한 것이다.

마지막으로 영국 대학들이 그 위상을 유지한 이유는 재정 확보의 차별성에 있었다. 독일, 프랑스와 마찬가지로 영국도 2차 세계대전 이후 베이비붐과 이어지는 대학 입학생의 급격한 증가를 겪었다. 60년대와 70년대를 거치면서 대학생 수가 크게 증가했고, 80년대 경기 침체로 인한 재정 적자와 신자유주의의 대두, 반정부적 분위기에서 예산 축소의 압박도 강해졌다. 영국 대학들은 이런 상황에 유연하게 대처했다. 정부의 재정 지원 이외의 연구 수입, 자선단체 후원, 민간 기부금, 기금 자산 운용[51], 서비스 수입, 유학생 수업료 등 재정 수입을 다양화했다. 영국 대학들과 독일, 프랑스 대학들의 결정적인 차이는 1998년부터는 약 1,000파운드 정도의 등록금을 학생들에게 부과하기 시작했던 점이다. 유럽에서 기회균등은 신성한 원칙이다. 등록금 도입은 이런 기본 원칙에 대한 도전으로 간주되었지만, 영국 정부는 1997년 노동당 블레어 정부의 집권 후 등록금 부과를 관철해 내는 정치적 수완을 보였다. 2003년에는 약 3,000파운드의 등록금을 부과했으며, 2006년 블레어 정부는 등록금 차별화를 허용하면서 학자금 융자 프로그램을 도입했다. 이후

---

51 2017년도 기준으로 케임브리지 대학은 64억 파운드, 옥스포드 대학은 61억파운드의 기금을 운영하고 있다.

영국 대학의 등록금 상한선은 지속적으로 상승했지만 대학의 재정 부족은 여전한 문제였다. 케임브리지 대학은 2012년 재정 압박을 타개할 방법으로 3억 5천만 파운드의 40년 만기 채권을 발행하기도 했다. 2018년 영국 정부가 등록금 상한선을 9,250파운드로 제한하자 옥스포드 대학과 케임브리지 대학은 등록금 인상을 위해 지배 구조를 완전한 사립으로 바꾸려는 시도를 하기도 했다. 영국 대학들은 정부의 재정 지원 부족분을 자체적인 수입과 등록금을 부과하는 방식으로 해결해 왔다. 이런 재정 확보도 영국 대학들의 자율적이며 유연한 지배 구조가 있었기에 가능한 것이었다. '대학 교육 기회의 균등'과 '대학의 평준화'에 대한 신념이 강하고, 자율적이지만 국가의 통제를 받는 프랑스와 독일의 대학들은 불가능한 방식이었다. 영국 대학들이 유럽 대학의 선두를 자임하고 있는 것은, 기본적인 국력을 기반으로 공개와 경쟁이라는 기본 원칙 아래, 전 세계에서 우수한 인력들이 모여들고, 건전하고 유연한 지배 구조가 적절한 재정 지원과 어우러질 때 세계적인 대학을 배출할 수 있다는 사실을 설명하는 사례이다.

유럽 대학의 과거에 대하여 마지막으로 언급해야 하는 사항은 2차 세계대전 이후 대학의 혁신을 지속해 온 스위스, 벨기에, 덴마크, 네덜란드, 핀란드, 노르웨이, 스웨덴 등 서유럽 강소 국가들의 연구 중심 대학들이다. 이들 소수 거점 대학들은 정부의 집중적인 행정적, 재정적 지원을 받고 있으며, 국가의 우수 인재들이 집중되고, 전 세계 인재들이 모여들어 최고의 학문적 성과를 만들어 내고 있다. 스위스 취리히 공대, 벨기에 루뱅 카톨릭 대학, 덴마크 코펜하겐 대학, 네덜란드 위트레흐트 대학, 노르웨이 오슬로 대학, 스웨덴 룬드 대학 등이 그 예들이다. 2016년 인구 만 명당 SCI 논문 발표 건수를 보면 전 세계 1위는 스위스, 2위 덴마크, 3위 스웨덴, 5위 노르웨이, 6위 핀란드, 7위 네덜란드, 10위가 벨기에[52]이다. 이는 유럽 강소 국가들이 가장 효율적으로 대학을 운영하고 있다는 증거이다.

미국과 영국의 대학들에 비해 침체된 상황을 개선하려는 목적으로 유럽 개별 국가의 노력과 유럽연합 차원의 혁신이 현재 진행되고 있다. 중세 대학이 시작됐던 이탈리아, 프랑스, 독일, 스페인은 정부의 대학 정책 변화를 통해 주요 대학들의 연합 또는 주요 대학들에 대한 집중적인 지원으로 과거의 위상을 찾기 위해 노력 중이다. 유럽연합은 대학을 통해 유럽을 활력 있고 경쟁력 있는 지역으로 만들겠다는 원대한 구상을 가지고 2000년 유럽 정상들이 모여 리스본 조약을 체결했다. 이를 통해 각국의 연간 연구비를 GDP의 3%(민간 재정 2%, 정부 재정 1%)까지 늘리며, 고등교육 참여율을 진학 연령 인구의 50%까지 끌어올리겠다는 목표를 천명하기도 했다. 유럽연합은 대학을 유럽 내의 연결을 강화하고 유럽 내의 경험을 공유하게 하는 학생 교환 프로그램의 거점으로 이용하고 있으며, 해외의 우수한 인력이 유입되는 창구로 활용하기 시작했다. 학생 및 교직원 교환 프로그램인 에라스무스 프로그램은 1987년 시작된 이래 9백만 명의 학생들과 교직원이 참여했다. 학생 교환 프로그램은 학업 또는 인턴십으로 구성되며, 2012 - 2013년의 자료를 보면 1년 동안 유럽의 33개 국가에서 4,600여 개의 고등교육기

52 KISTEP, "우리나라 과학기술논문(SCI) 발표 현황" KISTEP 통계브리프 2017년 제25호

관, 27만 명의 학생들이 참여했다. 즉, 유럽 전체 대학 졸업생 수의 5%가 에라스무스 프로그램에 참여했으며, 룩셈부르크의 경우 졸업생 수의 35%가 참여[53]하기도 했다. 2012 - 2013년 교직원 52,000여 명도 에라스무스 프로그램을 통해 다른 국가에서 강의를 하거나 교육 연수에 참여한 것으로 조사됐다. 에라스무스 프로그램은 대학이 유럽 통합과 연결의 중심 역할을 해야 한다는 믿음을 정책으로 표현한 것으로, 학생들에게 외국어 훈련뿐만 아니라 새로운 환경과 변화에 적응하는 능력과 지적 역량을 높여 리질리언트한 인재로 키우려는 목표를 갖고 있다. 한편, 에라스무스 문두스 프로그램은 유럽 안팎의 인재들을 유럽으로 유인하는 대학원 장학 프로그램이다. 2004년 시작된 이래 2015년까지 18,600명이 석사 장학금을 지원받고, 1,400명이 박사 장학금을 지원[54] 받았다. 2014년부터는 에라스무스 플러스라는 이름으로 유럽연합이 주도하는 모든 인적자원 교환 프로그램을 통합해서 운영하고 있다. 유럽연합은 에라스무스 플러스 프로그램에 2021 - 2027년 기간 동안 300억 유로의 예산을 지원[55]하기로 결정했으며, 2020년에 대학생의 20%가 에라스무스 프로그램에 참여하는 것을 목표로 하고 있다.

유럽연합의 고등교육 프로그램 중 주목할 사항은 1999년부터 시작된 볼로냐 프로세스이다. 이 프로세스는 유럽의 정치, 경제, 사회적 통합을 목

53 European Commission, 2014 "Erasmus-Facts, figures and trends"

54 EAIE "Joint Programmes: the story of Erasmus Mundus" https://www.eaie.org/blog/joint-programmes-story-erasmus-mundus.html

55 European Commission, 2018.5.30 "Commission adopts proposal for the next Erasmus programme 2021-2027"

표로 하는 유럽연합이 고등교육의 표준화를 통해 유럽의 보편성과 통일성을 증대시키려는 목적으로 시작했다. 유럽 내의 학위 제도의 표준화, 학점 교환 체계 구축, 학사 과정과 대학원 과정 연계, 유럽 내 평가 인증 체계 확립, 교육 이동 활성화 등을 주요 내용으로 하고 있다. 2019년 현재, 유럽연합 내부와 외부의 국가들까지 총 48개국이 참여하고 있다. 중세 시대 대학들은 라틴어를 공용어로 사용하고 유사한 커리큘럼을 제공해, 이동하는 학생과 학자들의 연결을 담아 내는 플랫폼 역할을 담당했다. 이들이 정보, 학문, 사상을 매개함으로서 유럽은 기독교와 로마법을 바탕으로 사상적 보편성과 구조적 통일성을 유지할 수 있었다. 중세 대학의 역할을 21세기에 다시 구현하고 있는 볼로냐 프로세스는 학생과 학자들의 유동성을 증가시킬 뿐만 아니라, 표준화를 통한 비용 절감, 유럽연합의 고등교육 평가와 인증 체계를 구축해 전반적인 고등교육의 질을 향상시키고, 유럽 대학의 경쟁력 강화에 기여하고 있다. 대학 교육 시스템의 통합은 노동시장과 연계되어 유럽의 우수 인재 유출을 방지하고, 해외 인재를 유인하는 효과를 낳고 있다. 그 결과 젊고 능력 있는 인재들이 모여들고 새로운 지식과 아이디어가 생산되는, 유럽의 경쟁력 향상에 기여하고 있다. 볼로냐 프로세스와 에라스무스 프로그램은 유럽 고등교육 혁신의 양대 축이며, 서로 상승효과를 일으키고 있다.

볼로냐 프로세스로 인해 유럽 대학이 세계화와 신자유주의에 복속되고 있다는 비판도 있다. 그러나 대학의 본질은 연결의 플랫폼이라는 점, 유럽 대학의 원형은 이동하는 지식인을 담아 내는 거점이었다는 점, 유럽의 미래는 다양한 문화적 배경을 가진 젊고 우수한 인재들이 서로 어울려 새롭고 창의적인 지식을 창출하고 빠르게 확산시킬 수 있는지 여부에 달려 있다는 점을 고려하면, 볼로냐 프로세스와 에라스무스 프로그램은 유럽 대학의 부흥을 이끌 최선의 정책이다.

02

미국의 대학

2.1 유럽 대학 모방의 시기

미국 대학의 시작은 하버드 대학의 설립이었다. 1636년 매사추세츠 식민 정부의 인가로 뉴칼리지라는 이름의 새 대학이 설립되었으며, 지식과 신앙의 일치를 목표로 학식 있는 성직자를 배출하는 것이 설립 목적이었다. 영국에서 태어나고 케임브리지 대학 엠마누엘 칼리지에서 학위를 받은 존 하버드 목사는 1637년 미국으로 건너와 목회를 하다가 이듬해 숨졌다. 그는 모교인 케임브리지 대학을 모방한 신학교 설립을 유언으로 남기며 779파운드와 400여 권의 장서를 기증했다. 이에 식민 정부는 1639년 뉴칼리지의 이름을 하버드 칼리지로 변경하였다. 하버드 칼리지는 개교 당시 1명의 교사와 4명의 학생으로 시작했다. 학생들은 대부분 10대로 영국의 모델을 따라 교양과목, 철학, 고전문학을 강독하는 방식으로 학습했고, 청교도 교리에 복종할 것을 서약해야 했다. 하버드 칼리지는 청교도 신학교와 성직자 양성을 지향하고 17, 18세기 수많은 청교도 목사를 배출했지만, 어느 종파에도 소속되지 않았으며 종교적으로 자유로운 학풍을 갖고 있었다. 이런 자유로운 학풍은 종교적 보수파들의 반발을 낳게 되었고, 이들이 하버드 대학을 떠나 1701년 세운 학교가 예일 대학이다. 하버드 대학 설립 이후 윌리엄 · 메리 대학(1693년), 예일 대학 설립 이후 필라델피아 대학(펜실베니아 대학)(1740년), 뉴저지 대학(프린스턴 대학)(1746년), 킹스 대학(컬럼비아 대학)(1754년), 로드아일랜드 대학(브라운 대학)(1764년), 퀸즈 대학(럿거스 대학)(1766년), 다트머스 대학(1769년) 등이 설립되었다. 이중 벤저민 프랭클린이 설립한 필라델피아 대학을 제외하면 모두 기독교 종파들과 연결되어 있었다. 이들 9개 대학을 식민지 시대 대학(Colonial Colleges)이라고 부르는데 현재 아이비리그라고 칭하는 동부 명문 대학들과 거의 일치하는 대학들이다. 미국의 식민지 시대 대학들은 기능 측면에서 성직자 배출이라는 유럽 중세 대학의 모델에 충실했다.

지배 구조 측면에서 미국 식민지 시대 대학들은 유럽의 중세 대학과 차이가 있었다. 미국 대학들은 학생들이나 교수들의 자치단체가 아니라, 기독교 종파의 지원을 받아 식민지 정부 또는 영국 국왕의 인가를 얻어 설립되었다. 일례로 다트머스 대학은 영국 국왕 조지 3세로부터 특허장을 받아 설립되었다. 미국이 독립한 후에는 영국 국왕으로부터 인가를 받는 일은 없어졌고, 주 정부의 특별 입법 또는 특허장을 받는 방식으로 설립되었다. 당시에는 사립대학과 주립대학의 경계가 모호했으며, 많은 대학들이 주정부의 직접적인 재정 지원을 받았다. 1819년 연방대법원이 다트머스 대학이 영국 국왕으로부터 받은 특허장은 사적 계약이므로 주정부가 변경할 수 없다는 판결을 내리면서, 이전에 설립된 대학은 모두 사립대학이 되었다. 이후에도 민간 재원으로 설립된 대학은 정부가 간여하지 않은 사법인으로 설립되었다. 그러나 특별한 몇몇 사립대학은 지배 구조와 운영에 대한 사항이 주 헌법이나 법률에 규정되어 있기도 하다. 예를 들어 하버드 대학은 매사추세츠주 헌법에, 예일 대학은 코네티컷주 헌법에 대학의 법적 지위와 운영 기준이 명시되어 있다.

하버드 대학은 1708년 성직자가 아닌 첫 번째 총장으로 존 레버레트가 부임하며 여타 대학들과 차별화되기 시작했다. 그의 재임 기간 동안 하버드 대학은 다양한 학생들의 입학을 통해 더욱 자유로운 학풍을 갖게 되었으며, 종주국인 영국의 대학들보다 앞서서 종교 교리로부터 자유로운 철학적 사색을 통해 지적 자유를 지향하는 학문적 전통을 확립하였다. 사색하는 자유의 이상은 학생들에게 환영 받았고, 하버드 대학이 모델로 삼았던 옥스포드 대학과 케임브리지 대학은 하버드 대학을 동등하게 대접하기 시작[56]했다. 그러나 1722년까지 하버드 대학은 총장을 제외하고는 교수 한 명 없는 빈약한 학문적 토대에서 대학을 막 졸업한 20대 튜터들이 10대 학생들을 감독하고 관리하는 기숙형 학교의 수준을 벗어나지 못했다. 모델로 삼았던 옥스포드 대학과 케임브리지 대학이 시대에 뒤떨어진 중세 대학의 모습을 답습하고 있었기 때문에 쇠락하는 중세 대학의 모습이 신대륙에 투영되고 있었던 셈이다.

56 이광주, 『대학의 역사』

미국 대학에 변화의 싹이 움트기 시작한 것은 독일 훔볼트의 근대 대학 모델이 전 세계에 알려지고, 프랑스의 에콜폴리테크닉 모델을 여러 나라에서 차용하기 시작한 19세기 초반이었다. 하버드 대학에서는 존 커크랜드 총장이 재임했던 1810년에서 1824년을 하버드 대학의 황금시대(Augustan Age)[57]라고 칭할 만큼 여러 가지 혁신이 시도되었다. 법학대학이 설립되고 신학대학이 독립되었으며, 독일의 대학들에서 이루어진 것과 같이 화학, 광물학, 생리학, 해부학 등 새로운 학문 분야가 개설되었다. 또한 독일식 강의 방식을 도입하고, 학생들의 강의 선택권을 고려하는 선택과목제를 도입했다. 이런 일련의 혁신을 주도한 그룹은 1819년 독일 유학을 마치고 귀국한 조지 시크너를 포함한 젊은 교수들이었다. 이들은 강독 방식의 교육법을 독일 대학과 같은 강의 방식으로 바꾸었고, 칼리지의 학과 단위 분할, 능력별 학급 편성, 선택과목 도입 등 여러 개혁안을 관철시켰다. 이들의 급격한 혁신은 기존 교수들의 반발과 정교하지 못한 운영으로 성공하지 못했는데, 특히 기득권 계층이라 할 수 있는 기존 교수들은 새로운 변화를 굳이 받아들일 동기가 없었다. 예나 지금이나 현실에 안주하려는 교수들을 움직이는 것이 기존 대학 혁신의 성패를 가르는 중요한 요소이다.

미국의 3대 대통령이었던 토마스 제퍼슨은 재임 시절 에콜폴리테크닉을 모델로 미국사관학교를 설립했으며, 말년에는 새로운 대학 모델을 버지니아 대학에 실현하는 데 진력했다. 그는 대통령 재임 시절부터 교회의 영

---

57 Herbert F. Vetter, "Harvard's Unitarian Presidents: John Thornton Kirkland"

향을 받지 않는 대학 설립을 계획했으며, 그의 모교인 윌리엄 · 메리 대학이 기독교 교육에 매몰되면서 쇠락하는 것을 안타까워했다. 그는 수준 높은 대학 교육을 받은 사람들이 국가에 기여할 것을 믿었고, 경제적 계층에 관계없이 공평한 기회가 제공되어야 한다고 생각했다. 1817년 3명의 전·현직 대통령인 제퍼슨, 먼로, 매디슨과 마샬 대법관 등 28명의 유력 인사들이 모여 버지니아주 샤롯츠빌을 새 대학의 위치로 결정했다. 독일에서 성공한 것과 같이 새로운 대학 모델을 미국에 구현하려 했던 그의 계획은 1819년에 버지니아주로부터 설립 인가를 받고 1825년에 버지니아 대학이 개교함으로서 실현되었다. 당시 대부분의 대학은 의학, 법학, 신학 중 하나를 전공으로 선택해야 하는 유럽 중세 대학의 모습을 따랐는데, 버지니아 대학은 8개의 학문 분야 - 의학, 법학, 수학, 화학, 고대 언어, 현대 언어, 물리학, 윤리학 - 중에서 하나 또는 몇 개를 전공으로 선택할 수 있게 했다. 버지니아 대학의 가장 큰 혁신은 대학에서 신학을 완전히 분리해 낸 것이었다. 당시 대학들이 대부분 어떤 종파의 신학교 역할을 담당하고 있던 상황을 고려하면 이것은 매우 혁신적인 조치였고, 유럽 중세 대학의 전형을 뛰어넘는 새로운 대학 모델이었다. 버지니아 대학은 1836년 종합대학으로는 처음 공과대학을 설립하기도 했다.

독일 대학의 성공은 미국에도 전파되어 미시간 주정부는 독일 모델을 적극 수용했다. 1835년 주헌법 개정에도 독일(프러시아) 헌법을 모델로 하였고, 그 결과 전반적인 교육체계를 독일식으로 구현했다. 초등, 중등학교 시스템을 차용하였을 뿐 아니라, 1837년 미시간 대학을 디트로이트에서 앤

아버로 옮기면서 독일의 근대 대학처럼 주정부가 학교를 관리하고, 주정부 재정으로 운영하는 방식을 채택했다. 그러나 독일 대학의 근본주의 교육을 통한 개인, 사회, 국가의 통합은 미국의 개인주의, 자유주의적 사상과는 맞지 않는다는 한계를 안고 있었다.

기독교 종파로부터 자유로운 사립대학 설립도 있었다. 1824년 뉴욕주의 지주이며 정치가였던 스티븐 랜셀러의 기부를 기반으로 당시 저명한 과학자였던 아모스 이튼을 교수로 초빙하면서 랜셀러 학교가 설립되었다. 후일 랜셀러 폴리테크닉으로 개명되는 이 학교는 설립부터 대학원 교육을 표방했고, 그 결과 대학을 졸업한 우수한 학생들을 불러 모을 수 있었다. 설립부터 과학과 공학 교육에 집중했는데, 1835년 미국 최초로 토목공학 학위를 수여한 이후 미국의 인프라 개발을 뒷받침한 수많은 토목공학자를 배출하였다. 1869년에는 MIT와 같은 수준으로 평가[58]받기도 했다.

기독교 종파의 신학교 역할을 하는 학교 설립으로 시작된 미국 대학은 19세기 초반까지 성직자를 배출하거나, 재력 있는 가문의 자제를 신사로 길러 내는 기숙형 학교로 간주되었다. 커리큘럼은 라틴어, 그리스어, 윤리학, 신학, 낮은 수준의 수학과 자연과학으로 구성되어 있었다. 하버드 대학이나 예일 대학 같은 명문 대학도 비슷한 상황으로, 종주국인 영국 옥스포드 대학과 케임브리지 대학의 질 낮은 복제품과 같은 모습이었다. 대학생들의

---

58 하버드 대학의 총장을 역임한 찰스 엘리엇의 1869년 기고문, "The New Education"에서 MIT와 같은 반열에 있는 렌셀러 폴리테크닉에 대한 언급이 나온다.

반항적인 폭동은 사회적으로 큰 문제[59]였으며 학문적으로도 유럽에 비교할 수 없는 낮은 수준이었다. 그러나 19세기 초반, 하버드 대학의 개혁 시도, 새로운 대학 모델을 제시한 버지니아 대학의 설립, 독일(프러시아) 헌법을 기반으로 독일 대학 모델 구현을 시도한 미시간 대학, 렌셀러 학교와 같은 혁신적인 사립대학 설립을 통해 유럽 대학 모방의 시기를 넘어 새로운 미국식 대학의 도래를 준비했다.

2.2 모릴 법안과 미국 대학의 시작

19세기 중반, 미국 대학의 혁신 필요성은 더욱 높아졌다. 당시 미국 사회는 두 가지 직업군이 있었는데, 소수의 전문직이라 할 수 있는 성직자, 법학자, 의사, 학문 종사자들과 다수의 농업, 상업, 공업 종사자[60]들이었다. 전문직을 위한 고등교육은 기존 대학에서 담당하고 있었지만, 산업 인력에 대한 고등교육 체계가 아직 없었기 때문에 이에 대한 필요성 대두되었다. 한편, 대학은 세속의 교육기관으로서 기독교 종파적인 한계에서 벗어나야 한다는 시대적 요청을 받고 있었다. 이에 미국에 필요한 실용적인 대학 설립에 대한 논의가 시작되었고, 1822년 뉴욕주의 제네바 칼리지는 농업, 상업, 공업 분야를 위한 커리큘럼 개발을 논의하기도 했다. 1842년 브라운 대학의 웨일랜드 총장

---

59 1825~45년까지 20년간 하버드 대학 총장으로 재임한 조시아 퀸시는 학생들의 반복적인 폭동과 비행을 바로잡는 것을 주요 목표로 삼았으나 성공하지 못했다 - Herbert F. Vetter "Harvard's Unitarian Presidents: Josiah Quincy"

60 1850년 센서스 자료를 보면 농업 종사자 54.9%, 공업 종사자 14.5%, 상업 종사자가 6.4%였으며, 국가총생산 13.2억 달러 중 10.1억 달러가 농업에서 생산되었다.

은 산업계가 원하는 교육을 대학이 담당하지 않으면, 기업이 직접 대학을 만들 것이라는 우려를 표명하기도 했다. 당시 가장 중요한 산업인 농업과 관련해서, 미시간주는 1850년 제정 주헌법에 농업대학 설립을 요청하는 내용을 포함시켰으며, 1855년 마침내 미국 최초의 미시간 농업대학[61]을 설립했다.

이런 배경 속에서 일리노이 칼리지에서 식물학을 가르쳤던 노예해방주의자 조나단 터너는 1850년 새로운 산업대학 설립을 주장했다. 그는 전통적인 대학에 반대했으며, 산업 인력에게 적절한 산업 교육을 시키는 공공 시스템이 있어야 한다는 캠페인을 펼쳤다. 그는 대학에서의 경험을 기반으로 새로운 산업대학에 대한 매우 정교한 청사진을 제시했다. 먼저 산업 인력을 위한 전문교육이 수준별로 설계되어야 한다는 점을 강조하면서, 자연과학과 전통 교양 학문이 적절히 섞인 커리큘럼을 제안했다. 새로운 대학은 유연하게 설계되어 나이에 관계없이 입학이 가능해야 하며, 수학 기간도 3개월부터 7년까지 필요에 따라 다양하게 제공되어야 한다고 주장했다. 또한 새로운 대학은 정부 지원을 받아 설립되어야 하지만, 지배 구조와 관련해서는 정부가 주요 의사 결정을 담당해서는 안 된다고 주장했다. 학교와 직접 관련이 없는 교외자로 구성된 관리인들이 위원회를 구성해서 주요 결정과 운영을 책임져야 한다는 제안[62]을 하며, 교외자의 자격을 학교 관계자, 정당인, 기독교 종파 관계자, 의회 관계자는 배제해야 하고 일반시민을 대표할 수 있는 인사로 정의했다. 교외자가 주도하는 위원회가 실제로 미

61 현재의 미시간 주립대학(Michigan State University)이다.

62 Michael Whalen,『A Land Grant University』

국 주립대학 지배 구조의 근간이 되었다. 수준별 학습, 수학 기간의 다양화, 평생 고등교육기관으로서 대학의 역할을 확장해야 한다는 그의 주장은 21세기 현재에도 적용 가능할 만큼 혁신적이었다.

1853년 일리노이 주의회는 터너가 제시했던 산업대학 설립을 위해 토지허여(Land Grant)[63]법령 제정에 대한 결의문을 채택했다. 당시 일리노이 상원 의원이었던 라이먼 트럼블은 이 안을 연방의회에서 발의할 하원 의원을 물색했는데 결국 버몬트주 하원 의원인 저스틴 모릴이 그 역할을 맡아 몇몇 수정을 거쳐 1857년 토지허여 대학 설립 안을 발의했다. 이 법안은 1859년 연방의회를 통과했지만, 뷰캐넌 대통령에 의해 거부되었다. 이후 남북전쟁 상황 속에서 모릴은 군사학을 포함시켜 이 법안을 다시 발의했고 1862년 7월, 링컨 대통령이 최종 승인하면서 마침내 제정되었다. 이 법령을 통해 자격을 갖춘 모든 주[64]는 연방 정부로부터 각 주에 위치한 120km^2(30,000에이커)의 연방 정부 토지를 불하받게 되었고, 이 토지의 매매나 활용을 통해 생긴 이익으로 농학, 기계학, 군사학을 가르치는 대학을 설립할 수 있는 법적, 재정적 기반이 마련되었다. 실용적인 미국적 대학의 설립을 가능하게 한 이 법안의 의미를 모릴은 다음과 같이 설명했다.

"이 법안을 통해서 모든 주는 적어도 하나의 대학을 갖게 되었다. 이 대학

63 당시 연방 정부는 현금이 매우 부족했기 때문에 주요 사업의 수행을 위해서 연방 정부가 소유한 토지를 불하하는 방법으로 진행했다.

64 남북전쟁 중인 시기라 남부 연맹에 소속된 7개 주는 제외되었다. 1890년 2차 모릴 법안이 시행되면서 연방에 속한 모든 주로 확대되었다.

은 모든 국민, 특히 일반 국민(sons of toil)에게 실제 직업에 필요한 실용적인 학문을 가르치는 항구적인 체계로 자리 잡을 것이다. 이 대학은 전통적인 교양 학습을 통한 인격 고양과 지금 당장 우리에게 필요한 군사훈련을 수행하는 것도 잊지 않을 것이다. 무엇보다도 농업이 우리의 현재와 미래의 번영에 가장 중요한 기반인 것을 인지하고, 이를 이끌어 나갈 미래 일꾼들을 찾아내고 심오한 학습과 수련을 통해 그들의 역량을 최고 수준까지 끌어올려, 전 세계 어떤 기준과 비교해도 뒤지지 않게 만들 것이다[65]."

1862년 9월, 아이오와주가 제일 먼저 모릴 법안을 받아들여, 1858년에 설립된 아이오와 주립농업대학에 재정 지원을 하기로 결정했다. 기존에 설립된 농업대학을 지원하는 방식이 아닌, 새로운 대학을 설립한 첫 번째 사례는 캔사스 주립대학이 되었다. 1863년 2월 설립되었고, 같은 해 9월에 개교했다. 위스콘신주는 1848년 설립된 위스콘신 대학에 1866년 농업학과를 개설하면서 모릴 법안의 수혜 대학으로 지정했다. 모릴 법안의 목적인 산업인력 교육을 만족하는 경우에는 각 주가 연방 정부의 지원을 유연하게 활용했는데, 그 결과 사립대학인 코넬 대학과 매사추세츠 공과대학(MIT), 예일 대학도 모릴 법안을 통해 재정 지원을 받을 수 있었다.

코넬 대학은 1865년 뉴욕주 상원 의원이면서 웨스턴유니온 전신회사의 창립자였던 이즈라 코넬의 기부로 시작되었다. 모릴 법안에 따라 뉴욕주에

---

65 William Parker, "The life and public service of Justine Smith Morrill"

할당된 연방 정부 지원 토지를 이 대학에 투자하는 법안이 제정된 후, 1867년에 개교하였다. 따라서 코넬 대학은 사립대학과 주립대학의 이원적인 성격을 띠고 있다. 모릴 법안과 관계되는 농업대학, 수의대학 등은 지금도 주립대학의 역할[66]을 담당하고 있으며, 미국 내에서 가장 우수한 프로그램으로 평가받고 있다. MIT는 1861년 버지니아 대학 교수였던 윌리엄 로저의 대학 설립 제안을 매사추세츠 주지사가 승인하면서 설립되었다. 윌리엄 로저는 급격하게 발전하는 과학기술을 다룰 대학이 필요하다는 점과, 이론적 원리와 실험 방법론을 아우르는 프랑스의 폴리테크닉 모델을 지향하면서도, 과학기술 전문학교가 아닌 전통 자유 교양 학습도 포함해야 한다고 주장했다. 남북전쟁의 발발로 개교는 1865년에 이루어졌지만, 1862년 시행된 모릴 법안의 지원을 받게 되었다. 모릴 법안에 명시된 기계학(Mechanical Art) 부분을 담당하게 되었고, 농업 부분은 1863년 인가를 받고 1866년 개교한 매사추세츠 농업대학[67]이 담당하게 되었다. 예일 대학은 1847년 과학대학을 설립하고, 1861년 철도 재벌 조셉 쉐필드의 기부를 받아 쉐필드 과학대학으로 명명했다. 코네티컷주는 1865년 예일 대학의 쉐필드 과학대학을 모릴 법안의 수혜 대학으로 지정했다. 쉐필드 과학대학은 농업 프로그램을 개설해 매년 50여 명의 학생들을 등록금 없이 교육시켰으며. 1893년 코네티컷 주립대학의 설립까지 그 역할을 담당했다.

66 뉴욕주의 재정 지원을 받고 있으며, 다른 단과대학에 비해 등록금도 저렴하고, 뉴욕주 출신 학생들에게 우선적으로 입학 허가를 주고 있다.

67 현재 매사추세츠 주립대학(University of Massachusetts Amherst)이다

19세기 중반, 미국에서는 발전하는 국가 위상에 걸맞게 고등교육의 혁신이 논의되었고, 그 결과 많은 대학들이 새롭게 설립되었다. 모릴의 토지허여 대학 설립 법안을 통해 연방 정부가 개입하여 고등교육의 방향성을 제시했으며, 150여 년이 지난 지금까지 유지되는 대학의 지배 구조에 대한 기본 틀을 정립했다. 미국에 필요한 실용적인 교육을 목적으로 했던 점이나, 절대다수를 차지하는 산업 인력, 즉 일반 시민이 고등교육에 참여할 수 있는 장이 마련되었다는 점에서도 혁신적이었다. 충분한 역량이 축적되지 않은 여러 주에서는 연방 정부의 지원을 우선적으로 확보하기 위해 문서상으로만 존재하는 주립대학을 설립하고, 실제 개교까지 많은 시간이 걸렸던데 대한 비판과 한계도 있었지만, 이 법안을 통해 미국은 사립대학과 주립대학이 공존하면서 서로 경쟁하는 미국의 고등교육체계가 자리 잡게 되었다.

미국은 모릴 법안을 통해 산업 인력에 대한 고등교육이라는, 실용적인 미국식 대학 모델을 제시하고, 미국의 분권적 정치 구조 속에서 지역 사회와 깊은 유대 관계를 맺고 지역에 봉사하는 대학의 역할을 명확히 규정했다. 이때 설립된 주립대학들은 남북전쟁 이후 급격한 산업화에 필요한 인력 수급을 담당하는 역할을 수행하기도 했다. 독일에 훔볼트의 근대 대학, 프랑스에 프랑스 혁명 이후 국립대학과 그랑제콜, 영국에 뉴먼이 제시한 문학과 교양의 대학이 각각 독일, 프랑스, 영국의 근대 대학 모델의 청사진을 제시했다면, 미국에서는 모릴 법안과 이어 설립된 주립대학들이 그 역할을 담당했다.

2.3 통합형 모델과 민간 재정 지원을 통한 미국 대학의 부상

모릴 법안을 통해 재정적으로 지속 가능하고, 설립 이념이 근대화된 주립 대학들이 설립되면서, 미국 대학들은 양적으로 가파르게 성장했다. 그러나 미국 대학들은 교육기관으로서의 역할을 담당하고 있을 뿐이었다. 논문을 작성해 박사 학위를 받고자 하는 학생들은 독일 유학을 택했는데 1880년대에만 2,000명의 학생이 유럽으로 유학을 떠났다[68]. 예일 대학이 미국 최초로 1861년에 박사를 배출했다. 이어서 펜실베니아 대학이 1870년, 하버드 대학은 1872년, 컬럼비아 대학은 1875년, 프린스턴 대학은 1879년, 위스콘신 주립대학은 1892년에 첫 박사를 배출했는데, 그 정도로 미국 대학은 연구 기반과 역량에서 유럽과 격차가 매우 컸다. 존스 홉킨스 대학에 대니얼 길먼 총장에 의해 1876년 처음 도입된 대학원이 연구 역량이 유럽에 비해 많이 뒤떨어져 있던 미국의 대학을 한 단계 격상시키는데 결정적인 역할을 했다.

대니얼 길먼은 예일 대학을 졸업하고, 예일 대학의 쉐필드 과학대학에서 지리학 교수로 있다가, 1872년 캘리포니아 대학의 2대 총장으로 부임하였다. 그는 오클랜드에 있던 임시 캠퍼스를 현재 위치인 버클리로 옮기는 등, 캘리포니아 대학 설립 초기의 여러 업무를 수행했다. 이후 볼티모어 오하이오 철도회사의 소유자 중 한 명인 존스 홉킨스가 기부한 7백만 달러를 기

68 Lionel Lewis, "Scaling the Ivory Tower: Merit and Its Limits in Academic Careers"

금으로 1875년 설립된 존스 홉킨스 대학의 총장직을 수락하고 1876년 2월, 대학 창립일에 총장으로 취임했다. 길먼은 연구와 교육이 통합되는 독일식 대학을 미국에서 실현하려는 비전을 갖고 있었고, 취임 일성으로 존스 홉킨스 대학은 개별 교수들의 연구와 최고 수준의 교육을 통해 과학의 발전과 미국 사회에 봉사하겠다는 목표를 제시했다. 산업 인력 교육을 목표로 한 토지허여 대학들과 명확히 다른 목표를 천명한 것이다. 그는 이를 위해 저명한 교수들을 스카우트했고, 대학원 교육과 교수들의 연구를 집중 지원했다. 조직 구성에서 대학원과 학부를 분리시켜 설립하고, 대학원에는 역량 있는 교수진들을 배치하여 교육보다 연구에 집중할 수 있는 환경을 만들었다. 대학원 설립을 통해 과거라면 독일 유학을 꿈꾸었을, 전국의 우수한 대학 졸업생들을 불러 모을 수 있었다. 1889년 존스 홉킨스 병원이 설립되고, 1893년 의과대학이 생기면서 전 세계적으로 유명한 의학자들과 우수한 학생들이 모여들게 되었다. 박사 배출에 집중했던 존스 홉킨스 대학은 미국 대학 사회에 일대 바람을 일으켰다. 1878년 첫 박사를 배출하고, 이후 20세기 초반까지 미국에서 가장 많은 박사를 배출하였다. 이로써 존스 홉킨스 대학은 미국의 첫 번째 연구 중심 대학이 되었고, 이 대학의 대학원 제도와 학위 수여 시스템은 미국 대학들이 '동형화'하는 대상이 되었다. 1926년 당시, 존스 홉킨스 대학원 졸업생 1,400여 명 중 1,000여 명이 대학교수로 활동하고 있었다는 사실[69] 은 19세기 말에서 20세기 초반까지 미국 대학 사회에 존스 홉킨스 대학의 영향력을 그대로 드러낸다. 존스 홉킨스

69 요지마 순야, 『대학이란 무엇인가』

대학의 성공은 대학 혁신의 세 가지 방법[70] 중 새로운 대학을 만드는 것이 가장 빠르게 성과를 낼 수 있다는 사실을 보여 주는 예이다. 다시 말해 적절한 재정 지원, 우수 인력의 집중, 비전 있는 리더가 세계적인 대학을 만들어 낼 수 있다는 사실을 증명한 역사적 사례인 것이다.

19세기 말, 미국 대학이 추구할 수 있는 교육 목표는 토지허여 대학의 실용적인 산업 교육, 전통 사립대학의 자유 교양 교육, 존스 홉킨스 대학의 연구 중심 교육이었다. 이 세 가지 목표를 통합하고, 하버드 대학을 미국을 대표하는 대학으로 재정립한 것은 찰스 엘리엇 총장의 업적이었다. 찰스 엘리엇은 하버드 대학을 졸업한 후 유럽에서 2년간 여러 대학들을 방문하고, 유럽 산업을 돌아보면서 대학과 산업의 관계, 유럽 대학과 미국 대학의 차이 그리고 미국 대학의 미래에 대한 그만의 해답을 구했다. 1865년 미국으로 돌아온 그는 신설된 MIT에 분석화학 교수로 임용되었다. 사실, 당시 하버드 대학은 큰 위기에 처해 있었다. 20여 년간 4명의 성직자들이 총장으로 취임해 구태의연하게 대학을 운영했으며, 남북전쟁 이후 급격한 산업화와 경제 발전이 이루어지고 있는 매사추세츠주가 요구하는 고등교육의 필요성을 담아내지 못하고 있었다. 산업사회의 새로운 주류 세력인 산업자본가들로부터 외면 받는 상황에서 하버드 대학은 점차 그 위상을 잃어 가고 있었다. 1869년 엘리엇은 미국 대학 교육 개혁에 대한 그의 비전을 담은 "The New Education"이라는 글을 당시 최고의 지식인 잡지였던 『애틀랜틱』에

70 기존 대학의 혁신, 기존 대학의 통합, 새로운 대학의 설립의 세 가지 방법 중에서 짧은 시간에 우수한 성과를 내는 방법은 새로운 대학의 설립이라는 것을 설명한다.

기고했다. 그는 새롭게 대두되고 있던 연구 중심 과학대학, 전문직업대학[71], 전통적인 자유 교양 대학들의 현황과 문제점을 정교하게 분석하고 미래의 대학은 과학교육, 전문직업교육, 자유 교양 교육의 장점을 효과적으로 통합해야 한다는 새로운 관점을 제시했다. 자식의 대학 진학을 고민하는 부모와 당사자인 학생들에게 조언하는 형식의, 12,000단어로 구성된 이 글에서 그는 다음과 같이 주장했다.

"자유 교양 대학은 어느 쪽에도 치우치지 않은 교양인을 배출하는 목적을 갖고 있고, 전문직업대학은 한 분야에만 뛰어난 전문가를 배출하는 목적을 갖고 있다는 믿음은, 두 가지 측면에서 오류를 갖고 있다. 첫째, 치우치지 않은 교양 교육은 불가능하다. (중략) 모든 학생은 각자 자신만의 경향과 특별한 재능을 갖고 있으며, 교육을 통해 이를 개발할 때 개인 행복의 증대, 인간 지식의 확대, 우리 사회의 발전이 가능한 것이다. 둘째, 훌륭한 엔니지어, 화학자, 건축가가 되기 위해서는 우선 적어도 동시에 주의 깊고, 사려 깊고, 분별력 있는 사람이 되어야 하고 이를 위해 관찰하고, 비교하고, 추론하고, 결정할 수 있는 능력을 훈련받아야 한다.[72]"

이 글에 감명받은 대학의 이사회는 같은 해에 35세의 엘리엇을 미국에서 가장 오래된 하버드 대학의 총장으로 선임했다. 그는 계획과 실행의 큰 간

71 찰스 엘리엇은 과학교육과 직업교육을 명확히 구분하여 언급하지는 않았다. 예를 들어 화학자, 법학자, 건축가, 광산기술자 등를 위한 교육을 하나로 묶어 언급했다.

72 Charles W. Eliot, "The New Education" https://www.theatlantic.com/magazine/archive/1869/02/the-new-education/309049/

극을 정확히 알고 있었으며, 1909년까지 40년간 하버드 대학 총장으로 재직하면서 탁월한 수완과 행정 능력으로 자신의 비전을 차근히 실현해 나갔다. 법학, 의학 등 전문대학원과 연구의 중심인 일반대학원을 설치하고, 입학 기준을 학사 학위로 명시했다. 그는 하버드 대학에 교양 교육과 직업교육, 연구가 모두 가능한 조직 구조를 만들었다. 필수교과목을 해체하고 선택교과목으로 바꾸었으며, 고전학과 인문학이 독점하던 학부 교양 교육을 다양화했다. 이를 통해 전문 영역을 연구하는 교수들의 교양 교육 참여가 가능하게 되었다. 재임한 지 15년이 지난 후에 라틴어와 그리스어를 필수과목에서 제외하고, 1887년에 겨우 그리스어를 입학 기준에서 삭제했다는 사실을 보면, 그의 하버드 대학 혁신도 간단한 여정이 아니었음을 알 수 있다. 엘리엇의 혁신을 통해서 교양 교육과 직업교육, 연구가 모두 이루어지는 존스 홉킨스 대학 모델을 확장한 미국식 연구 중심 대학 모델이 확립되었다. 1900년대 이후, 미국의 주요 대학들은 모두 엘리엇의 모델을 모방하기 시작했다. '통합형 모델'이라고 불리는 이 모델은 20세기 미국 대학의 부상에 기여했으며, 동시에 21세기 미국 대학의 위기를 불러오는 원인이 되었다.

20세기 초, 미국 대학 사회에서 일어난 중요한 사건은 종신 임용교수제 도입이었다. 종신 임용교수제는 미국식 대학 모델의 특징 중 하나로, 교수 집단의 사회적 성격을 규정하고 공익적 역할에 대한 기대치가 반영된 것이므로 그 도입 배경과 전개 과정을 살펴볼 필요가 있다. 미국 대학의 성장이 두드러지던 19세 말부터 20세기 초반, 미국의 경제는 풍부한 자연 자원과 이민자들의 노동력, 민간 주도의 산업화를 통해 세계의 공장이 되었다. 1900년부터 1920년 사이, 미국의 국부는 879억 달러에서 3,354억 달러로 약 4배가 증가할 만큼 질주하고 있었다. 역사적으로 미국 대학 성장의 가장 큰 동력은 재산가들의 막대한 기부였다. 19세기 후반부터는 경제 발전의 주인공으로 등장한 산업자본가들이 그 역할을 담당했는데, 이들은 대학에 대한 애증 관계를 형성해 나갔다. 산업자본가들은 미국 대학에 재정적 토대를 제공하는 한편, 미국 대학들이 견지한 순수한 지적 활동에 대한 가치 부여와 실용적이지 못한 교양 교육에 대해서는 여러 가지 부정적인 입장을 표명했다. 철강왕 앤드류 카네기는 이런 애증 관계를 표현한 대표적인 인물이었다. "부자로 죽는 것은 부끄러운 일이다."라는 명언을 남긴 앤드류 카네기는 1900년 카네기 멜론 대학의 모체가 되는 카네기 기술학교를 설립했다. 1902년에는 프린스턴 대학에 거액을 기부해 학생들의 레저와 조정팀의 연습장으로 사용할 인공 호수인 카네기 레이크를 만들기도 했다. 1905년에는 현재까지 고등교육 분야에 큰 영향력을 행사하는 카네기 교육진흥재단을 만들어 대학에 대한 적극적인 지원과 관심을 표현했다. 그러나 대학의 비실용적인 교양 교육에 대해서는 비판적인 입장을 여러 차례 표명했다. 승강기 제작회사 창업자인 크레인은 1911년에 『고등교육의 무용』, 『대학의 문란』이라는 책자를 발행하며, 특히 교양 교육에 대한 냉혹한 비판을 가했다. 이 문제는 일반 대중의 주목을 받았고, 1912년 대통령 선거에서 격돌한 두 후보였던 예일 대학 출신의 하워드 태프트와 존스 홉킨스 대학 출신으로 프린스턴 대학 총장을 지낸 우드로 윌슨은, 미국의 고등교육에는 문제가 없다는 공동성명을 발표하기까지 했다[73].

---

73 프랭크 도나휴, 『최후의 교수들』

1911년에는 프레드릭 테일러가 『과학적 관리 이론』을 출판했다. '과학적 관리 이론'은 생산 작업 과정을 분석하여 단위 업무로 분류한 뒤, 단위 업무를 가장 효과적으로 수행할 수 있는 표준화된 방법을 노동자들이 수행하게 하고, 목표량 달성 시 노동자에게 인센티브를 제공하는 일련의 생산 프로세스 혁신 방법이다. 테일러의 방법은 미국의 노동 방식에 일대 변혁을 몰고 왔으며, 미국의 노동생산성 향상에 크게 기여했다. 1906~1907년 미국기계공학회 회장이었던 테일러의 지원 아래 '과학적 관리 이론'의 실험을 주도했던 모리스 쿠크는 1910년, 카네기 교육진흥재단의 지원으로 『대학과 기업의 효율』을 출판했다. 쿠크는 종신교수제도 폐지를 요구했다. 아울러 대학의 기초와 중급 단계의 모든 강의를 표준화 할 것과 교수의 강의와 교육 내용을 대학 소유로 만들 것을 제안하며, 교육의 생산성을 극대화하기 위해 대학을 기업화할 것을 제안[74]했다. 미국의 세계관은 자유를 찾아 신세계로 건너온 이주자들의 국가로 규제 없는 자유 시장경제 수용, 새로운 시도에 두려움 없는 프론티어 정신 그리고 실용주의와 개인주의로 정리할 수 있다. 이 세계관은 열심히 일하고 노력하면 누구나 성공할 수 있다는 아메리칸 드림의 기반이 되었다. 성공의 척도인 부를 축척하기 위해서 모든 행위는 생산적이어야 하며, 실용성은 윤리에 가까운 원칙이 되었다. 이와 같이 생산성과 실용성을 중시하는 산업사회의 발전 속에, 즉각적이고 가시적인 성과를 보이기 어려운 교양 교육과 구태의연해 보이는 대학 교수들의 역할에 대한 다양한 비판과 압력이 증가하게 된 것이다.

---

74 Morris L. Cooke, 『Academic and Industrial Efficiency』 https://archive.org/details/academicindustri05cookuoft/page/n3

대학에 대한 외부 압력이 높아지자 대학 교수들의 반격이 시작되었다. 소스타인 베블런은『미국의 고등교육(1916)』에서 대학에 해악을 끼치는 요인은 기업식 이윤추구 행위와 조직 운영 기준이며, 그 폐해가 이미 극심하다는 점과 고등교육의 성과는 숫자로 표현될 수 없으며, 그 가치를 평가하는 것은 장기적인 관점에서 이루어져야 한다고 주장했다. 베블런은 이상적인 대학은 다양한 의견들과 세계관들의 안식처이며, 대학은 이들의 만남, 융합, 전파의 장소가 되어야 한다고 주장했다. 또한 학습은 본질적으로 여가 활동이며, 따라서 금전적인 목적을 추구하지 않는 활동으로 규정했다. 현재까지 자주 인용되는 그의 저서는 고등교육의 독립성과 자율성을 옹호하고, 자신들이 대학의 핵심 가치임을 주장하는 인문학자들의 성배와 같은 저서가 되었다. 베블런이 방어적이었다면, 공격적이고 선견적이었던 업튼 싱클레어는『프러시아식 획일 교육(1923)』에서 미국 대학들이 자본가와 권력자의 지배도구로 봉사하고 있다는 점을 독설적으로 비판했다. 금권정치, 즉 권력화된 자본은 불사의 존재이며, 금권정치는 젊은 세대를 여기에 순응하도록 훈련시키기 위해 교육제도를 지배하려 하고 있고, 이미 산업자본가들에 의해 완벽히 구축되었다고 일갈했다. 이에 맞서기 위해서 기업식 사고로 물든 이사회와 총장의 지배 구조를 타파해야 하며, 대안으로 자율적인 중세적 대학으로의 복귀라는 비현실적인 제안과 함께 교수들이 노조를 구성하고 파업을 벌여 종신 재직권을 확보해야 한다고 주장했다.

이런 대립 속에서도 관행적으로 종신 재직을 보장받던 대학 교수의 입장에서 주목할 만한 여러 사건들이 알려지게 되었다. 가장 유명한 사건은

1900년 스탠포드 대학의 에드워드 로스 교수가 스탠포드 가문에 불이익을 끼치는 활동으로 해임을 압박받다가 사임한 일이다. 로스 교수는 스탠포드 가문이 운영하는 철도회사가 중국인 이민자를 철도 노동자로 고용하는 사실에 대해 팜플릿을 통해 지속적으로 비판했다. 철도사업에 대해서도 약탈적이라며 비판적 태도를 보였다. 동양인의 이민에 대해서는 경제적인 측면뿐 아니라 인종주의적 관점을 넘어 우생학적인 관점에서 타 인종의 이민을 제한해야 한다는 주장을 했다. 심지어 "일본인을 실어 오는 선박이 상륙 허가를 받기 전에 우리가 총을 들어 침몰시키는 것이 더 나을 것이다."라는 과격한 내용의 대중 연설을 하기도 했다. 남편인 릴랜드 스탠포드와 공동 설립자이면서 이사회를 장악하고 있던 제인 스탠포드 부인이 『샌프란시스코 콜』이라는 신문에서 이 내용을 읽고, 로스 교수가 지나치게 당파적이며 종파적이라는 이유로 데이빗 조던 총장에게 그의 해임을 압박했다. 로스 교수와 우생학이라는 학문적 연결고리가 있던 조던 총장이 그를 보호하려고 노력했으나, 로스 교수는 1900년 스스로 사임하였다. 이 사건은 이후 스탠포드 대학에서 저명한 교수들의 사임이 이어질 만큼 대학 사회를 흔들었다. 그 밖에 유타 대학의 졸업생 연설에서 유타주의 정치를 비판한 것을 문제로 이를 배후 조종했다는 의심으로 교수와 시간강사들이 해임된 사건, 콜로라도 대학 법학 교수가 광산 노조의 변호를 맡았다가 해직된 사건, 펜실베니아 대학 경영대 교수가 학생들에게 급진적이고 건전하지 못한 교육을 했다는 이유로 이사회가 개입하여 해임한 사건 등도 잘 알려진 사건들이다.

이런 상황 속에서 1915년에 철학자이자 교육학자인 존 듀이를 회장으로 하여 로스 교수 사건 때 스탠포드 대학 교수직을 사임했던 철학자 아서 러브조이 교수를 포함한 저명한 대학 교수들이 미국 대학 교수협회(American Association of University Professors)를 조직했다. 이 협회의 산하 위원회인 '학문의 자유 및 종신 임용 위원회'의 위원 13명은 같은 해 12월 '1915년 원리 선언'이라는, 교수의 지위와 역할에 대한 강령을 발표했다. 이 선언은 학문의 자유가 무엇인지 정의하고, 이에 관계되는 세 가지 문제 - 학문적 권위의 기반, 학문적 직업의 성격, 학문적 기관의 기능 - 를 설명하는 내용으로 구성되어 있다. 학내에서 가르치는 자유와 학외에서 정치적인 활동을 하거나 의견을 표명하는 자유가 학문적 자유의 핵심이라 명시했다. 학문적 자유를 달성하기 위해 교수들에게 결정권과 자치권을 부여하고, 이사회가 교수를 임명하는 것을 대통령이 연방법원 판사를 임명하는 것에 비유하면서 교수는 피고용자라기 보다 독립적 지위를 갖고 학문과 교육에 대한 우선적 책무를 갖는다고 주장했다. 강의실에서 논의한 내용은 판사가 재판 과정에서 언급한 내용처럼 특별히 보호받아야 하며, 일반 대중을 향한 발언으로 간주되지 않는다고 주장했다. 또한 교수들은 논쟁적인 문제에 대해 견해를 표명하는 데 제약을 받지 말아야 하고, 사회 문제인 경우 자기 전공 분야가 아니더라도 의견을 표명하는 데 제한을 받지 않는다고 명시했다. 1915년 원리 선언에서 명시한 학문의 자유는 독일의 '가르치는 자유'에 그 뿌리를 두고 있었다. 그러나 로스 교수의 사건을 계기로 강의실 안에서만 부여되는 독일의 '가르치는 자유'를 넘어 사회 문제와 정치적 논쟁에 참여할 수 있는 자유가 학문의 자유를 구성한다고 주장했는데, 이는 수정헌법 1조에 명시된 언론의 자유와 출판의 자유와 연결되는 가치[75]임을 명확히 했다.

1925년 '1915년 원리 선언'을 요약한 '1925년 학문의 자유와 종신 임용의 기본 원리'라는 강령이 발표되었다. 이 강령은 미국 대학 교수협회와 미국 대학협회의 지지 선언을 받았다. 1934년부터 두 협회 대표자들이 이 강령에 대한 집중적인 논의와 개선을 진행했고, 1940년 종신 임용제의 가이드라인을 제공하는 '1940년 학문의 자유와 종신 임용의 기본 원리[76]'가 공표되었다. 교수를 대표하는 미국 대학 교수협회와 대학 당국을 대표하는 미국 대학협회가 마침내 합의를 이룬 것이었다. 이 강령은, 대학은 공공의 이익을 위한 조직이며 이를 위해 진리에 대한 자유로운 탐구와 자유로운 발표로 구성되는 학문의 자유가 핵심이라는 사실을 명시했다. 아울러 종신 임용제는 학문의 자유 수호를 위한 중요한 수단이며, 재정적으로 안정적인 급여를 지급해서 교수직을 충분히 매력적으로 만들 때 교수가 학생과 사회에 기여할 수 있다고 주장하면서, 종신 임용제에 대한 다섯 가지 가이드라인을 다음과 같이 제시했다.

1. 임용 조건과 규정은 서면으로 명시되어야 하며, 임용이 완료되기 전에 대학과 교수가 확인하고 소지해야 한다.
2. 전임강사 이상의 직위로 임용된 교수는 종신 임용 이전 수습 기간이 7년을 넘지 않아야 한다. (중략) 종신 임용 이전 수습 기간 종료는 최소 1년 전에 통보되어야 한다.

---

75 Eric Barendt, 『Academic Freedom and the Law: A Comparative Study』
76 https://www.aaup.org/report/1940-statement-principles-academic-freedom-and-tenure

3. 종신 임용 이전 수습 기간에 있는 교수들도 다른 모든 교수들과 동일한 학문의 자유를 가진다.
4. 재임용 거절 또는 교수의 해고는 교수위원회와 이사회가 모두 심의해야 하며, 분쟁의 여지가 있는 문제에 대해서는 그 문제가 무엇인지 서면으로 교수에게 통보해야 하고, 문제에 대해 소명할 수 있는 기회가 주어져야 한다. 교수의 무능력이 문제라면 다른 학자들의 평가가 있어야 하며, 도덕적인 문제가 아닌 이유로 해고되는 경우 통보일로부터 최소 1년간 급여가 제공되어야 한다.
5. 대학의 재정적인 문제로 인한 재임용 거절은 명백한 사실에 기반해야 한다.

교육과 학문에 관련된 250여 개의 협회와 조직들이 강령을 지지[77]했고, 현재까지 미국 정규대학 종신 교수직의 임용에 기반이 되는 규정이 되었다. 2차 세계대전 이후 미국 대학 모델을 차용한 우리나라를 포함한 많은 국가들에서 종신 임용제는 대부분 비판없이 수용되었다. 그러나 미국 내에서도 수많은 학자들이 종신 임용제의 모순을 지적했고, 실제 학문의 자유에 기여하지 못한다는 사실을 증언[78]했다. 하지만 이 제도가 산업자본의 힘이 대학을 포획하려 하고, 실용주의라는 새로운 가치가 대학을 잠식하던 20세기 초반, 미국의 대학교수들이 스스로 역할을 정의하고 대학을 배금주의로부터 지켜내기 위한 치열한 고민의 산물이었다는 점은 높이 평가할 만

77 https://www.aaup.org/endorsers-1940-statement
78 프랭크 도너휴, 『최후의 교수들』

하다. 실질적으로는 우수 교수 인력의 수급을 가능하게 하여 2차 세계대전 이후 미국 대학이 전성기를 구가하는 토대가 되었다는 의의를 가진다.

이 기간, 미국 대학들이 도약할 수 있었던 또 다른 핵심 요인은 산업자본가들과 지역 유력자들의 대학에 대한 막대한 재정 지원과 고등교육기관인 대학에 대한 미국 국민들의 애정이었다. 미국은 분권형 연방 국가로 대공황 이전까지 연방 정부의 기능과 권위가 매우 미약했다. 절대왕정국가를 거친 유럽 국가들이 강력한 중앙정부 주도로 새로운 대학을 설립하고 혁신을 주도했던 사실과 비교하면, 미국은 대학들이 연방 정부의 즉각적이고 효율적인 지원을 기대하기 어려운 상황이었다. 모릴 법안의 토지허여 방식도 현금이 부족한 연방 정부의 상황을 고려한 재정 지원 방식이었다. 민간 주도의 대학 설립과 산업자본가들의 막대한 기부금은 이런 간극을 메우고, 더 나아가 미국의 대학들이 유럽의 대학들을 압도하게 되는 재정적 기반이 되었다. 19세기 후반에서 20세기 초반, 미국 경제계를 견인하는 주요 산업자본가들이 등장했고, 이들은 석유, 철강, 철도, 해운, 금융업, 소매업 등에서 거대한 부를 이루었다. 경제 분야에 규제가 거의 없었던 당시에 이들은 경쟁자를 무자비하게 짓밟고, 불법과 탈법의 경계에서 카르텔과 트러스트를 조직했으며, 독과점을 통해 비정상적으로 부를 이루었다. 그러나 이런 산업자본가들은 놀랍게도 그들의 부를 아낌없이 대학에 기부했고, 1933년 대공황이 시작되기 전까지 미국의 대학들은 2007년 가치로 5,000억 달러 상당의 기부금을 확보[79] 할 수 있었

79 B. Hommond, "Endowment Study" 2008 NACUBO

다. 앞서 언급한 에즈라 코넬, 존스 홉킨스, 앤드류 카네기 이외에도 철도 재벌 코르넬리우스 밴더빌트는 1873년 테네시 내슈빌에 밴더빌트 대학을 설립했으며, 철도 재벌이자 캘리포니아 주지사를 역임한 릴랜드 스탠포드는 1891년 스탠포드 대학을 설립했다. 석유 재벌 존 록펠러와 백화점 재벌 마샬 필드의 기부로 시카고 대학이 1892년 다시 개교할 수 있었으며, 록펠러는 1901년 뉴욕 맨하탄에 의학 전문 연구 대학인 록펠러 대학을 설립하기도 했다. 코닥의 창업자인 조지 이스트만은 Mr. Smith라는 익명의 기부자로서 1912~1920년 사이 새 캠퍼스로 이전하면서 재정적인 위기에 빠졌던 MIT를 지원했고, 은행업의 대부 JP 모건은 하버드 의대와 컬럼비아 대학에 지속적으로 기부금을 지원했다. 일리노이의 농기계 제작회사로 큰 부를 일군 맥코믹 가문과 디어링 가문은 노스웨스턴 대학의 재정 지원자였으며, 1930년대 대공황으로 운영상 어려움에 빠진 노스웨스턴 대학을 유지하는 데 결정적인 기여를 했다. 성공한 산업자본가들의 대학에 대한 기부는 미국 사회의 전통으로 자리 잡았고, 이런 기부 문화는 지금까지 이어지고 있다. 대학생의 수가 매우 적었던 2차 세계대전 이전[80]에는 유럽 대학들은 정부의 지원만으로도 재정적인 어려움을 겪지 않았다. 그러나 대학생 수가 급격하게 증가한 2차 세계대전 이후, 미국의 이러한 민간분야에서의 대학 재정 지원은 유럽 대학을 압도하는 주요 원인 중 하나가 되었다.

미국의 대학들은 대중의 애정과 존경을 받고 있었다. 미국을 방문한 유럽

---

80 예를 들면, 1920년대 독일 바이마르공화국의 경우 대학 입학생 비율은 학령인구의 3%에 불과했다.

학자들의 관찰에 따르면 미국 대학들은 자연과학을 중시하면서 매우 실용적이며, 대학 교육 수준에 다양성이 있고, 유럽에 비해 미국 사회는 대학의 가치를 매우 높게 평가하는 것으로 보였다. 사실 미국 사회의 대학에 대한 애정은 다양한 사례에서 확인할 수 있다. 토마스 제퍼슨은 자신의 묘비에 자신을 미합중국의 대통령이 아닌 버지니아 대학의 설립자로 명시했고, 자신의 최대 업적을 독립선언서와 미국 헌법 작성에 참여한 일과 버지니아 대학 설립이라고 말했다. 록펠러는 자신의 가장 만족스러운 투자가 시카고 대학에 한 기부였다고 회고했다. 릴랜드 스탠포드는 외아들을 유럽 여행에서 잃고 나서, 스탠포드 대학 설립을 결정[81]하면서 "캘리포니아의 젊은이들을 모두 우리 자식으로 생각합시다."라고 공동 설립자인 부인에게 말했다. 1904년 위스콘신 대학의 총장으로 취임한 밴하이스는 주립대학과 지역 사회의 유대 관계를 다음과 같이 표현했다. "위스콘신 대학이 우리 주에 있는 모든 가정 하나하나에 도움이 될 때까지 결코 만족하지 않겠습니다.[82]" 존 윌리엄스의 소설 『스토너』는 1910년 고등학교를 졸업한 주인공 윌리엄 스토너가 당시 새로 생긴 미주리 대학 콜럼버스의 농과대학에 입학하는 얘기로 시작한다. 농사밖에 모르는 아버지가 대학 진학을 먼저 제안하는 대화는 20세기 초반, 미국 민중들의 대학에 대한 기대를 짧지만 강렬하게 표현하고 있다.

81 릴랜드 스탠포드는 캘리포니아 대학 이사 선임을 기대했는데 탈락하자 경쟁 대학을 설립하기로 결정했다는 주장도 있다.

82 "I shall never be content until the beneficent influence of the University reaches every home in the state."

"나는 평생 이렇다 할 만한 학교교육을 받은 적이 없어. 6학년을 마친 뒤 농사일을 시작했지. 젊었을 때는 학교교육을 대수롭지 않게 생각했으니까. 하지만 지금은 잘 모르겠다. 해가 갈수록 땅은 점점 건조해져서 농사짓기가 힘들어지기만 하는 것 같다. 내가 어렸을 때처럼 땅이 기름지지 않아. 군청 사람 말로는 농사를 짓는 새로운 방법들이 있다더구나. 대학에서 그런 걸 가르친데. 어쩌면 정말 그런지도 모르지. 가끔 밭일을 하다가 드는 생각이 있는데 (중략) 돌아오는 가을에 대학에 들어가거라. 여긴 네 어머니랑 내가 알아서 할 테니.[83]"

남북전쟁 이후 19세기 후반에서 20세기 대공황 이전까지 미국은 괄목할 경제 발전을 이루었고, 경제 발전의 훈풍 속에서 미국 대학들도 큰 발전을 이루었다. 모릴 법안에 기반한 주립대학의 설립은 실용적인 고등교육의 확산을 통해 평등성을 제공했고, 존스 홉킨스 대학이 시작한 대학원의 도입은 독일의 대학을 뛰어넘을 수 있는 수월성의 토대가 되었다. 이를 이어받은 하버드 대학은 연구, 교양 교육, 전문교육을 함께 진행하는 통합형 모델을 확립하여, 미국식 연구 중심 대학의 원형을 제시했다. 대학의 생산성과 실용성에 대한 논란 속에서 종신 교수제가 도입되었고, 이는 교수직을 매력적으로 만들어 우수한 인재들을 대학으로 견인할 수 있는 기반이 되었다. 무엇보다도 미국의 대학들은 기부금을 통해 막대한 민간 자본을 확보할 수 있었고, 국민들의 존경과 애정을 받는 대상으로서 전성기를 준비할 수 있었다.

83 존 윌리엄스, 『스토너』

2.4 2차 세계대전과 미국 대학의 전성기

2차 세계대전을 전후로 인구의 이동 속도가 증가하고, 이동 비용이 감소하면서 미국의 대학들은 유럽의 인재들을 흡수하는 효과를 얻게 된다. 무엇보다도 나치가 독일을 지배하기 시작한 1933년부터 독일과 주변 국가들의 유태계 석학들이 미국으로 탈출하기 시작했으며, 이는 미국 대학의 학문적 수준을 한 단계 도약시키는 계기가 되었다. 베를린 대학에 재직하다가 스위스를 거쳐 미국으로 이주한 알버트 아인슈타인을 비롯해서 노벨상 수상자만 열거해도 수많은 과학자들이 여기에 해당된다. 세계 최초 핵 반응로의 설계자이자 시카고 대학 교수였던 엔리코 페르미(1938년 물리학상), 핵자기 공명과 레이더 연구를 했고 컬럼비아 대학 교수였던 이즈도어 라비(1944년 물리학상), 반양성자를 발견했고 캘리포니아 버클리 대학 교수였던 에밀리오 세그레(1959년 물리학상), 이론물리학자이며 컬럼비아 대학에서 연구하고 시카고 대학에서 가르친 마리아 메이어(1961년 물리학상 - 마리 퀴리 이후 첫 번째 여성 수상자), 입자 물리학자이자 수학자이며 프린스턴 대학에서 가르친 유진 위그너(1963년 물리학상), 코넬 대학 교수였던 한스 베테(1967년 물리학상), 핵물리학자였던 아버지 닐스 보어를 따라 덴마크에서 미국으로 망명했던 오어 닐스(1975년 물리학상) 등이 있다. 이들 대부분은 '수소폭탄의 아버지'로 불리는 에드워드 텔러 등과 함께 2차 세계대전 중 핵폭탄 개발을 목표로 한 맨하탄 프로젝트에 참여하기도 했다.

1930년대까지 수학 분야도 괴팅겐 대학을 비롯한 독일 대학들이 이끌고 있었는데 나치의 집권 후, 쿠르트 괴델과 존 폰 노이만, 헤르만 바일, 칼 지겔, 리차드 쿠란트 등 저명한 수학자들이 미국으로 망명했다. 특히 20세기 최고의 천재라 불리는 존 폰 노이만은 프린스턴 고등연구소로 이주해 미국의 수학, 물리, 화학, 생물학, 경제학 등 여러 학문 분야에 기여했을 뿐 아니라, 현대 컴퓨터의 개념을 설계하고 이를 ENIAC이라는 이름의 컴퓨터에서 구현했다. 미국이 주도하고 있는 컴퓨터 분야의 리더십이 사실은 유럽에서 이주한 수학자들로부터 시작되었던 셈이다.

유럽의 사회과학과 문화 예술 분야의 많은 거장들도 미국으로 이주했다. 유럽 사회과학의 본산이었던 프랑크푸르트 학교의 리더이며, 사회과학연구소 소장이었던 막스 호르크하이머는 1933년 컬럼비아 대학에 프랑크푸르트 망명연구소를 설립했고, 테오도어 아도르노는 영국을 거쳐 미국으로 망명해서 막스 호르크하이머와 함께 집단 폭력의 뿌리가 계몽 이성에 있음을 밝혀낸『계몽의 변증법』이란 역작을 발표했다.『자유로부터의 도피』의 저자이자 사회심리학자였던 에리히 프롬은 컬럼비아 대학, 미시간 주립대학, 뉴욕 대학 등에서 가르쳤다. 철학자 헐버트 마르쿠제는 컬럼비아 대학과 하버드 대학에서 가르쳤다. 한편『기술복제시대의 예술』의 저자인 발터 벤야민은 1940년 미국 망명이 실패하자 자살로 생을 마무리했다. 1929년 노벨 문학상 수상자였던 토마스 만은 스위스를 거쳐 1939년 미국으로 망명해 프린스턴 대학에서 가르쳤으며, 세계적인 극작가 베르톨트 브레히트도 스칸디나비아 국가들을 거쳐 미국으로 망명해, 캘리포니아 팰리세이드에서 토마스 만, 호르크하이머, 아도르노 등과 저작 활동을 함께했다. 유럽의 정치 불안과 히틀러의 광기는 세계 학문의 중심지였던 독일을 붕괴시켰고, 미국은 유럽에서 떨어져 있다는 지리적 이점과 풍요로운 경제력, 문화적 다양성을 기반으로 유럽 석학들의 역량을 오롯이 수용할 수 있었다.

2차 세계대전이 연합국의 승리로 마무리되어 가던 1944년 6월, 루스벨트 대통령은 제대군인 원호법(G.I Bill)을 승인했다. 90일 이상 전쟁에 참여한 제대군인을 대상으로 고등학교, 전문직업학교, 대학교의 등록금과 생활비를 지원하고, 소규모 대부금과 창업 자금 지원을 내용으로 한 이 법안은 종전 후 급격히 늘어나는 대학 수요에 선제적으로 대응하고, 대학에 재정 지원을 하는 효과를 가져왔다. 유럽의 국가들이 종전 후 정치적 격변과 재정적 한계 속에서 학문 중심지의 위상을 급격하게 상실해 갔던 것과 비교할 때, 이는 전후 미국 대학의 위상을 공고하게 하는 성공적인 정책이었다. 1956년까지 약 780만 명이 G.I. 법안의 교육 지원 혜택을 받았고, 이중 220만 명이 대학에 진학[84]했다. 크라이슬러 회생의 주인공인 리 아이아코카의 자서전은 G.I. 법령 전후의 대학을 상세하게 묘사하고 있다. 교수들에게 거의 1:1 지도를 받고 교수들과 개인적인 관계를 맺을 수 있었던, 여유롭던 대학이 종전 후 밀려드는 제대군인들로 혼잡해지는 상황을 잘 묘사하고 있다. 비록 교육의 질은 떨어졌지만, 역설적으로 이들이 가져오는 정부 지원 등록금은 미국 대학을 재정적으로 안정되게 만들었다. 한편, G.I. 법령은 1920년대부터 생기기 시작한 야간 속성 직업학교가 급격히 늘어나는 계기가 되었으며, 이들은 현재 번성하고 있는 영리 목적 대학(For Profit

84 John Bound and Sarah Turner, 2002, "Going to War and Going to College: Did World War II and the G.I. Bill Increase Educational Attainment for Returning Veterans?" Journal of Labor Economics

University)의 모체가 되었다. 영리 목적 대학들은 지금도 제대군인들을 유치하기 위해 마케팅 전문가들을 고용하며, 연방 정부의 학자금 지원을 주요 수입원으로 하여 유지되고 있다. 영리 목적 대학은 1950년대에는 'G.I. 법안의 약탈자'라는 평가를 받기도 했다. 폐해가 심각해지자 1952년 85:15 법안을 만들어 영리 목적 대학의 G.I. 법안 지원금이 전체 매출의 85%를 넘지 못하도록 규정했으며, 1998년부터는 연방 정부의 지원금이 영리 목적 대학 매출액의 90%를 넘지 않도록 규제하고 있다.

미국 대학들의 전성기를 가능하게 한 또 다른 정부 지원은 1950년부터 시행된 미국과학재단법령(NSF Act)이다. 2차 세계대전 이전까지 미국 대학들의 연구 지원금은 대부분 기업의 연구비 또는 민간의 기부금이었기 때문에 몇몇 대학들에 연구비가 집중되었고, 사회 기여 연구나 기초 연구에는 연구비 지원이 부족했다. 과학기술 발전이 국방 기술 개발에 핵심이라는 것을 인식한 미국 정치권은 기초과학과 응용과학을 지원하는 연방 정부의 조직이 필요하다는 인식을 갖게 되었다. 국방 기술 개발 지원을 위한 연방 조직들 - 국가군사기술연구위원회, 과학연구 개발사무국 - 이 2차 세계대전 전후로 운영되었고, 핵 개발 프로그램인 맨하탄 프로젝트도 이 조직들의 지원으로 진행되었다. 종전 후 연방 정부의 연구 개발지원 프로그램을 어떻게 유지할지에 대한 격론이 있었는데 논쟁의 핵심은 지원 프로그램의 지배구조와 연구개발을 통해 생산되는 지적재산권의 소유권 문제였다. 할리 킬고어 상원 의원은 이 새로운 기구는 일반인과 공무원들에 의해 지배되어야 하며, 지적재산권은 공공의 재산이 되어야 한다는, 일견 상식적인 주장을 폈다. 반대편에서는『Science: The Endless Frontier』의 저자로 유명하며, MIT 전기공학과 교수 출신으로, 전쟁 중에는 과학연구 개발사무국 책임자로서 맨하탄 프로젝트를 지휘했던 버니바 부시가 파격적인 주장을 폈다. 그 내용은, 이 조직이 연방 정부의 자금을 운영하지만 과학자와 전문가들에 의해 지배되어야 하며, 생산되는 지적재산권은 연구를 담당한 과학자들이 소유해야 한다는 것이었다. 버니바 부시는 또한 킬고어가 제안한 지배 구조가 정치적으로 당파성을 갖게 될 가능성이 높다는 점을 들어 반대 입장을 견지했다. 지배 구조에 대한 문제로 트루먼 대통령의 거부권 행사까지 겪었던 미국과학재단법령은 세 차례의 시도 끝에 1950년 마침내 승인되었고, 그 최종안은 부시의 제안과 거의 일치했다. 미국과학재단(National Science Foundation)으로 명명된 이 조직은 24명의 과학자들로 구성된 국가과학위원회가 의사 결정을 하며, 기초과학을 중심으로 연구비를 지원하고, 지적재산권은 부시의 주장대로 발명자와 발명자가 속한 조직이 갖게 되었다. NSF 법안의 시행은 과학자들과 대학에 대한 정치권과 미국 대중의 특별한 배려라고 할 만큼 파격적이었으며, 연구에 집중하는 대학이 명성뿐만 아니라 재정적으로 정부의 추가 지원을 확보할 수 있어, 미국식 연구 중심 대학 모델로 자리 잡은 통합형 모델이 더욱 공고해지는 효과를 얻게 되었다. 또한 1957년 소련의 스푸트니크 위성 발사에 자극받은 미국 정부는 1958년 국가국방교육법안을 시행해 4년 동안 당시 금액으로 10억 달러 이상을 기초과학 교육과정 개선에 투입했다. 이 지원금도 미국 대학의 교육 환경 개선과 재정 확보에 크게 기여[85]했다.

---

85 이 법안의 수혜자들은 미국 정부에 대한 충성 서약을 해야 한다는 조항이 있었는데, 이 조항은 미국 대학 교수협회의 반발과 150여 개의 대학의 저항을 받았다. 프린스턴 대학과 예일 대학은 이 법안의 재원을 거부하기도 했다.

미국은 종전 후 1950년대와 1960년 중반까지 절정의 경제 상황을 구가했다. 경제가 1950년에서 1965년까지 연평균 약 5%씩 성장하여 국민총생산이 두 배로 증가한 것이다. 외부적으로는 서방의 세계 질서가 미국을 중심으로 재편되었고, 내부적으로는 베이비 붐으로 인한 인구 증가, 외곽 도시의 개발 및 도로 교통 인프라 건설, 자동차, 기계, 철강, 석유산업의 중흥, 전기 전자 산업 발흥의 선순환으로 일자리가 넘쳐 나면서 빈부 격차도 심하지 않았던, 미국 역사상 정치적, 경제적으로 가장 강력한 시기였다. 매카시즘 같은 비이성적인 광풍도 있었지만, 대체로 미국 국민들이 가장 행복한 시기이기도 했다. 외곽 도시에 건설된 신도시에 집을 소유하고, 자기 소유의 자동차로 출퇴근을 하며, 여가 생활과 소비생활을 즐기는 중산층은 고등교육의 새로운 수요자가 되었고, 이것은 대학 입학생 폭증으로 이어졌다. 1940년 미국의 대학생 수는 약 50만 명으로, 진학 연령의 15% 정도였는데, 1960년에는 360만 명, 1970년에는 750만 명으로 증가했다. 진학 연령의 약 40%가 대학에 진학한 것이다.

미국은 지역 캠퍼스의 확대와 계층화된 대학 체계를 통해 이런 상황에 효과적으로 대응했다. 클라크 커는 1952년 캘리포니아 버클리 대학 총장으로 취임한 이후, 1958년 캘리포니아 대학 시스템의 총괄 총장으로 선임되었는데, 1967년 주지사였던 레이건의 책략으로 해임될 때까지 미국 주립대학체계의 새로운 틀을 제시하고 실현했다. 그는 수적으로 증가하는 학생들 모

결국 1962년 케네디 정부는 해당 조항을 삭제했다.

두가 고등교육의 수혜를 받을 수 있는 평등성과 학문적 수월성을 동시에 추구하는 대학 체계 구축이 필요하다고 주장했다. 그의 재임 기간동안 캘리포니아 대학의 새로운 캠퍼스가 샌터바바라, 리버사이드, 데이비스, 샌디에고, 어바인, 샌터크루즈에 설립되었고, 1957년에서 1965년까지 8개의 새로운 캘리포니아 주립대학이 설립되었으며, 1957년에서 1978년 사이에 60여 개의 캘리포니아 전문대학이 새로이 설립되었다. 커가 작성을 주도한 '캘리포니아 고등교육 종합 계획'은 1960년 캘리포니아 대학 이사회와 주교육위원회에서 승인되었고, 같은 해 주의회에서 법제화되었다. 이를 통해 캘리포니아 공립대학 체계는 캘리포니아 대학(University of California), 캘리포니아 주립대학(California State University), 캘리포니아 전문대학(California Community College)의 세 단계로 재편되었고, 각각의 역할이 명확히 정립되었다. 아울러 캘리포니아 주민은 무료로 학사 학위를 취득할 수 있게 되었다. 캘리포니아 대학은 상위 1/8 학력 수준에 해당하는 학생들을 입학시키고, 명문 사립대학들과 경쟁하는 연구 중심 대학의 역할을 담당했다. 캘리포니아 주립대학은 상위 1/3 학력 수준의 학생들을 입학시키며, 학부 교육에 집중하는 모델로 박사 학위 과정을 제공하지 않았다[86]. 캘리포니아 전문대학은 진학을 원하는 고등학교 졸업생 및 입학 요건을 갖춘 학생을 모두 입학시키고, 직업교육을 중심으로 한 교육과정을 제공하며, 졸업생들은 캘리포니아 주립대학이나 캘리포니아 대학으로 편입이 가능한 체계를 구축했

86 캘리포니아 주립대학 교수들은 주립대학에도 박사 과정을 설치해야 한다며 항의 시위를 했다. 이에 커 총장은 캘리포니아 대학과 협동 프로그램을 만드는 경우 허용하는 방안을 제시하며 이들과 타협했다. 캘리포니아 주립대학은 현재 교육학, 간호학, 물리치료학에서 박사 과정을 독립적으로 운영하고 있다.

다. 이 혁신의 결과, 대학들의 중복되는 기능을 정리함으로서 캘리포니아의 고등교육은 효율성을 높일 수 있었다. 더불어 "열심히 일한 캘리포니아인이라면 누구든지 최고의 대학에서 무료로 학사 학위를 취득할 수 있다."라는 비전을 실현할 수 있었다. 이 법안의 성공은 미국 내 다른 주들이 모방하는 미국 공립대학의 기준이 되었으며, 같은 시기 고등교육 확대 정책과 재정 정책의 실패로 혼란을 겪던 유럽과 대비되는, 미국 공립대학 체계의 기틀을 제공했다.

1965년 린든 존슨 대통령은 고등교육법을 승인하면서 그의 슬로건인 '위대한 사회'를 구현하기 위한 핵심 어젠다로 고등교육에 대한 재정 지원을 천명했다. 이 법령의 주요 내용은 연방 정부가 대학 지원금을 증가시키고, 정부 지원 장학금을 확대하며, 대학생 학자금 융자에 대한 지급보증을 하는 재정 지원이었다. 학자금 융자는 보조 융자와 비보조 융자로 나뉘며, 보조 융자의 경우 재학기간 동안은 정부가 이자를 지불하고 학생은 원금만 유지하다가 졸업 이후 분할상환하는 재정 지원책이었다. 비보조 융자는 보조 융자와 달리 대출 시점부터 이자가 붙는다. 스태포드 융자라고 불리는 이 학자금 융자는 연방 정부가 낮은 금리로 학자금을 지원하는 긍정적인 의도로 입법되었지만, 대학 등록금 인상을 뒷받침하는 법안이 되어 후일 미국 대학의 위기를 가속하는 역할을 하게 된다.

미국 대학들이 전성기 구가하는 가운데, 한쪽에서는 미국 대학의 위기를 야기하는 여러 사건들이 발생했다. 1960년대 전 세계에 퍼진 반전 운동과 권위주의에 대한 저항 운동이 미국에서도 대학을 중심으로 시작되었다. 흑인들의 인권 개선에 대한 인권 운동(Civil Right Movement)을 시작으로 1964년에는 캘리포니아 버클리 대학에서 시작된 자유 발언 운동(Free Speech Movement)으로 불리는 베트남전쟁 반대 운동이 전국의 대학으로 확산되었고, 캔사스 대학, 미시간 대학, 아이오와 대학, 코넬 대학 등에서 반전시위가 열렸다. 1967년 위스콘신 매디슨 대학에서 네이팜탄을 생산하는 다우 케미컬의 캠퍼스 채용 면접에 반대하는 학생들의 시위가 폭력 사태로 비화되었다. 같은 해 10월에는 학생이 십만 명 워싱턴 링컨 기념관에 운집해, 펜타곤까지 도보 행진을 하며, 베트남전쟁과 징집에 반대하는 불복종 운동을 펼쳤다. 미국의 학생운동은 1970년대 초반까지 전개되었지만, 이들의 과격성과 히피 문화로 대표되는 난장과 무질서는 미국 국민들의 외면을 받았고 1968년부터 이어지는 보수 정권의 등장으로 사실상 실패했다. 프랑스의 1968년 5월 혁명은 드골 정권의 퇴진을 이끌어 냈다는 점에서 정치적으로 어느 정도 성공을 이루었고, 탈권위적이고 관용적인 유럽 문화가 시작되었다는 점에서 사회문화적인 성과도 있었다. 그러나 미국에서는 정치적 패배에 이어 미국 사회가 더욱 보수화되는 계기가 되었고, 신자유주의 도래를 야기했다는 점에서 처절한 실패이자 패배였다. 학생운동의 실패는 미국의 대학에 큰 위기가 되었다. 보수주의자들은 클라크 커와 같은 온건한 합리주의자를 국가 전복을 획책하는 위험한 좌파로 색칠하여 캘리포니아 대학 총괄 총장에서 해임하고, 국가의 위기를 조장하는 좌파의 근거지가 대학이라는 여론전을 진행했다. 특히 커 총장의 해임을 주도한 로널드 레이건 캘리포니아 주지사는 대학의 무질서 척결을 선거 이슈로 만들었고, 대학생들의 성적 일탈을 지능적으로 활용했다. 주지사 선거에 승리한 후 캘리포니아 버클리 대학에 주방위군을 투입하여 학생운동을 무자비하게 진압함으로써 레이건은 전국적인 인지도를 얻게 되었다.

1970년대 정치 지형 변화와 경제 위기는 미국 대학들의 입지를 더욱 약화시켰다. 미국 시민운동의 위대한 승리였던 1964년 민권법 제정은 인종, 종교, 성별, 출신지의 차이로 인한 차별을 금지했고, 무엇보다 흑인에 대한 미국 남부 주들의 인종차별을 법적으로 종식시켰다. 민권법은 미국 정치 지형을 이전과 이후로 나눌 만큼 크게 변화시켰다. 민권법 제정을 주도한 민주당은 흑인들의 큰 지지를 확보했지만, 동시에 남부 백인들의 전통적인 지지를 잃게 되었다. 노예해방을 추진한 북부 부자들의 정당이라는 성격이 강했던 공화당은 100여 년만에 남부 보수 백인들의 지지를 확보하게 되었다. 작은 정부, 자유 시장, 감세를 주요 경제정책 기조로 내세운 공화당의 강세는 1960년대까지 다양한 재정 지원과 교육기관 확대를 통해 고등교육 수요 증가를 무리없이 수용하던 공립대학들에게 위기가 되었다. 무료로 대학을 다닐 수 있었던 캘리포니아에서 공화당이 집권한 이래 1969년부터 대학 수수료[87]가 급격히 상승하기 시작했고, 1978년에는 재산세 증액을 제한하는 법령13이 승인됨으로서 주정부의 교육 재정 지원 확대가 제한되는 구조가 만들어졌다. 한편, 경제적으로는 독일과 일본의 부상으로 인한 국제

87 캘리포니아주는 2011년까지 대학 교육은 무료라는 입장으로 캘리포니아 주민들에게는 수수료(Fee) 만을 징수했지만, 2011년 공식적으로 등록금(Tuition)으로 명칭을 변경했다. 캘리포니아 대학의 경우 1968년 1년 수수료가 300달러였지만, 2009년 1년 수수료가 10,000달러를 넘어, 대학 교육이 무료라는 주장은 구호에 불과해졌다.

수지 적자, 베트남전으로 인한 국가 채무 증가로 인해 달러 가치가 떨어지면서 달러의 금 태환을 기반으로 한 브래튼 우즈 체제가 1973년 붕괴되었고, 이어지는 1차 오일쇼크로 미국 경제는 혼돈에 빠지게 된다. 불안한 경제 사정, 보수주의자들이 획책한 대학에 대한 부정적인 시각과 작은 정부를 지향하는 공화당의 강세는, 정부의 대학 재정 지원이 축소되는 계기가 되었다. 또한 지속적으로 증가하는 대학생 수로 인한 대학의 재정 악화가 등록금 인상으로 이어지면서, 1980년대 미국 대학의 위기가 시작되는 중요한 요인이 되었다.

2.5 신자유주의로 인한 미국 대학의 위기와 변화

미국식 대학 모델로 미국 대학의 부상에 기여했던 찰스 엘리엇의 '통합형 모델'은 미국 대학이 위기를 맞는 한 가지 원인이 되었다. 다양한 선택교과목을 제공하며, 연구, 교양 교육, 직업교육을 모두 수행하는 이 모델은 '머리가 세 개 달린 괴물'이라 표현[88]되기도 하며, 새로운 지식 창출, 지식의 확산과 학습, 직업 세계를 준비하는 세 가지 목적을 동시에 수행한다는 것이 세 가지 완전히 다른 비즈니스를 한 기업에서 운영하는 것에 비유[89]되기도 했다. 1900년대 초반 성립된 이 통합형 모델은 제도적 동형화(Institutional Isomorphism)의 대표적인 사례로 미국 명문 대학들이 본받아야 할 기준으

88 캐빈 캐리, 『대학의 미래』

89 Clayton Christensen and Henry Eyring, 2011, "The Innovative University: Changing the DNA of Higher Education from the Inside Out"

로 자리 잡았다. 연구 중심 대학이 추구해 온 통합형 모델이 성공적으로 작동하기 위해서는 충분한 재정 투입이 무엇보다 중요했다. 주립대학으로 대표되는 공립대학은 연구 중심 대학의 명성을 쫓으면서 동시에 취업을 위한 직업교육에도 신경을 써야 했으며, 가능한 한 많은 주민들에게 고등교육의 수혜를 제공하는 책무도 수행해야 했기 때문에 통합형 모델 추구는 더욱 쉽지 않은 과제였다. 공립대학들은 캘리포니아주의 사례와 같이 대학의 적절한 계층화와 주정부의 적극적인 재정 투입을 통해 통합형 모델을 추구해 왔다. 1970년대 경제 불황을 겪으면서도 미국 정부는 대학에 대한 재정 지원은 지속적으로 증가시켰다. 그 덕분에 미국의 대학들은 등록금 인상없이 통합형 모델을 유지할 수 있었다. 그중에서도 캘리포니아 대학, 미시간 대학, 위스콘신 대학, 미네소타 대학, 텍사스 대학 등이 그 대표적인 사례였다.

1981년 로널드 레이건의 대통령 취임은 그럭저럭 유지되던 통합형 모델이 더 이상 지속 가능하지 않게 되는 그리고 미국 대학의 위기가 시작되는 변곡점이 되었다. 레이건 정부는 레이거노믹스라 불리는 공급 주도 경제정책을 추진하며 감세, 일반 재정 축소, 군비 확장을 추진했는데, 이것이 연방정부의 대학 교육 재정 지원 축소를 야기했다. 레이건 정부는 1981년 정부 제출 예산안에서 연방 정부 교육 지원금의 30% 삭감을 시도하고, 나아가 교육부 폐지까지 시도했다. 고등교육을 자유 시장에 맡기려는 목적으로 사립대학에 납부하는 등록금에 대한 세금 혜택을 추진하기도 했다. 1980년대 미국과 영국의 신자유주의의 이론적 토대를 제공했던 밀턴 프리드먼은 공립대학을 '자유 시장의 바다에 떠 있는 사회주의의 외로운 섬'이라고 표현하며, 미국의 핵심 가치인 규제 없는 자유 시장을 위협하는 체계로 간주[90]하기도 했다. 보수 우익의 싱크탱크인 헤리티지 재단은 레이건 정부에 정책 전반에 대한 조언을 담은 『정부에 대한 요청[91]』이라는 책자를 발간했는데, 그중 교육에 대한 내용을 보면 연방 교육예산 90% 삭감, 학급 기도, 창조론 교육이 언급되어 있다. 또한 교육을 민간 시장에 맡기기 위한 사립교육기관에 대한 세금 혜택 지원, 공교육을 지지하는 교육부 폐지 등이 명시되어 있다. 레이건 정부는 이를 충실히 수행했다. 미국사회는 1차 세계대전 전후의 베이비붐 세대가 노령 인구로 접어들면서 의료지원, 사회보장 지원금이 급속하게 증가하기 시작했고, 1970년대 이후 미국의 교정 정책이 '대량 투옥'을 통한 범죄 예방이 되면서, 죄수를 수용할 교도소 건설과 운영 비용이 증가하게 되었고, 이런 상황 속에서 주정부의 교육재정 확대는 불가능하게 되었다. 대학생 수가 지속적으로 증가하고 있던 1980년대, 정부의 교육예산 축소는 모든 대학에 재앙과 같은 상황을 야기했다. 결국 이를 해결할 유일한 방법으로 급격한 등록금 인상이 시작되었다. 1980년대 이후 공화당 정부는 대학 교육 재정 지원에 대해 부정적이었는데, 이는 대학 사회가 전통적으로 공화당에 부정적이며, 젊은이들을 쓸데없이 비판적으로 세뇌시켜 미국의 가치를 훼손한다는 깊은 불신이 중요한 이유였다. 2017년 설문 자료를 보면 공화당 지지자의 58%가 대학 교육의 효과에 대해 부정적인 시

90 New York Times, Nov. 15, 1981 "Is Public Education a Casualty of Reagonomics"

91 "Mandate for Leadership: Policy Management in a Conservative Administration" 이 원제인 1,100페이지의 이 책자는 2,000여 개의 정책 제안을 담고 있었다. 헤리티지 재단 측은 뉴딜 정책이 시작된 이래 48년간 지속되어 온 진보 정책을 폐기하는 청사진을 제시했으며, 레이건 대통령이 공산주의 없는 세상과 미국인들이 아메리칸 드림을 다시 꿈꿀 수 있는 세상을 만드는 데 기여하고, 미국이 세계로부터 다시 존경과 찬사를 받을 수 있게 만들었다고 주장한다. 레이건은 실제 이 책자를 모든 각료들에게 나누어 주었고, 그의 임기 안에 2,000여 개의 제안 중 약 2/3가 실현되었거나, 채택이 시도되었다.

각을, 민주당 지지자들의 72%가 긍정적인 시각을 갖고 있는 것으로 조사[92] 되었다. 대학 교수들의 당파 선호도는 더욱 흥미로운데, 2016년 40개 주요 대학의 지지 정당을 밝힌 4,000여 명의 교수들 중 민주당 지지자와 공화당 지지자의 비율은 11:1이었다. 분야별로는 경제학은 4:1, 역사학은 33:1, 저널리즘은 20:1, 법학은 9:1, 심리학은 17:1의 차이[93]를 보였다. 공화당이 대학에 대해 가지고 있던 부정적인 인식은 근거가 있는 셈이다.

1983년 US News and World Report(US News)가 처음으로 미국의 대학 평가를 시작했다. 대학의 순위를 매긴다는 흥미로운 아이디어는 세간의 관심을 이끌었고, 정량적 기준을 위주로 대학을 평가하게 되면서 연구, 교육, 취업을 동시에 추진하는 통합형 대학 간의 극심한 경쟁이 시작되었다. 최상위 대학들은 그들만의 치열한 경쟁을 벌이게 되었고, 중상위권 대학들은 최상위권 대학의 모습을 동형화하며, 그들 나름대로 경쟁을 벌이게 되었다. 연구 실적 향상을 위해 저명한 교수들을 스카우트하고, 지원 학생들의 SAT 평균을 높이고, 입학 경쟁률을 높이기 위해 최고급 건물들을 건설했다. 이윽고 스포츠 팀에 막대한 투자를 하며, 명품 브랜드 마케팅 전략을 구사하는 기업가형 총장들을 고용하는 시대가 열렸다. 캐빈 캐리는 『대학의 미래』에서 조지워싱턴 대학을 미국에서 가장 비싼 등록금을 납부하는 대학으로 만들었던 조엘 트락텐버그 총장의 전략을 상세하게 설명했다. 대

92 Pew Research Center, 2017, "Sharp Partisan Division in Views of National Institutes"

93 Mitchell Langbert, Anthony Quain, and Daniel Klein, 2016, "Faculty Voter Registration in Economics, History, Journalism, Law, and Psychology", Econ Journal Watch

학 졸업장은 희소성을 가질 때 더 가치 있다는 점에 집중한 그는 명품 시장의 전략을 차용했다. 명품의 비싼 가격은 그 자체가 희소성을 담보하며 중요한 구매 동기가 된다는 것이며, 마찬가지로 비싼 학위는 '트로피이자 상징'이라고 주장했다. 1987년 총장에 선임된 그는 전국 평균 이하였던 조지워싱턴 대학의 등록금을 지속적으로 인상해 2007년에는 전국에서 가장 비싸게 만들었다. 미국의 수도 한복판에 위치한 입지 조건을 적극 활용하면서, 최상위권 대학에 입학하기에는 실력이 부족한 신흥부자들의 자제들과 부유한 유학생들이 모여들게 되었다. 등록금은 오르는데도 입학을 원하는 신입생은 더욱 증가하게 되었고, 대학 순위가 상승하는 목적을 달성[94]했다. 트락텐버그의 전략은 주요 사립대학들은 물론 일부 주립대학들에게 차용되었고, 이는 등록금의 상승을 더욱 가속시켰다. 주립대학들의 경우는 주내(In - State) 주민들의 고등교육을 담당한다는 설립 목적을 뒤로 하고, 높은 등록금 징수가 가능한 주외 출신(Out of State) 신입생을 더욱 적극으로 입학시키는 전략을 선택하기도 했다. 비용 절감을 위해 전임교원보다 강의 전담 교원을 더 많이 고용하게 되었고, 전임 교수는 교육보다 연구에 집중하며, 연구 실적이 좋은 교수들에게는 강의 부담을 면제해 주는, 교육기관의 본질을 망각하는 비정상적인 운영이 일반화[95]되었다. 주요 대학들의 등록금 인상과 순위 경쟁은 하위권 대학들까지 대학 순위 경쟁에 뛰어들게 만들었다. 많은 주립대학들이 본래의 설립 목적을 버리고, 박사 과정 확대

94 조지워싱턴 대학은 입학생들의 성적 통계를 조작한 것이 적발되어, US News의 2012년 대학 평가에서 제외되기도 했다.

95 미국 대학의 전체 강좌 중 76%를 강사나 비정년트랙 교수들이 담당하고 있다. "Fail U.: the false promise of higher education"

와 연구 중심 대학 모델을 차용했고, 많은 지역 전문대학들이 4년제 대학으로 전환되었다. 이런 '벤치마킹' 또는 '동형화'는 동문과 지역 사회 인사들로 구성된 이사회의 지지를 어렵지 않게 확보할 수 있었다. 재정적으로 지속 불가능한 통합형 모델을 추구하는 대학들이 더욱 늘어나게 되었고, 스태포드 융자라는 기댈 언덕이 있는 대학생들은 1980년 이후 물가 상승률의 4배에 달하는 대학 등록금 인상을 감내하면서, 교육과 직접 관계 없는 아름다운 캠퍼스와 훌륭한 기숙사, 최고급 운동 시설과 대학 스포츠에 매몰되어 대학 생활을 보내는 비정상이 정상처럼 보이는 시대가 되었다.

실제로, 미국 대학생들의 부채 상황은 심각하다. 2018년 현재, 부채 총액은 1조 5천억 달러, 부채를 가지고 있는 학생 수는 4,420만 명이며, 2016학년도 입학생을 기준으로 부채 금액 평균은 37,172달러[96]이다. 체납과 지급 불능 수준은 10.7%에 달하고 있으며, 2018년 한 분기에만 290억 달러가 증가했고, 계속해서 매년 1,000억 달러 이상 증가하고 있다. 2011년에는 신용카드 부채 규모를 추월했고, 주택 대출 다음으로 큰 대출 금액이 되었다. 여러 경제학자들이 대학생들의 부채가 경제 위기의 새로운 뇌관이라고 주장할 만큼 위험한 수준이다. 레이건 정부에서 교육부 장관을 지낸 윌리엄 베넷은 미국 대학의 위기를 학자금 융자 프로그램 탓으로 전가하며, "신용도가 거의 없거나 전혀 없는 대학생들에게 정부의 학자금 융자 프로그램으로 대출 가능한 금액이 증가하는 한 등록금은 계속 인상될 것이다."라는 주장을 펴기도 했다.

96 Forbes, June 13, 2018, "Student Loan Debt Statistics In 2018: A $1.5 Trillion Crisis"

전통적인 대학들의 위기는 영리 목적 대학들에게 큰 기회가 되었다. G.I.법안을 통해 크게 성장했던 미국 영리 목적 대학은, G.I 법안 이외에 추가적인 정부 지원이 없었던 1970년대까지 깊은 침체기를 겪었다. 그러다 1972년 닉슨 정부에서 영리 목적 대학에 다니는 학생들에게도 학자금 융자가 지원되면서 전기를 맞았고, 레이건 정부가 고등교육에 자유 시장 개념을 강화하고, 공립 대학에 대한 재정 지원을 축소한 1980년대에는 전체 대학생 증가의 50%를 차지할 만큼 급속한 성장이 시작되었다. 1980년대 후반, 학자금 융자에 대한 지급 불능 비율이 크게 상승하자 미국 의회는 그 이유를 조사했다. 그 결과 지급 불능 융자의 77%가 영리 목적 대학 학생들에게서 발생했으며, 1988년 6,500개에 달하던 영리 목적 대학의 10% 가량은 학생들의 50%가 지급불능 상태에 있다는 사실과, 영리 목적 대학들이 학습 능력이 부족한 학생들을 마구잡이로 입학시키고, 출석 정보, 학력 정보, 성적, 졸업률, 임금 정보 등을 조작해 온 사실이 적발[97]되었다. 학생 모집인들에게 학생 모집 수만큼 급여를 지급하는 관행을 금지하는 등, 여러 규제 조치가 시행되었지만, 1994년 공화당이 의회를 지배하면서 고등교육을 민간 시장에 맡기고자 하는 신자유주의적 정책들이 다시 시작되었다. 여러 규제 조치가 해제되고, 85:15 법안을 90:10 법안으로 대체하였으며, 영리 목적 대학과 일반대학 간의 법적 차이를 제거하려는 시도가 있었다. 이와 같은 정치적 배경 속에서 80년대 영세했던 영리 목적 대학들이 90년대 거대 산업화되기 시작했다.

---

97 William Beaver, 2017, "The Rise and Fall of For-Profit Higher Education" American Association of University Professors(AAUP)

그 증거로 1990년 주식시장에 상장된 영리 목적 대학은 1개에 불과했지만, 2000년에는 40개까지 증가하게 되었다. 2001년의 닷컴 버블 붕괴 이후 인수 합병을 통해 2005년 8개의 영리 목적 대학들만 주식시장에 남게 되었지만, 경기 침체 속에서도 이들 대학들은 조직 확대를 통해 규모의 경제를 실현했다. 더욱 고도화된 마케팅과 학생 모집을 통해 매출은 40%가 증가하고, 등록 학생 수도 30%가 증가하는, 지속적인 성장세를 보였다. 피닉스 대학, 드브라이 대학 등, 주요 영리 목적 대학의 인적 구조를 보면 학생 모집 직원과 교육 관련 직원의 비율이 10:1이며, 매출의 1/4 가량을 마케팅과 학생 모집에 사용했다. 영리 목적 대학은 특히, G.I. 법안의 혜택을 받는 제대 군인 모집에 집중했다. 2001년 부시 행정부의 등장은 다시 한번 영리 목적 대학의 사업에 큰 기회가 되었고, 고등교육 담당 차관보에 피닉스 대학의 로비스트를 임명할 만큼 영리 목적 대학에 친화적인 환경이 조성되었다. 그 결과 2010년 영리 목적 대학의 총 등록 학생 수가 전체 대학생 수의 약 12%인 2백만 명에 달했다. 그중 피닉스 대학은 등록 학생 수가 460,000명에 달했다. 2014년 영리 목적 대학 학생들의 정부 지원 학자금 융자 금액은 2,285억 달러로, 전체 융자 금액 1조 1300억 달러의 20%[98]에 달할 만큼 규모가 확대되었다. 2000년대 이후 영리 목적 대학의 급속한 부상에는 이러닝 기술의 확대로 인한 영리 목적 대학의 접근성 향상, 2000~2010년 사이 18세에서 21세 사이의 진학 인구가 매년 1%씩 상승했던 인구구조적 요인, 2007~2009년 사이의 주식시장 붕괴와 고용 감소로 인한 재교육 수요 확대도 원인으로 작용했다.

98 Adam Looney, 2015, "A crisis in student loans? How changes in the characteristics of borrowers and in the institutions they attended contributed to rising loan defaults"

영리 목적 대학들의 비리가 다양한 분쟁으로 표면화되자, 오바마 정부는 강도 높은 조사를 시작했고, 2012년 상원 교육위원회가 영리 목적 대학의 현황을 담은 보고서[99]를 제출했다. 1990년과 마찬가지로 수많은 탈법과 정보 조작이 적발되었으며, 취업에 관련된 심각한 통계 조작들이 확인되었다. 영리 목적 대학 학생들의 96%가 정부 융자금을 사용하고 있었고, 이들 중 23%는 상환이 시작된 3년 안에 상환 불능 상태가 되며, 47%는 결국 상환 불능이 되는 것으로 조사되었다. 등록 학생들의 54%가 학사 학위를 받지 못하고 학교를 떠나는 상황에서도, 영리 목적 대학들은 매출의 17%만 교육 관련 항목에 지출하고 있었으며, 세전 수익이 약 20%에 달한다는 것도 확인되었다. 이 보고서를 기반으로 2015년 교육 성과 기반의 규제가 시작되었다. 같은 해 에베레스트 대학, 힐드 대학, 와이오텍 등의 대학을 소유하고 등록 학생 수가 11만 명에 달했던 코리시안 대학(Corithian College) 기업이 파산했고, 2016년에는 등록 학생 수가 8만 8천 명에 달했던 ITT Tech을 운영했던 ITT Education Service가 파산했다. 2010년을 정점으로 영리 목적 대학의 등록 학생 수가 급격히 감소하고 있다. 2010년 이후 진학 인구가 매년 1.2%씩 감소한 점, 미국 경제 상황이 호전되어 재교육 수요가 감소한 점 그리고 전통적인 대학들도 이러닝을 확대하면서 접근성에서 경쟁력을 확보한 점도 영리 목적 대학의 몰락에 영향을 미쳤다. 영리 목적 대학의 성쇠는 정부가 학생들에게 보조금을 지원하는 상황에서 영리 법인이 대학을 운영할 때 어떤 상황이 벌어질 수 있는지에 대한 생생한 역사가 되었다.

99 US. Senate Health, Education, Labor and Pension Committee, 2012, "For Profit Higher Education: The Failure to Safeguard the Federal Investment and Ensure Student Success"

2.6 미국 대학 경쟁력 유지의 비밀과 21세기 혁신의 방향

1980년대 이후, 미국 대학들이 순위 경쟁에 매몰되고, 급등한 등록금으로 인해 대학생들이 재정적인 위기에 몰리고 있으며, 영리 목적 대학들의 확장으로 고등교육의 공적 기능이 취약해진 평균적인 상황과는 달리, 연구 중심 대학으로 표현되는 최상위권 대학들은 흔들림 없이 미국을 견인하는 역할을 담당하고 있다. 재정적인 측면에서 미국 사회의 양극화가 대학 사회에도 투영되고 있는데, 특히 최상위권 대학들은 민간 재정 지원을 독식하면서 통합형 모델을 지속적으로 추구하는 동력을 유지하고 있다. 미국 대학의 역사와 함께해 온 민간의 대학 기부금은 더욱 증가하는 추세이다. 2018년 미디어 재벌이자 뉴욕시장을 역임한 마이클 블룸버그가 모교인 존스 홉킨스 대학에 역사상 최고액인 18억 달러를 기부하기로 약정했다. 남가주 대학은 니키야스 총장의 주도로 2011년에서 2017년까지 6년만에 LA 지역의 동문들과 유력자들로부터 60억 달러의 기부금을 확보[100]하기도 했다. 2018년 기준으로 하버드 대학 383억 달러, 텍사스 대학 308억 달러, 예일 대학 293억 달러, 프린스턴 대학 259억 달러, 스탠포드 대학 264억 달러, MIT 165억 달러, 미시간 대학 119억 달러, 노스웨스턴 대학 110억 달러, 컬럼비아 대학 107억 달러, 펜실베니아 대학 102억 달러, 듀크 대학 85억 달러, 시카고 대학 82억 달러, 코넬 대학 72억 달러, 오하이오 주립대학 51억 달러, 캘리포니아 LA대학 50억 달러, 남가주 대학 49억 달러, 밴더빌트 대

100 LA Times Feb, 15, 2017, "USC closes in on $6-billion fundraising goal way ahead of schedule"

학 46억 달러, 캘리포니아 버클리 대학 46억 달러, 뉴욕 대학 41억 달러, 존스 홉킨스 대학 38억 달러, 일리노이 대학 37억 달러, 워싱턴 주립대학 34억 달러 그리고 위스콘신 대학이 27억 달러의 기부금을 보유하고 운영하고 있다. 2019년 US News의 대학 평가에서 140위에 위치한 루이지애나 주립대학도 약 9억 달러의 기부금을 보유[101]하고 있다. 사립대학들뿐 아니라 주립대학들도 지속적인 모금 활동과 적극적인 투자로 기부금을 운영하고 있으며, 매년 일부 금액을 학교 운영에 사용하고 있다. 하버드 대학은 2018년 18억 달러를 학교 운영에 사용[102]했으며, 풍부한 기금을 바탕으로 학생들의 약 55%에게 장학금을 지원하고 있다. 그 평균 금액은 약 5만 3,000달러이다. 장학금은 가계소득을 기반으로 지급하고 있는데, 소득 수준에 따라 등록금과 생활비까지 지원한다. 기부금의 투자 운용 수익에 대해서는 2017년까지 면세의 혜택[103]을 받았고, 그 덕에 부유한 대학들은 더욱 부유해 질 수 있었다. 여유로운 재정 상태에서 최고의 인재들을 쉽게 끌어모아 200여 년 동안 다져 온 건전하고 공적인 지배 구조 위에서, 최상위권 대학들은 교육과 연구의 모든 영역에서 최고의 성과를 생산하고 있다.

미국 대학이 경쟁력을 유지할 수 있었던 또 하나의 중요 요인은 전 세계의 우수한 학생들과 부유한 학생들이 유학생으로 유입되고, 이들 중 우수

101 미국 대학들의 기부금 규모를 우리나라 대학들과 비교해 보면, 서울대는 발전기금 이름으로 약 4억 달러(2015년 4,446억), 사립대학들 중에는 홍익대, 이화여대, 연세대가 약 6.5억 달러(2016년 기준으로 각각 7,455억, 7,268억, 7,256억)을 보유하고 있다.

102 https://www.harvard.edu/about-harvard/harvard-glance/endowment

103 2018년부터 학생 1인당 50만 달러 이상의 기부금을 운영하는 대학의 경우 운용 수익에 대해 1.4%의 세금을 납부하게 되었다. 하버드 대학, 프린스턴 대학, 줄리어드 음악대학 등이 대상이다.

한 학생들이 교수로 임용되어 대학 사회의 다양성과 능력 기반의 공정성을 더욱 강화하여 더욱 우수한 학생들을 끌어모으는 선순환 체계가 구축되었다는 점이다. 1949~50년 26,000명에 불과했던 미국 대학의 유학생 규모는 10년마다 약 2배로 증가해 1979~80년 28.6만 명, 2016~17년 110만 명의 유학생이 미국 대학에서 수학하고 있다. 미국 유학생은 2017년 전 세계 460만 명의 유학생들 중 24%를 차지하고 있다. 단지 수의 증가뿐 아니라 전체 대학생 대비 유학생 비율도 지속적으로 증가했는데, 1949~50년 1%에서 2016~17년 5.3%로 5배 이상 증가했다. 학부 과정과 대학원 과정 유학생이 모두 지속적으로 증가했는데, 특히 학부 과정 유학생이 2010년 이후 급격히 증가하여 2016~17년 약 45만 명, 대학원 유학생은 40만 명, 졸업 후 취업이 가능한 OPT(Optional Practical Training) 기간에 18만 명, 비학위 과정에 약 7만 명 정도가 미국에서 유학[104]하고 있다. 유학생 유치는 미국 경제에 큰 기여를 하고 있으며, 미국 대학의 재정 상황을 타개하는 주요 방책으로 활용되고 있다. 2016~17년에 유학생의 60%는 개인 또는 가족의 자금으로 학업을 수행하고 있다. 약 6%는 해외 정부 및 해외 기관의 장학금으로 학업을 수행하고 있으며, 나머지 34%만이 미국 내의 자금 지원으로 학업을 수행하고 있다. 해외 유학생들은 2017~18년 기준으로 미국 경제에 370억 달러를 기여하고, 455,000개의 일자리를 창출[105]하고 있다. 미국 대학들은 미국 내 주요 산업 분야에 필요한 유능한 인력을 전 세계로부터 수

104 Institute of International Education, 2018, https://www.iie.org/Research-and-Insights/Open-Doors/Data/International-Students

105 NAFSA 2018 http://www.nafsa.org/Policy_and_Advocacy/Policy_Resources/Policy_Trends_and_Data/NAFSA_International_Student_Economic_Value_Tool/

급하는 창구 역할도 담당하고 있다. 2016~17년 기준으로 유학생이 가장 많은 학문 분야는 공학(21%), 경영학(19%), 컴퓨터과학 및 수학(15%)이며, 전체 유학생의 48%가 미국 시민만으로는 수급이 부족한 STEM(Science, Technology, Engineering, Math) 관련 학과에 등록되어 있다. 특히 인력 수요가 급증하고 있는 컴퓨터과학 분야 경우 2015~16년 대비 유학생 수가 18%가 증가[106] 하는 등, 미국 내 수요가 급증하는 산업 분야에 우수 인력을 제공하는 역할을 담당하고 있다.

대학 교수직은 다른 분야와 비교하여 유학생 출신이 많은 직종으로, 그 수가 지속적으로 증가하고 있다. 2001년 86,000여 명에서 2009년 115,000여 명으로, 2014년에는 124,900여 명으로 증가했다. 이들의 75%는 STEM 분야 학과에 재직하고 있으며, 출신 국가는 중국, 인도, 한국, 독일 순서[107]이다. 미국 대학들의 외국인에 대한 수용성은 미국 대학이 경쟁력을 가질 수 있는 가장 큰 자산이다. 평교수뿐만 아니라 주요 대학의 행정 고위직에 유학생 출신 교수들이 자리 잡고 있다. 1990~97년까지 캘리포니아 버클리 대학 총장으로 재직한 창린 티엔은 중국 우한에서 태어나 대만 국립대학을 졸업한 후 프린스턴 대학에서 박사 학위를 받고, 버클리 대학에서 교수로 재직하면서 여러 행정 보직을 거쳐 총장에 선임되었다. 그는 미국 주요 대학의 첫 번째 아시안 총장이라는 명예도 갖고 있다. 2011년 기준으로 미국의 61개 주요 연구 중심 대

106 Migration Policy Institute, 2018, "International Student in the United States"

107 HigherEdJobs, 2016, "Foreign-Born Faculty Face Challenges"

학 중 11개 대학이 외국에서 출생한 학자가 총장직을 수행하고 있었다[108]. 인도 출신으로 수브라 슈레쉬 카네기 멜론 대학 총장, 프라딥 코슬라 캘리포니아 샌디에고 대학 총장, 사티쉬 트리파시 뉴욕 버팔로 대학 총장, 지중해의 조그만 섬나라 사이프러스 출신의 캘리포니아 남가주 대학(USC) 맥스 니키아스 총장 등이 그 예들이다. 하버드 대학의 경영대학원 학장은 인도 출신의 니틴 노히리아로, 2010년부터 미국 최고의 경영대학원을 책임지고 있다. 유학생 출신 총장들 중 현재 가장 대표적인 인물은 MIT의 라파엘 레이프 총장이다. 베네수엘라 태생인 그는 베네수엘라 카라보보 대학을 졸업하고 사이몬 볼리바르 대학에서 교수로 지내다가, 미국 스탠포드 대학에서 박사 학위를 취득한 후 1980년 MIT 교수로 임용되었고, 여러 행정 보직을 거쳐 2013년부터 총장으로 재직하고 있다. 미국의 대학은 개인의 능력에 따라 공정한, 정확히 표현한다면 세계 어느 나라보다 차별이 적은 역량 중심의 사회이며, 이런 공정성과 수용성 덕분에 미국 대학들은 전 세계의 가장 우수한 인재를 끌어모으고, 이들이 대학을 더욱 발전시키는 선순환 구조를 확립할 수 있었다. 많은 문제에도 불구하고 미국 대학들이 세계의 연구와 교육을 주도하는 가장 중요한 이유이다.

미국 대학들의 위기 극복을 위한 다양한 시도들은 현재도 진행되고 있다. 책무성과 수월성이라는 양립하기 어려운 목표 달성은 교육 비용 절감과 교육 효과 향상이 동시에 달성되어야 하는데 이를 위해 새로운 교육 방식 적용

108 New York Times, 2011.3.9, "More Foreign-Born Scholars Lead U.S. Universities"

과 첨단 기술 도입이 시도되고 있다. '파괴적 혁신'으로 유명한 하버드 경영대학원의 클레이튼 크리스텐슨 교수는 면대면 강의와 물리적 캠퍼스로 구성된 대학 모델을 변화시킬 파괴적 기술은 '온라인 강좌'라고 주장[109] 했다. 인터넷의 속도 증가와 무선통신을 이용한 접근성과 편의성 향상은 온라인 교육 환경을 획기적으로 개선했고, 앞서 언급한 영리 목적 대학뿐만 아니라, 일반 공립대학 및 사립대학들도 적극적으로 온라인 강좌를 개설하고 있다. 2015년 가을 기준으로 약 2,000만 명의 대학생들 중 1,460만 명이 공립대학을 다니고, 400만 명이 사립대학을 다니며, 134만 명이 영리 목적 대학을 다니고 있다. 공립대학 학생들의 18%는 일부 강의를 온라인 강의로, 10%는 모든 강의를 온라인 강의로 수강하고 있었다. 이 비율은 사립대학은 8.5%와 16.5%, 영리 목적 대학은 8.5%와 56.5%였다. 2,000만 명의 대학생들 중 일부 강좌를 온라인 강좌로 수강한 학생은 약 310만 명(15.5%), 모든 강좌를 온라인 강좌로 수강한 학생은 약 280만 명(14.4%)에 달했다[110]. 대학생들의 30%는 온라인 강좌를 수강하고 있는 셈이다. 미국에서 온라인 강좌는 거스를 수 없는 대세로 판단되며, 온라인 강좌를 활용한 대학 교육의 혁신은 세 가지 목적이 있는 것으로 분석된다.

첫째, 대학 내의 교육 비용 절감 및 교육 성과 개선 그리고 교육 기회 확대를 위한 시도이다. 여러 주립대학들이 이미 100% 온라인 강좌에 기반한

109 Clayton Christensen and Henry Eyring, 2011, "The Innovative University: Changing the DNA of Higher Education from the Inside Out"

110 National Center for Educational Statistics, "How many students take distance learning courses at the postsecondary level?"

학사 학위 과정을 운영하고 있다. 애리조나 주립대학(온라인 학사 학위 과정 등록 학생 수 36,464명), 콜로라도 대학(12.056명), 센트럴 플로리다 대학(11,947명), 펜실베니아 주립대학(9,273명) 오리곤 주립대학(5,948명), 플로리다 대학(2,823명), 인디애나 대학(2,520명)[111] 등이 그 대표적인 대학들이다. 온라인 학위 과정을 통해 낮은 등록금을 책정할 수 있고, 공립대학에 주어진 고등교육 확대라는 책무를 달성하는 현실적인 방법이 되고 있다. 2010년 이후 고등학교를 졸업한 학령 인구는 감소하고 있으나, 성인 교육의 수요가 증가하고 있는 상황 속에 언제 어디서나 접근 가능한 온라인 학위 과정은 공립대학의 새로운 교육 방법으로 자리 잡고 있다. 한편, 기존의 면대면 강의와 온라인 학습 방법을 한 강좌 안에서 함께 제공하는 혼합형 학습(Blended Learning) 방식은 각각의 방법보다 높은 교육 성과가 나오는 것이 입증[112]되었다. 특히 수강생이 많은 수학, 과학, 컴퓨터 프로그래밍 강좌 및 기초 교양 강좌의 경우 혼합형 학습은 비용 절감과 교육 성과 향상을 동시에 추구할 수 있는 방법이 되며, 실제로 많은 대학들이 적극적으로 사용하고 있다. 온라인 강좌의 숨겨진 가치는 온라인 학습활동을 통해 생성되는 '빅데이터'이다. 온라인의 모든 학습활동은 마우스 클릭 하나까지 모두 기록될 수 있으며, 이렇게 축적된 '빅데이터'를 분석하여 개별 학생들의 특성과 수준에 맞게 교육 방법과 내용을 변화시킴으로서 학습 효과를 극대화할 수 있다.

---

111 U.S. News and World Report, "2018 Best Online Bachelor's Programs"

112 U.S. Department of Education, 2010, "Evaluation of Evidence-Based Practices in Online Learning: A Meta-Analysis and Review of Online Learning Studies"

둘째, 대학의 새로운 매출 발생 구조로 온라인 강좌를 바라보는 시각이다. 주요 대학들은 석사 학위 과정 또는 비학위 과정의 온라인 프로그램을 새로운 매출 발생 구조로 바라보고 있으며, 시의성 있는 프로그램 개발과 학교의 명성을 통합해 많은 매출을 올리고 있다. 이는 급증하는 직장인들의 재교육 수요와 평생교육 수요를 반영한 것이다. 예를 들면 최근 가장 인기 있는 주제인 데이터 과학(Data Science) 프로그램의 경우 하버드 대학, MIT, 듀크 대학, 미시간 대학, 스탠포드 대학, 남가주 대학 등은 비학위 과정을 운영하고 있으며, 존스 홉킨스 대학, 캘리포니아 버클리 대학, 노스웨스턴 대학, 일리노이 대학, 위스콘신 대학, 노트르담 대학, 퍼듀 대학 등은 온라인 석사 학위 과정을 운영하고 있다. 주요 대학을 제외하고도 수많은 대학들이 유사한 학위 · 비학위 과정을 온라인으로 운영하고 있다. 온라인 경영학 석사(MBA) 과정도 여러 대학들이 경쟁적으로 운영하고 있는데, 카네기멜론 대학, 남가주 대학, 인디애나 대학, 노스캐롤라이나 대학, 메릴랜드 대학, 펜실베니아 주립대학 등의 명성이 높다. 학부 과정이 책무성을 중시하여 상대적으로 낮은 등록금을 책정하는 반면, 석사 과정은 온라인 과정과 오프라인 과정을 구별하지 않고 똑같은 과정으로 선전하며, 같은 수준의 등록금을 책정하는 것이 일반적이다. 비학위 과정의 경우 상대적으로 저렴한 가격으로 강좌를 수강할 수 있는데, 최고의 MBA 과정을 운영하는 하버드 대학, 펜실베니아 대학 등이 적극적으로 운영하고 있다. HBX로 알려졌던 하버드 대학 경영대학원의 비학위 온라인 과정은 2019년 1월 Harvard Business School Online으로 개명되었는데, 2017년에는 8,143명의 수강생이 등록했고, 1,200만 달러의 매출을 올린 것으로 보고 되었다.

하버드 대학 경영대학원의 8억 달러에 달하는 총 매출에 비하면 아직 작은 금액[113]이지만, 향후 가파르게 증가할 것으로 예상된다.

셋째, 전 세계를 대상으로 한 온라인 강좌를 통해 해당 학문 분야의 리더십을 공고히 하고, 미래에 예상되는 온라인 강좌 경쟁에 앞서기 위한 전략이다. 파괴적 기술인 온라인 강좌가 야기할 불확실한 미래를 대비하는 작업으로 볼 수도 있다. MITx, HarvardX가 대표적이며, 이를 확장한 MOOC(Massive Open Online Course) 플랫폼인 Edx에 참여하는 대학들이 그 사례이다. 원래 상업적인 목적으로 시작되었지만 Edx와 비슷한 행보를 보이고 있는 Coursera와 영국의 Open University에서 시작한 FutureLearn에 참여하는 대학들 역시 온라인 강좌가 촉발할 대학의 변화를 주도하거나 최소한 뒤쳐지지 않기 위해 참여하고 있다고 판단된다. MITx 에서 제공하는 길버트 스트랭 교수의 선형대수학의 경우 수강생 수가 3백만 명이 넘었으며, 2018년 12월 현재 MOOC에 참여하는 대학의 수는 900개가 넘고, 제공되는 강좌 수는 11,400 여 개, 수강생 수는 1억 1백만 명에 달하고 있다[114]. 2013년 MIT의 레이프 총장은 MOOC로 대표되는 온라인 강좌가 대학 내의 학습 효과 향상에 기여할 뿐 아니라, 많은 대학들이 온라인 강좌를 통해 학위를 제공할 것이라 예측했다. 같은 해 세계화와 자유 시장의 신봉자인 토마스 프리드만은 MOOC를 통해 저렴한 가격으로 여러 대학의 온라인 강좌를 수강하고 - 컴퓨터 과목은 스탠포드 대학, 윤리학은 브랜다이스 대학, 문학은 에딘버러 대학 등 - 학생이 스스

113 Harvard Business School, “Annual Report 2017”

114 Class Central “MOOC Report” https://www.class-central.com/report, accessed on March 10, 2019

로 학위를 설계할 것이라고 예측[115]하기도 했다. 프리드만은 MOOC가 대학의 변화를 넘어 더욱 완전한 세계화에 기여할 수 있는 새로운 동력으로 극찬하기도 했다. 온라인 강좌가 대학의 미래에 얼마나 큰 변화를 야기할지 가늠하기 어렵지만, 많은 대학들이 이미 시작된 변화 속에서 그 위상을 유지하기 위해 또는 불확실한 미래에 대한 보험의 성격으로 참여하고 있다고 판단된다.

미국 대학들이 갖고 있는 고질적인 문제 중 하나는 높은 자퇴 비율이다. 이는 개인적으로나 국가적으로 매우 큰 손실이다. 미국 대학들은 이 비율을 낮추기 위해 다양한 노력을 시도하고 있다. 2010년 입학생을 대상으로 분석한 자료에 따르면, 753개의 4년제 공립대학의 4년내 졸업 비율은 35.6%, 6년내 졸업 비율은 59.0%에 불과[116]하다. 최근에는 개인 맞춤형 학습 소프트웨어가 개발되어, 수학, 과학, 컴퓨터 프로그래밍, 외국어 등 주요 공통과목의 학습 효과를 향상시키고 개별 강좌 통과 비율을 높여, 궁극적으로 자퇴 비율을 낮추는 방법으로 각광받고 있다. 대부분의 대학 강좌는 100% 온라인 강좌가 아니더라도 혼합형 학습 방법이 활발히 사용되고 있다. 예컨데 강의 자료 열람, 과제 제출, 연습 문제 풀이 등 다양한 학습활동이 온라인상에서 진행되고 있다. 온라인 학습 관리 시스템에서 발생하는 다양한 학습활동 데이터와 학생들의 개인 이력 데이터를 통합해 인공지능으로 분석하여 학생의 진도를 모니터링하고, 개별 학생의 수준과 상황

115 Thomas Friedman, 2013.1.26, "Revolution Hits the Universities", New York Times

116 National Center for Education Statistics, "All 753 Four Year Institutions Reported to the NCES in 50 States: 2010 Cohort"

에 맞게 교육 방법을 변화하면서, 학생들의 학습 성과를 극대화하는 맞춤형 학습 솔루션들이 개발되고 있으며, 동시에 이미 사용되고 있다. 대표적인 예인 뉴톤(Knewton)이라는 솔루션은 애리조나 주립대학에서 2011년부터 사용되고 있으며, 이 솔루션을 통해 기초수학 통과 비율이 56%에서 78%로 향상된 것으로[117] 보고되었다. 이와 같은 개인화된 적응형 학습 솔루션 분야에서 맥그로힐(McGraw-Hill Education)의 알렉스(Aleks), 피어슨(Pearson)의 레벨(Rebel) 같은 솔루션들이 경쟁하고 있다.

기존 대학들이 온라인 강좌와 맞춤형 학습을 도입하는 것이 존속적 혁신이라면, 대학의 모델에 대한 전면적인 개편을 통해 대학의 위기를 극복하려는 파괴적 혁신들도 있다. 미국의 실용적인 철학은 기존의 대학과 완전히 다른 형식의 대학을 인증해 주고 있으며, 가장 각광 받고 있는 사례로는 미네르바 학교와 올린 공대가 있다. 미네르바 학교(Minerva School)는 2012년 벤 넬슨이 창업 투자회사로부터 2500만 달러의 투자를 유치하며 시작되었다. 개인 프린팅 서비스 회사인 스냅피시의 최고재무책임자와 대표이사를 맡았고, 스냅피시 이전에는 벤처기업의 인수 합병 전문가로 활동했던 벤 넬슨은 대학의 교육 방식이 완전히 바뀌어야 한다는 비전을 실현하고자 미네르바 학교를 설립했다. 2013년 저명한 심리학자이자 신경과학자인 스티븐 코슬린 교수가 초대 학장으로 참여해 커리큘럼 개발과 교원 영입 등의 업무를 맡게 되었다. 하버드 대학의 사회과학대학 학장까지 역임

117 Seth Fletcher, 2013.8.1, "How Big Data Is Taking Teachers Out of the Lecturing Business", Scientific America

한 학계의 거물인 코슬린 교수의 영입을 통해 미네르바 학교는 대학 인증과 2014년의 신입생 모집을 계획대로 수행할 수 있었다. 미네르바 학교는 모든 수업을 온라인 토론 및 세미나 방식으로 진행하며, 해당 과목에 대한 개별 학습은 MOOC를 사용할 것을 권장한다. 캠퍼스도 없고 강의실도 따로 있지 않으며, 학습활동과 직접 관계되지 않은 시설은 제공하지 않는다. 장소에 관계없이 인터넷 접속을 통해 출석이 가능하고, 강의는 간단한 퀴즈로 시작하여 퀴즈로 종료한다. 강의에 참여한 학생들의 모습이 비디오로 공유되며, 강의 시간 동안 학습활동은 자체 학습 시스템을 통해 기록되고, 이 활동 기록의 분석을 통해 학생들에게 학습 관련 조언이 제공된다. 인문학, 계산과학, 자연과학, 사회과학, 경영학의 다섯 가지 전공이 있다. 1학년 때는 전공에 관계없이 네 가지 핵심역량인 비판적 사고, 창조적 사고, 효과적인 소통, 효과적인 협업 능력의 키우는 과목을 학습하고, 2학년때는 전공을 결정하고 해당 학문 분야에 대한 학습을 시작한다. 3학년때는 전공 안에서 전문 분야를 집중적으로 학습하고, 4학년에는 스스로 설정한 캡스톤 프로젝트를 완수하는 방식으로 학습이 이루어진다. 미네르바 학교는 인지과학이론과 학습이론을 충실히 반영하며 단순 암기가 아닌, 학습 내용의 적용과 논쟁, 협력 작업, 자기 주도적 프로젝트를 통해 학습 효과를 극대화하고 있다. 대학생 역량 평가 시험인 CLA+에서 미네르바 학교의 1학년 학생들은 입학 시점에는 일반대학 졸업생의 상위 78% 수준이었는데, 두 학기를 보낸 8개월 뒤에는 상위 99%에 도달했다고 벤 넬슨이 발표하기도 했다. 세계적인 리더 배출을 지향하는 이 학교는 문화적 다양성을 확보하기 위해 학생들의 출신 국가 구성이 균형 잡혀 있으며, 샌프란시스코에서 1학년 생활을 마친 후 총 6개의 해외 도시, 즉 서울, 하이데라바드, 베를린, 부에노스 아이레스, 런던, 타이페이에서 현지 문화와 산업을 배운다. 미네르바 학교의 1년 등록금은 13,450달러이며 기숙사 비용, 식비, 서적 구입 등 모든 추가 비용을 포함한 총 예상 비용은 2019-20학년도 기준으로 30,950달러[118]이다. 비교 대상이 되는 미국 사립대학의 평균 예상 비용이 2017-18학년도 기준 46,950달러[119]인 것과 비교하면 30% 이상 저렴하며, 전 세계 주요 도시에서 생활하는 경험을 고려하면 그 비용은 더욱 저렴하게 느껴진다. 미네르바 학교는 전통적인 대학의 특징인 물리적 캠퍼스, 도서관 및 강의실 공간, 고정된 지역, 면대면 일방향 강의, 전통적인 커리큘럼, 종신교수제, 제한된 기숙사 제공 등을 철저하게 파괴하는 방식으로 고등교육의 혁신을 시도하고 있다. 미네르바 학교는 창업 투자로 설립된 만큼, 이 학교에서 개발된 커리큘럼과 학습 시스템은 판매 가능한 방식으로 포장되어 기존의 대학 시스템에 영향을 끼칠 것이다. 특히 하버드 대학, 스탠포드 대학, 미시간 대학 같은 초대형 연구 중심 대학보다는 전통적인 소규모 자유 교양 대학(Liberal Art College)을 파괴하는 혁신을 이끌 것으로 예상[120]된다.

올린 공대(Franklin Olin College of Engineering)는 군수 기업을 운영했던 프랭클린 올린의 기부금으로 1997년 매사추세츠 주에 설립되었다. 2002

---

118 https://www.minerva.kgi.edu/tuition-aid/tuition-fees/

119 "Average Fees at US universities, 2017-2018" https://www.topuniversities.com/student-info/student-finance/how-much-does-it-cost-study-us

120 2019년 현재, 이미 많은 자유 교양 대학이 폐교되고 있다. US News and World Report, 2019.3.22, "The Higher Education Apocalypse"

년부터 학생들이 입학하여 2019년 현재, 약 350명의 학생이 재학 중인 작은 학교이지만, MIT에서 작성한 보고서에서 공학 교육을 이끄는 현재의 리더이면서 동시에 미래의 리더로 언급[121] 될 만큼 공학 교육의 혁신을 이끌고 있는 대학이다. 올린 공대의 초대 학장인 리차드 밀러는 미래의 혁신 경제에서는 지식과 기술보다 새로운 문제를 해결할 수 있는 협동적 사고방식, 다학제적 사고방식, 윤리적 사고방식, 공감적 사고방식, 사업가적 사고방식, 국제적 사고방식을 키우는 것이 중요하며, 좁은 분야의 전문성을 키우는 전통적인 공학 교육이 변화해야 한다고 주장했다. 올린 공대는 학생들의 내적 동기를 강조하며, 학생이 커리큘럼 구성을 주도하고, 교수는 가르치기 보다 조력자 역할을 담당한다. 교수들에게 부여된 가장 중요한 역할은 학생들의 내적 동기를 이끌어 내는 것이다. 좁은 전문 분야의 교과목 대신, 사회적 역량을 기를 수 있는 융합 과목, 학생들이 직접 강의에 참여하는 학생 참여 강좌, 실제 문제를 해결하는 솔루션을 직접 만드는 프로젝트 기반의 학습으로 커리큘럼이 구성되어 있다. 구체적인 전공이 없으며, 크게 전기/컴퓨터공학, 기계공학, 바이오/재료공학으로 나뉘지만, 한 분야가 아닌 여러 분야가 융합된 프로젝트를 진행할 수 있도록 학습하며 이를 위한 작업실과 제작실(Maker Space)을 중심으로 학교가 운영된다. 약 900여 개의 기업, 연구소, 비영리단체들이 올린 공대 학생들의 학습에 관여하고 있으며, 이들 기관과 관련된 실질적인 프로젝트를 진행하는 것이 학생들의 주요 학습 방법이다. 특히 4학년 때는 두 학기에 걸쳐 참여 기업이 제

121 Ruth Graham, 2018, "The global State of the Art in Engineering Education"

시한 문제를 해결하는 종합 설계 팀 프로젝트(Senior Capstone Program in Engineering: SCOPE)를 진행하며, 여기에 참여하는 기업은 5만 달러의 참여 비용과 프로젝트 진행을 위한 제반 비용을 제공한다. 프로젝트 성과도 매우 훌륭하며, 지적재산권을 기업이 갖기 때문에 참여 기업이 몰리는, 매우 인기 있는 프로그램이다. 올린 공대의 성과는 기업의 채용에서도 입증된다. 마이크로소프트는 올린 공대 졸업생을 매니저 직급으로 바로 채용하고 있는데, 이는 어느 대학도 갖지 못한 특별한 혜택이다.

미네르바 학교와 올린 공대가 최근 주목받고 있는 혁신 대학들이라면, 그 밖에 수많은 소규모 사립대학과 여러 대형 대학들까지 차별화된 방식으로 대학 교육을 운영하고 있으며, 미국 고등교육에 풍부한 다양성과 역동성을 제공하고 있다. 록펠러 대학, 쿠퍼 유니온, 더 뉴스쿨, 포덤 대학, 하버비드 대학, 챕만 대학, 뱁슨 대학, 페퍼다인 대학, 오자크 대학 등은 그 대표적인 소규모 사립대학들이다. 여성에게만 문호가 개방된 자유 교양 대학인 웰슬리 대학, 스미스 대학, 스크립스 대학 그리고 대형 사립대학인 라이스 대학, 에모리 대학, 세인트루이스 워싱턴 대학, 흑인 대학으로 유명한 하워드 대학, 자비어 대학, 최고의 흑인 여성 대학인 스펠만 대학, 아이비 리그 대학만큼 입학이 어려운 웨스트포인트 육군사관학교, 아나폴리스 해군사관학교, 대형 주립대학으로 미국 공립대학 혁신의 대표 주자인 애리조나 주립대학 등도 이런 다양성과 역동성을 제공하는 대학들이다. 미국 대학들은 독자적 교육 목표와 개별적 역사 배경을 지닌 대학들의 다양성과 외부의 교육 혁신을 편견없이 흡수하는 유연성과 역동성을 갖고 있다. 이는 미국 대학들이 전 세계 고등교육의 표준을 만들어 온 힘이기도 하다.

시장 지향형 고등교육의 대표 국가인 미국의 대학들은 4년제 대학이 약 3,000여 개 2년제 대학이 약 1,500개[122]에 달한다. 극심한 경쟁 속에서도 새로운 시도에 대해 두려움이 없는 프론티어 정신이 대학 운영에도 적용되고 있다. 미국은 1980년대 이후 정부의 재정 지원 축소 속에서, 대학들은 순위 경쟁에 매몰되어 교육과 관련 없는 투자를 했고, 그 결과 등록금이 급등했다. 이로 인해 대학생들은 재정적인 위기에 몰리고 있으며, 영리 목적 대학들로 인해 고등교육의 공적 기능이 취약해진 심각한 위기에 빠져 들었다. 그러나 미국의 주요 대학들은 공립대학, 사립대학 구분 없이, 지역 사회의 학외자로 구성된 이사회가 대학 지배 구조의 정점에서 대학의 공적 기능을 흔들림 없이 수호하고 있다. 또한, 축소되었다고 하더라도 미국 정부의 고등교육 재정 지원은 여전히 OECD 국가 중 최상위권이다. 등록금 수입과 기부금 등 민간 지원 금액을 포함하면, 미국의 고등교육 지출 규모는 압도적인 세계 1위, GDP 규모 대비 고등교육 지출 비율 역시 세계 1위, 대학생 1인당 지출은 룩셈부르크 다음으로 세계 2위[123]이다. 앞서 언급한 미국 대학 사회의 수용성과 공정성은 전 세계 최고 인재들을 끌어 모으고 있으며, 이들이 미국 대학을 더욱 발전시키는 선순환 구조가 정착되어 있다. 미국의 주요 대학들은 건전한 지배 구조, 풍부한 재정 확보, 우수한 인재 집중,

122 National Center for Education Statistics에 따르면 2016-2017학년도 기준으로 4년제 대학이 2,832개, 2년제 대학이 1,528개로 총 4,360개 였다. 이 숫자들은 매년 큰 폭으로 변화한다.

123 OECD, 2017, "State of Higher Education 2015-16"

즉 세계적인 대학을 만들기 위한 조건들을 모두 만족하고 있다. 이들은 미국 특유의 다양성, 유연성, 역동성을 기반으로 열린 경쟁과 끊임 없는 혁신을 통해 신자유주의의 도래로 촉발된 위기를 극복하고 있다. 나아가 온라인 강좌와 맞춤형 학습이 촉발할 고등교육의 새로운 표준도 제시할 수 있을 것으로 예상된다.

Ⅱ

대학의 미래

미래를 예측한다는 것은 난해하면서도 흥미로운 주제다. 대학의 과거를 살펴봄으로서 대학의 변화는 정치 권력의 변화, 인구구조 및 사상의 변화, 산업의 변화와 시대가 요구하는 인재상의 변화, 교육 방법과 관련된 과학기술의 변화에 민감하게 반응했음을 알 수 있다. 우리에게 다가올 정치, 사회, 경제, 과학기술의 변화에 대한 이해가 대학의 미래를 언급하기 위해서 꼭 필요한 이유이다. 이번 장은 미래의 변화상에 대한 요약으로 시작한다. 출산율 감소로 급격하게 진행되고 있는 인구구조의 변화, 우리나라의 특수한 정치 상황인 분단과 언제든지 다가올 수 있는 통일, 4차 산업혁명이라는 명칭으로 소개되고 있는 과학기술에 의한 산업의 변화, 온라인 학습이라는 파괴적 기술이 이끌 것으로 예상되는 교육 방식의 변화 그리고 네트워크와 플랫폼의 관점에서 바라본 대학의 역할 변화와 인재상의 변화가 그 내용이다.

21세기 현재, 대학은 다양한 위기에 직면하고 있다. 중세 대학처럼 서서히 쇠락해 갈 것이라는 전망과, '파괴적 혁신'을 통해 그 모습이 현격하게 변화될 것이라는 주장이 힘을 얻고 있다. 1997년 피터 드러커는 30년 후 대학 캠퍼스는 역사적 유물이 될 것이며, 현재의 대학은 살아남지 못할 것이라고 주장했다. 대학은 사라질 것인가, 새롭게 재탄생할 것인가? 역사적으로 강인한 생명력을 보여 준 대학은 어떻게든 살아남을 것이다. 카네기 재단이 1960년대 제출한 보고서에 따르면 1530년부터 430여 년 동안 지속적으로 운영된 기관은 66개인데, 이중 로마 카톨릭 교단, 루터 교단, 아이슬란드 의회, 맨섬 의회를 제외한 나머지 62개가 모두 대학이었다는 사실은 대학의 생명력이 간단치 않았음을 실증한다. 대학은 사라지지 않지만 동시에 혁명적인 변화는 피할 수 없을 것으로 예상된다. 결국 이 변화의 흐름을 주도하면서 적응하는 대학들과 변화의 격랑 속에서 도태되어 사라지는 대학들로 구분될 것이다. 이 장의 후반부에서는 인류사적 전환기의 급격한 변화를 목전에 둔 우리나라 대학들이 산업의 변화, 교육 방식의 변화, 대학의 기능 변화를 주도하며 적응하기 위한 10가지 혁신 방향을 제시하고, 이를 실현하기 위한 선결 과제를 제시한다.

01

미래의 변화상과 혁신의 개요

1.1 인구구조의 변화

중세 후기, 농업 생산력이 증가하고 상업 발전과 무역 확대, 도시 건설, 인구 증가, 절대 권력의 부재로 인한 이동하는 지식인 증가는 대학의 기원에 관계된 정치 · 사회 · 경제적 배경이었다. 14세기 후반, 흉작과 기근, 긴 전쟁과 인구 감소, 흑사병 창궐은 대학이 부딪친 첫 번째 시련이었다. 세계 최초의 대학인 볼로냐 대학은 이 시기에 명목상으로만 존립할 만큼 쇠락하기도 했다. 17세기, 30년 전쟁의 무대였던 독일은 인구의 1/3이 감소하고 300여 개의 연방 국가로 분할되는 극심한 정치적 혼란을 겪었는데, 경제적으로 무기력해진 주요 도시들은 인구를 증가시키는 경제 회생 방책으로 대학을 활용하기도 했다. 2차 세계대전 이후 전 세계적으로 대학의 규모가 확대되며 크게 발전한 것은 대학 교육의 수요자인 20대 인구가 크게 증가한 것이 가장 결정적인 요인이었다. 대학의 성장과 쇠락에 인구구조는 핵심적인 요인이며, 이런 측면에서 전례 없는 속도로 고령화되고 있는 우리나라 인구구조는 우리나라 대학의 미래에 가장 위협적인 요인이다.

2019년 1월 18일, 대통령 직속 저출산고령사회위원회는 2018년 여성 1인이 평생 낳을 것으로 예상되는 자녀 수인 합계출산율이 0.97명으로 떨어졌다고 발표했다. 조사를 시작한 1970년 4.53명이었던 합계출산율은, 1980년 2.82명, 1990년 1.57명, 2000년 1.48명, 2010년 1.23명, 2017년 1.05명까지 지속적으로 감소[1]했는데, 2018년 마침내 1명 선이 무너진 것이다. 이 값은 경제협력개발기구(OECD) 35개 회원국의 평균인 1.68명을 크게 밑도는 최하위에 위치한다. 출산율의 급격한 감소는 우리나라 인구 감소 시점에 대한 예측을 바꾸고 있다. 2031 - 34년부터 인구 감소가 시작될 것이라는 예측이 2028년으로 바뀌었고, 2019년 합계출산율을 통해 추정하면 그 시점이 더욱 앞당겨 질 것으로 예상된다. 인구 절벽으로 표현되는 생산가능인구의 급격한 감소는 어떤 변화보다 우리나라 사회에 부정적인 영향을 끼칠 것이다. 예컨대 생산가능인구의 감소와 동시에 초고령 인구의 증가로 소비, 투자, 성장이 저하되며 모든 분야에서 활력이 떨어지는, 쇠락하는 국가가 될 것이라는 것이 일치된 전망이다.

출산율 감소는 대학의 미래에도 직접적이면서 부정적인 영향을 미친다. 출생아 수를 중심으로 대학 진학 연령 인구를 살펴보면[2], 1955년 출생아 수

---

1 통계청, "2017년 출생 통계(확정), 국가승인통계 제10103호 출생 통계"

2 출생아 수로 대학 입학 수요를 산정하는 것은 정확한 방법은 아니다. 엄밀한 방법은 대학수학능력시험을 치른 재수생을 포함한 모든 학생 수를 고려하는 것이 합리적이지만 자료를 확보할 수 없어 출생아 수로 대신한다.

가 처음으로 90만 명을 넘었고 1960년 108만 명으로 정점을 찍은 뒤, 1974년까지 출생아 수는 90만 명 이상이 유지되었다. 1955년부터 1974년까지 20년간은 베이비붐 시대였고, 이들이 대학 진학 연령이 된 1974년부터 1993년까지 우리나라 대학들은 넘쳐나는 진학 수요로 대학 입학 경쟁률이 매우 높아 대학이 지속적으로 확장할 수 있었다. 이후 1984년까지 출생아 수는 계속 감소해서 67.4만 명이 된 후, 2000년 64만 명으로 60만 명대를 유지하다가 2001년 55.9만 명, 2002년 49.6만 명으로 급격히 감소했다. 2016년까지 40.6만 명으로 40만 명대를 유지했으나, 이마저도 2017년 35.7만 명, 2018년에는 32.5만 명까지 떨어지게 되었다. 계단식으로 감소하고 있는 출생아 수를 고려하면 1984년 출생아가 대학 진학 연령이 되는 2003년, 2002년 출생아가 대학 진학 연령이 되는 2021년, 2018년 출생아가 대학 진학 연령이 되는 2037년에는 대학 진학 수요 급감으로 대학들이 위기를 겪을 것임을 알 수 있다.

우리나라 대학의 정원 조정에 대한 전권을 갖고 있는 교육부는 이와 같은 인구구조의 변화에 대해 1996년에는 정원 확대, 2014년 정원 축소라는 두 가지 반대 방향으로 대응했다. 먼저, 1995년 '5.31 교육개혁안'에 대학설립 준칙주의와 정원 자율화를 도입해 대학 설립 기준을 완화하고, 대학 정원 확대를 추진했다. 대학설립 준칙주의는 대학 부지, 교육용 건물, 교원, 수익용 기본 재산, 이 4가지만 충족하면 대학 설립을 인가해 주는 방식이었다. 이전까지는 대학 설립 예고제라는 방식을 따랐고, 위의 4가지 조건 외에 도서, 기숙사, 실험 실습 설비, 교재 교구 확보 기준이 있었다. 또한 설립 계획부터 최종 설립까지 단계별로 승인을 받아야 최종 설립이 가능했었는데, 이것과 비교하면 대학 설립 기준이 매우 완화된 것이었다. 그 결과 1997년부터 2014년까지 61개 사립대학 및 전문대학이 설립되었다. 2015년 기준으로 전체 사립대학과 전문대학의 약 1/5이 대학설립 준칙주의 도입 이후 설립된 것이다. 대학 설립 요건을 완화한 이 조치는 부실 대학들을 양산하는 계기가 되었다. 대학설립 준칙주의 도입 이후 설립된 사립대학들 중 24개 대학은 2015년까지 '부실 대학'에 선정되거나 타대학에 통폐합 또는 폐교되었다. 14개 대학은 2011~2015 학년도 재정지원제한대학, 학자금대출제한대학, 경영부실대학으로 지정되었고, 5개 대학은 타대학과 통합되었으며, 5개 대학은 폐교[3] 되었다. 한편 교육부는 1990년대 개별 대학의 정원 확대에 유연한 모습을 보였는데, 이로 인해 1990년 35만 명이었던 입학 정원이 급격하게 증가하게 되었다. 1996년 교육부는 대학의 교육 여건을 평가하여 계열별 증원 규모를 통보하는 포괄승인제를 시행했고, 1997년부터는 대학이 일정한 교육 여건만 갖추면 증원 규모까지 대학 자율로 결정할 수 있도록 허용했다. 이 두 가지 정책의 결과 1995년 49.8만 명이었던 대학 입학 정원은 2002년 65.6만 명으로, 15.8만 명이 증가했다. 1996년 '신교육체제 수립을 위한 교육개혁 보고서'에서도 2003년부터 대학 입학 정원이 대입 지원자보다 많아질 것을 전망했음에도 대학설립 준칙주의와 대학 입학 정원 자율화가 시행되었다는 것은 교육부의 큰 실책으로 평가된다.

3 김태년, 2015, "교육개혁 실태 진단-고등교육 주요정책 중심으로"

이 두 가지 정책은 앞서 언급한 부실 대학 양산뿐만 아니라, 대학 정원의 수도권 집중과 지방대학 침체에 결정적인 역할을 했다. 수도권의 확대된 정원은 경쟁력이 유지된 반면, 지방에서 확대된 정원은 2003년 이후 입학 정원이 대입 지원자보다 많아진 상황에서 경쟁력을 잃었기 때문이다. 특히 지방 사립대학은 2003년 이후 정원 모집에 어려움을 겪고 있으며, 교수들의 주요 업무 중 하나가 특성화 고등학교를 방문해서 학생들을 모집하는 것이 될 만큼 심각한 상황이다. 정원 모집에 실패하는 지방 사립대학의 학과 수는 2021-2022년 더욱 증가할 것으로 예상된다. 신자유주의 경제정책이 경제 계층 양극화를 야기한 것처럼, 대학설립 준칙주의와 대학 입학 정원 자율화가 대학의 양극화를 야기한 것이다.

1996년부터 시작된 대학설립 준칙주의와 대학 정원 자율화 실패는 1993년 출범한 문민정부의 세계화와 신자유주의적 정책과 맥이 닿아 있다. 1980년대 미국과 영국을 중심으로 세력을 확대한 신자유주의는 문민정부의 경제협력개발기구(OECD) 가입을 위한 민간 주도 자본주의라는 새로운 틀로 포장되어 비판없이 수용되었다. 30여 년간의 군사정권의 경제 패러다임이었던 국가 주도 자본주의 발전 국가 모델을 벗어 던지려는 시도였지만, 준비 없는 세계화와 자본시장의 급진적 개방은 1997년 'IMF 사태'로 표현되는 외환 위기를 야기했다. 이와 같은, 준비 없는 신자유주의적 시장 중심 개혁이 고등교육 혁신에 적용된 것이 대학설립 준칙주의와 대학 정원 자율화였다. 김영삼 정부는 1994년 2월 대통령 직속 교육개혁 전담 기구인 교육개혁위원회를 설치했고, 같은 해 9월 '신한국 창조를 위한 교육개혁의 방향과 과제'를 보고하면서 대학 재정 확충, 대학 교육의 국제 경쟁력 강화, 사학의 자율과 책임 제고를 우선 추진 3대 과제로 제시했다. 이중 사학의 자율과 책임 제고는 고등교육의 신자유주의적 시장 중심 개혁을 의미했다. 1995년 5월 31일, 문민정부의 시장 원리에 기반한 교육개혁의 밑그림을 담은 '5.31 교육개혁안'이 발표되었다. 대학 개혁의 주요 내용은 대학의 다양화와 특성화, 학술 연구의 일류화, 대학 교육의 국제화, 대학 평가와 대학 재정 지원의 연계로, 당시로서는 파격적인 혁신 내용을 담고 있었다. 50여 년 동안 자체적인 혁신을 시도해 본 적이 없는 대학들이 재정 지원을 받기 위해 개혁안을 마련하는 시대가 도래한 것이다. 이런 개혁적인 조치들의 의미를 탈색시킨 내용이 대학 설립과 정원 및 학사 운영의 자율화로 구성된 대학설립 준칙주의와 대학 정원 자율화였다. 다른 개혁안들이 시장주의적 요소를 대학에 도입한 것이라면, 대학설립 준칙주의와 대학 정원 자율화는 대학을 시장에 밀어 넣은 것이었다. 2003년 입학 정원이 대학 지원자보다 많아질 것을 예상하면서도, 대학설립 준칙주의와 대학 정원 자율화를 시도한 이유는 자유시장주의적 접근이 전체적인 교육의 질을 향상시킬 것이라는 신자유주의적 믿음과, 미국과 일본의 대학 정책 변화를 답습한 것으로 판단된다. 미국의 경우 1981년 레이건 정부의 등장 이후 고등교육을 자유시장주의적 접근으로 해결하려는 시도가 진행되고 있었다. 일본에서는 1991년 대학 설치 기준 간소화가 시행되고 대학 정원 규제가 완화되면서, 사립대학 수와 대학 입학 정원이 급격히 증가했다. 이후 일본에서 대학 교육의 보편화와 시장 원리에 기반한 대학 간 경쟁이 시작되었던 것을 고려하면, 우리 정부가 미국과 일본의 움직임을 시대적 조류로 판단했을 것이라는 추론이 가능하다.

1995년 대학설립 준칙주의와 대학 정원 자율화를 추진한 시장주의적 개혁론자들이 간과한 사실들이 있었다. 첫째, 전 세계에서 대학 문제를 자유시장주의적 접근으로 해결하려는 선진 국가는 미국과 일본 정도였으며, 1980년대 신자유주의 광풍의 한 축이었던 영국조차 자유시장주의적 해결 방법은 고려하지 않았다는 점이다. 영국의 경우 재정 지원 평가를 위한 공개와 경쟁 그리고 등록금 부과라는 시장주의적 요소를 도입했지만, 대학의 핵심 가치는 공공성에 있다는 흔들림 없는 인식을 갖고 있었다. 영국에는 실질적으로는 사립대학이 없다는 사실이 이를 뒷받침한다. 둘째, 미국과 일본은 분권적인 지역 구조로, 우리나라와 같은 수도권 집중 현상으로부터 자유로운 국가들이다. 따라서 대학 양극화가 지역적으로 나타날 가능성이 적은 국가들이라는 점이다. 셋째, 우리나라 사립대학의 지배 구조는 미국의 영리 목적 대학과 거의 일치하며, 대학을 사업체 또는 사유재산으로 인식하여 이의 보존과 증식을 목표로 한다는 점[4]이다. 즉, 교외자에 의해 지배되어 공적인 성격이 강한 미국의 전통적인 사립대학과 전혀 다른 성격을 갖고 있어, 정원 자율화를 사유재산 증식의 기회로 인식했다는 점이다. 마지막으로 당시에는 인식할 수 없었지만, 대학 문제에 자유시장주의적 방법을 사용한 미국과 일본 모두 실패를 겪게 된다는 사실이다. 미국은 영리 목적 대학이라는 비정상적인 교육기관의 난립을 야기했고, 대학 등록

4 University World News, 2012.7.15 "The rise of for-profit universities and colleges." John. A. Douglass는 이 기사에서 영리 목적 대학이 고등교육을 주도하는 대표적인 국가로 한국, 브라질, 폴란드를 적시했다.

금이 폭등하게 되어 현재까지 평균적인 대학들이 위기를 겪고 있는 원인이 되었다. 일본의 사례는 더욱 극적인데, 1991년 대학 설치 기준 간소화 이후 사립대학들이 난립하는 상황에서도 일본 정부는 2000년대 초반까지 신 분야에 대한 대응을 이유로 대학 증설을 허용했다. 대학 진학 인구가 1992년 205만 명을 정점으로 지속적으로 감소해 2004년에는 141만 명까지 감소하면서, 난립했던 사립대학들은 편법을 사용해 정원을 충원하거나, 파산하거나, 폐교하는 등 혹독한 시간을 겪게 되었다. 2004년 기준으로 일본 4년제 사립대의 29%가 입학 정원 미달이었으며, 대학에 따라 정원 미달이 전체 정원의 20 - 30%[5]에 달할 만큼 심각했다. 이는 2021학년도 이후 우리나라 대학들이 겪을 상황이다. 흥미로운 사실은 일본에서 난립했던 사립대학들은 우리나라 대부분의 사학 재단과 마찬가지로 가족이 지배하는 사학 재단들이 설립[6]했으며, 대학 설립 간소화와 대학 정원 자율화를 사학 재단이 성장할 수 있는 기회로 생각했다는 점[7]이다. 미국의 영리 목적 대학과 일본 사학 재단이 설립한 사립대학, 우리나라 대부분의 사립대학이 같은 성격을 갖고 있다는 점은 인구구조의 변화에 대응하는 대학 정책에서 추가로 고려해야 할 사항이다.

---

5 교수신문, 2005.2.15, "일본 사립대는 지금 한겨울"

6 일본의 사립대학은 대부분 우리나라와 마찬가지로 사법인인 학교법인이 이사회를 통해 사립대학을 지배하고 있다. 한편, 일본의 대표적인 사립대학인 와세다 대학과 게이오 대학은 총장이 6년을 단임하며, 이사회 의장을 겸직하는 차별화된 지배 구조를 갖고 있다.

7 2017년 일본 아베 정권을 뒤흔든 '사학 스캔들'은 아베 총리의 친구가 이사장인 사학 재단 가케학원 산하 지바과학대에 수의학과 신설을 총리의 압력으로 허용했다는 의혹이었다. 일본 사학 재단의 성격을 명확하게 드러내는 사건이었다.

1996년에 시작한 대학설립 준칙주의와 대학 정원 자율화는 앞서 언급한 바와 같이 부실 대학의 양산과 지방 사립대학의 위기, 대학 정원의 수도권 집중 같은 상처만 남기고 2003년 중지되었다. 교육부는 급감하는 대학 진학 인구를 고려하여 2014년 1월, '대학 구조 개혁 추진계획'을 발표하였다. 이 계획에 따라 2014년부터 2022년까지 총 16만 명의 대학 정원을 3단계에 거쳐 감축하는 것을 목표로 1단계인 2016년까지 4만 명, 2단계인 2019년까지는 5만 명, 마지막 3단계인 2023년까지는 7만 명을 감축한다는 계획을 세웠다. 흥미로운 사실은 1996년~2002년 사이, 정부가 추진했던 대학설립 준칙주의와 정원 자율화를 통해 증가했던 정원인 15.8만 명과 거의 일치하는 16만 명을 줄이겠다는 점이다. 1996년의 신자유주의적 정원 확대가 완벽한 실패였음을 자인하는 듯하다. 현재 진행 중인 정원 축소 정책을 수행하는 데 있어 고려해야 할 사항은 해외의 사례와 과거의 실패에서 얻은 교훈들로, 다음과 같다.

첫째, 정원 축소 정책은 정부가 주도해야 한다는 점이다. 대학은 공익성을 갖는 기관이라는 사실을 인식하고 대학의 정원 조정을 시장에 맡기는 실수를 되풀이해서는 안 된다. 둘째, 정원 확대 정책을 시장에 맡기면서 형성된 수도권과 지방대학의 양극화를 개선하는 데, 그리고 동형화된 대학들이 차별화될 수 있도록 정원 축소 정책을 활용해야 한다. 지방 국립대학과 지방 사립대학에 대한 명확한 규정에 기반한 배려가 필요하며, 차별화된 교육 모델을 제안하는 대학들에 대한 예외적 지원이 필요하다. 대학의 미래는 분권화된 지역성과 다양성이 핵심 가치가 될 것이기 때문이다. 셋째, 영리 목적 대학의 성격을 갖고 있는 우리나라 기업형 사립대학의 성격에 대한 명확한 이해가 필요하다. 대학을 사업체와 사유재산으로 인식하는 기업형 사학 재단은 법리와 일치하지 않는 소유 의식을 갖고 있다. 대학이 확장되는 시기였던 1990년대까지 재산 증식을 위해 학위 장사, 입시 부정, 불법 편입학과 같은 탈법과 불법을 일삼았고, 마찬가지로 대학이 급격히 축소되는 2021년 이후 재산 유지를 위해 탈법과 위법의 경계를 넘나드는 행태가 나타날 것으로 예상된다. 우리나라에서 1950년대에 사립대학이 난립하면 벌어졌던 난맥상[8]들, 일본의 경우 일부 사립대학들이 중국인들로 정원의 90%를 채운 사례, 미국 영리 목적 대학들의 과장 광고, 통계 조작, 정부 로비가 그런 사례들이다. 이와 같은 부정적인 행태에 대한 선제적인 대응이 필요하며, 지배 구조의 다양성을 확보하는 기회로 삼아야 한다. 넷째, 정원 축소를 위한 대학 평가와 구조 조정에 있어 공개와 경쟁이라는 시장의 방식을 적용해야 한다는 점이다. 대학 평가 시 10여 명의 평가 위원이 제안서를 검토하는 방식에서 벗어나, 평가 대학을 졸업한 학생들에 대한 정보 공개와 해당 대학이 수행한 연구 실적 공개 그리고 차별화된 교육 모델의 평가를 통한 열린 경쟁이 적용되어야 한다. 또한 대학의 구조 조정은 시장의 구조 조정 방식인 파산과 폐업처럼 신속하게 진행되도록 법령이 정비되어야 한다. 다섯째, 인구구조의 급격한 변화로 야기되는 2021년의 대학 위기를 대학들이 성장하고 체질을 바꿀 수 있는 혁신의 계기로 활용해야 한다는 점이다. 이를 위해 위기를 기회로 바꾸는 세밀한 전략이 필요하다. 무엇보다 우리나라 사립대학들의 지배 구조를 다양화하고 민간

---

8 이 책의 "대학은 누구의 것인가 - 지배 구조의 다양화와 공공성 회복" 에서 상세하게 설명했다.

투자 주도로 고등교육을 유지해 온 재정 정책을 정부 투자 주도로 정상화하는 기회로 삼아야 한다. 대학의 역할과 기능에 대한 변화와 혁신 그리고 대학교육의 내용과 교육 방식의 다양성을 확보해야 하며, 대학의 연결 능력을 강화할 수 있는 교육과 연구 프로그램에 재정 지원을 고려해야 한다. 학생 교환 프로그램, 세계적 연구 대학 설립 시도 등이 그런 사례이다. 일본의 '일억 총활약사회 대책'처럼 교육의 질을 제고해서 개별 학생의 역량 강화하는 정책, 싱가포르의 'SkillFuture' 프로그램과 같이 대학이 평생고등교육기관의 역할을 담당하는 직무 역량 강화 정책, 선진국들이 시행하고 있는 유학생들의 증가를 선순환 시킬 수 있는 장기적 정책 그리고 다음 절에서 논의할 남북 간 교류 증대에 대학을 주요 플랫폼으로 활용하는 방법 등도 참고할 만하다.

1.2 통일의 특수성

대학이 태동한 중세 시대는 교황 권력과 왕정 권력 중 어느 쪽도 절대적인 우위를 차지하지 못한 분권화된 사회였다. 대학은 자치적 운영을 특징으로 사람, 지식, 정보, 사상의 교류를 가능케 하는 중세 사회의 중요 거점 역할을 했다. 절대 권력이 없는 분권적 성격이 대학의 역할을 강화하는 배경이 되었고, 이를 통해 중세 대학은 기독교 체계와 로마법에 기반한 유럽의 사상적 보편성을 유지하는 데 기여했으며, 라틴어를 공용어로 하고 거의 동일한 커리큘럼을 유지함으로서 중세 유럽의 구조적 통일성을 유지하는 골격과 같은 역할을 담당했다. 중세 대학의 존립이 가능했던 이유는 보편성과 통일성을 매개하는, 이동에 제한이 없는 학생들과 학자들이 있었기 때문이다. 세계 최초의 대학인 볼로냐 대학의 공식적인 설립 시기로 인정받는 1158년, 신성로마 제국의 프리드리히 1세는 '학문 연구를 위해 편력하는 자들'의 특권을 인정하는 특허장을 볼로냐 대학에 수여했는데, 그 내용 중 두 가지 핵심은 교수와 주교 앞에서만 재판을 받는 사법적 특권과 학업을 위한 이동의 자유를 보장했던 것이다. 이와 같은 중세 대학의 역할을 고려하면, 대학은 통일 한국을 준비하고 가속하는 거점 역할을 할 수 있다는 예상이 가능하다.

우리나라가 처한 특수한 정치적 상황인 남북 분단은 대학의 미래와 그 역할에 있어 신중히 고려해야 할 요소이다. 남북 분단의 상황에서 대학이 담당하고 준비해야 할 시나리오는 다음의 4가지로 정리된다. 첫째, 두 가지 체제가 상당 기간 유지될 것이라는 예측에 따라 통일에 대한 준비가 시급하지 않다는 시나리오이다. 통일에 대한 관심을 고양하고 통일 교육은 유지하되, 대학의 미래에 통일을 주요 외생 변수로 고려하고 있지 않은 우리나라 현 대학 정책을 그대로 유지하는 시나리오이다. 둘째, 통일을 준비하는 남북 간의 교류 증대에 대학을 주요 플랫폼으로 활용하는 방법이다. 이는 첫 번째 시나리오 보다는 좀 더 적극적으로 대학을 통일 준비에 활용하는 시나리오이다. 셋째, 통일을 장기적이며 단계적 과정으로 보고, 점진적으로 고등교육 체계를 통합하는 상황을 대비하는 시나리오이다. 원칙적으로 남북한의 통일은 '민족공동체 형성을 위한 단계적 통일 방안'을 기반으로 화해 협력 단계, 남북연합 단계, 통일 국가 단계에 따라 교육의 과제를 설정[9]해야 한다. 그러나 우리나라

9 한만길, 2014, "남북한 통일실현을 위한 교육의 방향과 과제", 제62차 KEDI 교육 정책포럼

정부는 집권 세력에 따라 5년마다 통일 정책이 바뀌어 왔고, 북한 역시 통일 정책이 지속적으로 변해 왔기 때문에 남과 북의 통일 정책의 접점을 찾아야 하고, 변화하는 통일 정책에 따라 다른 시나리오가 필요하다는 어려움이 있다. 넷째, 독일의 사례처럼 갑작스럽게 통일이 이루어져 고등교육체계를 시급하게 통합해야 하는 상황에 필요한 시나리오로, 고등교육체계 통합에 필요한 고려 사항을 선정하고 이를 시행하는 일련의 정책 매뉴얼을 준비하는 것이다. 이 글에서는 첫 번째 시나리오인 우리나라 대학 교육 정책에 통일이 고려된 사례와 그 현황을 살펴보고, 상대적으로 많은 연구와 준비가 진행되어 있는 네 번째 시나리오를 독일의 사례를 중심으로 살펴본다. 마지막으로 대학이 통일에 직접적으로 기여할 수 있는 방안인 두 번째 시나리오에 대한 여러 가지 시도들과 국내외 제안을 소개한다.

현재 우리나라 대학 정책은 앞서 언급한 바와 같이 통일을 대학의 미래에 관계된 핵심 변수로 고려하지 않고 있다. 통일과 관련된 교육 정책 기조는 통일 교육에 대한 강조이며, 대학은 통일 교육 전문 인력 양성과 통일 관련 연구를 수행하는 제한된 역할을 담당하고 있다. 우리나라 통일 교육의 변천 과정은 반공 교육(1987년까지), 통일 안보 교육(1987년 - 1998년), 통일 교육(1998년 이후)으로 구분할 수 있다. 반공 교육은 북한을 싸워 이겨야 할 대상으로 인식하도록 했고, 통일 안보 교육은 북한을 적대적인 대상인 동시에 포용하고 함께할 동포로 인식하게 했다. 통일 교육은 한 발 더 나아가 북한을 화해·협력 대상으로 설정하고, 평화공존과 공동 번영을 이루기 위한 노력을 내용[10]으로 한다. 정부는 1999년 '통일 교육 지원법'을 제정해서 통일 교육을 법제화했다. 통일 교육을 주도하는 기관은 통일부 산하 통일 교육원이며, 통일 교육 관련 법령 및 제도 수립, 통일 교육 지침 개발 및 보급, 통일 교육 교재 및 교육자료의 개발·보급·평가를 담당하고 있다.

1990년대 냉전 질서가 해체되고, 독일 통일 이후 통일이 금방이라도 다가올 것 같은 분위기 속에서 통일 대비 전문 인력 양성의 필요성이 제기되자, 여러 대학들이 북한학과와 통일학부를 신설했다. 동국대(1994년), 명지대(1995년), 관동대(1996년), 고려대(1997년), 선문대(1998년), 조선대(1998년)가 북한학과, 인제대(2001년)가 통일학부를 설립했지만, 남북 관계의 악화 속에서 2017년 현재, 동국대와 인제대만 명맥을 유지하고 있다. 악화된 남북 관계 속에서 군사·국방·안보 관련 학과가 대신 설립됐는데, 2017년 현재 28개의 관련 학과가 운영되고 있으며, 그중 22개가 2008년에서 2017년 사이에 신설되었다. 통일 관련 학과의 감소에 문제의식을 갖고 있던 국회는 2018년 '통일 교육 지원법'을 개정하여, 대학과 전문대에 통일 관련 학과 설치, 강좌 개설, 연구소 설치 · 운영을 권장하고 필요 비용을 지원할 수 있다는 조항을 추가했다. 2015년 대학생 설문 조사 결과 "통일에 대해 무관심하다."라는 답변이 전체 답변의 45%에 달했다는 사실이 이 법안 개정의 당위성을 뒷받침한 것으로 알려져 있다. 통일 교육은 장기적인 분단 상황을 현실로 받아들이려는 젊은 세대의 경향을 타파하기 위해, 평

10 한만길 외, 2000, "남북한 화해협력 촉진을 위한 통일 교육 방안 연구", 통일연구원

화통일을 당위적 의무로 인식하게 하고, 통일 과정에서 요구되는 사회 구성원의 역할에 대한 인식을 높이고, 통일의 미래상이 자유민주주의와 시장경제에 기반한 민족 공동체를 지향해야 한다는 것을 핵심 내용으로 한다. 인터넷 통일학교 운영 등, 일부 업무만 담당하던 교육부는 2018년 11월, '학교 평화·통일 교육 활성화 계획'을 발표하며, 평화 · 통일 교육을 강화하기 위해 초·중등교육과정과 교과서를 보완하고, 관련 과목을 도덕, 사회 교과목을 비롯해서 예술, 체육, 가정, 과학 등으로 확대하고 프로젝트, 동아리, 봉사 활동 등, 체험 활동을 활용하겠다는 계획을 발표했다. 이와 같이 통일교육을 강화하는 기조는 대학을 대상으로 한 '통일 교육 선도대학' 육성 사업으로 확대되었다. 통일부가 주도한 이 사업에서 2016년 서울대, 숭실대, 아주대, 충남대, 경남대, 광주교대, 총 6개 대학이 선정되었고, 2019년 강원대, 인제대, 한동대가 추가로 선정되었다. 이 사업은 통일에 대학의 역할을 확대하는 사업이지만, 통일 교육의 우수 모델 개발과 통일 관련 교양과목 확대 등, 대학 사회의 통일 교육 활성화를 목표로 하는 소극적인 역할을 담당한다는 한계를 갖고 있다.

갑작스럽게 통일이 이루어진 경우 이에 대응하는 시나리오는 독일의 사례를 참고한 수많은 학술 연구와 정부 정책 보고서[11]가 출판되었다. 이중 통일부가 2016년 발간한 "독일통일 총서: 교육 통합 분야[12]" 는 남북한 교육의

11 김태완 외, 1991 "남북한 교육 통합 정책 연구", 한국교육개발원; 박재윤 외, 1992 "통일에 대비한 교육 정책연구", 한국교육개발원; 신세호 외, 1993 "독일 교육 통합과 파생문제점 분석 연구", 한국교육개발원; 정용길 외, 1996 "통일상황 대비 교육 통합 단기대책 연구", 통일대비 교육 통합 연구위원회 등

12 통일부, 2016, "독일통일 총서 17: 교육 통합 분야 관련 정책문서"

통합을 준비 단계, 실행 단계, 통일 후 북한 교육 재구조화 단계의 3단계로 나누어 구체적인 실행 항목을 제시하고 있다. 독일과 같은 흡수통일을 상정하고, 독일 통일 당시 교육 통합의 과정을 독일의 관련 정책 문서 135개를 기반으로 정리했고, 교육 전반의 일반적인 통합 기준과 방법을 정책 측면에서 제시하고 있다. 독일은 1990년 8월 31일, 통일조약 체결 이후 1994년까지 구조적 · 법률적 교육 통합을 거의 완료했는데, 갑작스런 통일 속에서도 빠른 통합이 가능했던 배경에는 다음 세 가지 접근 방법이 효과가 있었던 것으로 알려져 있다. 첫째, 통일조약에서 명시된 바와 같이 동독의 학력과 자격을 존중하는 서독 정부의 자세로, 비록 동독의 학위와 자격증 수준이 유럽연합 기준에 부족해도 최대한 그 가치를 인정함으로서 교육 통합의 혼란을 최소화 할 수 있었다. 둘째, 주정부가 주도하는 독일의 교육체계를 적용하여 새로 편입된 동독의 5개 주가 어느 정도 자율적인 교육개혁 조치를 취할 수 있었던 점이다. 결국 서독의 교육체계와 대동소이한 형태로 귀결되었지만, 주정부에 자율성을 부여한 것은 동독 파워 엘리트들의 협력을 이끌어 내는 데 크게 기여했다. 셋째, 동독의 5개 주정부가 교육개혁을 수행하는 데 서독 지역의 주정부와 상호 결연을 맺어 주정부 간의 협력을 통해 동독의 교육개혁을 수행했다는 점이다. 서독 지역의 주정부는 전문가 파견과 같은 인적 지원, 물적 지원을 활발히 추진했고, 지방 행정부 차원에서도 상호 협력을 강화함으로서 신뢰 관계를 구축할 수 있었다. 동독 교육계에 대한 존중, 자율 부여, 신뢰 구축의 세 가지 기준은 서독의 교육체계가 동독으로 확장하는 과정에서 발생할 수 밖에 없는 법, 제도, 인력, 교육 내용, 교육 방법 변화의 부작용을 최소화했다고 판단된다. 흡수통일의 성격을 가졌던 독일 통일은 동독의 마르크스 - 레닌주의 교육 이념을 해체하고, 서독의 자유민주주의 교육 이념을 이식해야 했는데, 이는 협상 대상이 아니었다. 사회주의적 교육 원리와 편중된 이데올로기 교육 내용을 제거하는 것이 최우선 과제였으며, 이를 시행하는 것은 해당 교육을 담당해 온 교원의 해고 또는 재교육을 의미했다. 이는 독일 통일 후 교육 통합에서 가장 어려웠던 과정으로, 동독 교육계가 불안과 불만을 가졌던 인적 청산을 피할 수 없었다. 동독 지역의 기존 교사들을 모두 그대로 임용한 후, 각 주 별로 전문 능력, 교육 적성, 국가보위부(슈타지) 관련 여부를 기준으로 자격심사를 거쳐 재임용을 결정했고 해고, 재교육, 또는 보수교육을 실시했다. 심사를 받은 교사 인력은 약 21.8만 명이었고, 해고된 인력은 3.7만 명이었다. 해고 사유의 대부분은 전문 능력 부족이었으며, 국가보위부 관련 해고는 해고 인원의 10%정도[13]였다.

통일 후 독일 고등교육 분야의 통합을 살펴보면 서독의 고등교육체계가 동독 대학으로 전수되는 방식으로 진행되었음을 알 수 있다. 먼저 인적 쇄신이 가장 중요한 이슈라고 파악한 독일학술원은 1990년 '구동독 지역 대학구조 개혁위원회 및 교수 초빙에 관한 권고안'을 발표했다. 권고안을 통해 동독 지역 대학의 구조 개혁을 위한 위원회 구성 방식과 주요 과제를 명시하고, 교수 쇄신과 채용에 대한 기준을 권고했다. 1992년 독일학술원이 제출한 '구동독 지역 대학구조 개혁 권고안'에서는 구동독 대학의 문제점과

---

13 강구섭, 2012, "독일 독일통일 후 동서독 교육 통합 사례 연구 - 학제, 교육과정, 교사 재임용 사례를 중심으로", 비교교육연구

구조 개혁의 기본 방향을 제시했다. 중앙집권적인 계획에 입각한 획일화된 교육체계 안에 있었던 동독의 대학은 연구성과를 포함한 모든 면에서 낙후[14] 되어 있었고, 마르크스 - 레닌주의 이념 교육, 군사교육, 스포츠 교육만 비대한, 왜곡된 구조를 갖고 있었다. 교수의 수가 많은 것도 특징이었는데, 1990년 기준으로 동독에는 약 39만 명의 교수가 있었고 서독에는 약 102만 명의 교수가 있었는데, 학생 수를 고려하면 약 2배 정도 많은 수였다. 동독의 대학 혁신은 다음과 같이 권고 되었다. 먼저, 지나치게 많은 대학 수를 줄일 것을 제안했고, 이념 교육 등으로 왜곡된 구조를 변화시키고 탈이념과 서독의 교육과정을 따를 것을 권고했다. 구동독 지역 대학 혁신을 위한 주요 내용은 연구의 강화, 대학 간 및 연구소와의 협력, 단과대학들을 종합대학으로 통합, 경쟁력 있는 전문대학 설립, 지나치게 세분화된 전공 통합, 신규 대학 설립 이전에 기존 대학의 개혁 추진 그리고 전문대학 신규 설립 우선 추진[15] 등이 제시되었다. 이 권고안에 기반해서 구동독 지역의 대학들은 기존 54개 대학에서 14개 종합대학과 공과대학, 10개의 예술대학으로 재편되었고, 이전에 없던 전문대학 26개와 사립대학 4개가 설립되었다. 내부 개혁으로 마르크스 - 레닌주의 관련 기관과 학문 조직이 해산되었고, 관련 학과들에 대한 개편이 진행되었다. 연구 기능이 강화되었으며, 동서독

14 동독 대학들의 현황 조사에 참여한 학술자문위원회 위원장 디터 시몬 교수는 동독의 연구 기관 중에 국제적으로 잘 알려진 곳도 있고, 자연과학과 공학 분야는 훌륭한 성과를 보였으며, 특히 우주공학은 서독의 대학들보다 앞서 있다는 사실을 지적했고, 인문학 사회과학 분야의 학자들을 모두 부정적으로 평가해서는 안 된다고 주장했다. 그러나 그의 의견은 큰 주목을 받지 못했다.

15 동독 지역 5개 주의 대학 개혁에 있어 서독 지역 대학의 문제점을 개선하는 서독 지역과 차별화하는 방식으로 진행하려는 움직임이 있었다. 그 대표적인 사례가 전문대학 확대 우선 정책이다. 서독에서 이미 문제시되고 있었던 대학 교육이 직업 준비에 도움이 되지 못한다는 단점을 방지할 수 있고, 전문대학은 직업 현장과 바로 연결되기 때문에 지역 경제에 즉각적인 도움이 될 수 있을 것이라는 고려를 한 권고였다.

간의 학문 교류가 증가했고, 서구 대학의 특징인 자율성과 학문 활동의 자유가 크게 확대되었다. 고등교육 통합의 가장 큰 문제 역시 교원 평가와 정리해고 문제였다. 학문 능력과 국가보위부 관련 여부가 평가 항목이었고, 국가보위부 관련 인물로 드러난 경우 해고되었다. 대학 교수의 대량 해고는 큰 저항을 초래했고, 동독의 지식인과 과학자를 동독 정부에 동조한 것으로 몰아 많은 학자들을 해고한 것에 대해 부정적인 지적이 많았다. 그러나 이와 같은 인적 청산은 동독의 대학들이 자초한 부분도 크다고 평가된다. 동독 대학들은 독일의 통일 과정에서 아무 역할을 하지 못했다. 신중하고 보수적인 자세를 넘어 역사의 흐름에 반동적인 자세를 취했으며, 자체적인 과거 청산이나 민주적 변혁을 이끌려는 의지가 없었다. 이는 동독 대학의 구성원인 학생, 교수, 학자 모두가 동독 사회에서 선택받은 소수들로 장학금, 직업 선택 등에서 혜택을 받고 있었으며, 이로 인해 체제 순응적인 성격을 갖고 있었기 때문이다.

독일 통일 이후, 고등교육 통합을 주도하는 입장에서는 동독 지역의 대학 구조 조정 속도와 혁신이 충분하지 못하다는 불만이 있었다. 반면, 통합의 대상인 동독의 대학 구성원들은 인적 청산을 서독 출신 학자들이 주도하는 상황과, 새로운 단과대학이나 학과를 설립하는 200명의 창립 교수가 대부분 서독 지역 대학 출신으로 충원되었다는 사실은 대학 통합이 '점령'과 같은 형태로 진행되었다는 불만의 이유가 되었다. 여러 어려움이 있었으나 독일 통일이 30여 년 지난 현재, 독일의 대학 통합은 성공적이었다고 평가된다. 이 성공의 배경은 일부 타협할 수 없는 사항을 제외하고는, 구동독의 대학 교육체계에 대한 존중, 자율적 혁신, 지속적인 교류를 통한 신뢰 구축이었다는 사실이 독일의 교육 통합의 역사가 우리에게 주는 교훈이다. 독일의 연구에 따르면 독일 통일의 성공 이면에는 연방주의에 입각한 분권주의가 동독 지역의 성공적인 체제 전환에 결정적으로 기여했다고 분석된다. 이는 대학 교육 통합에 있어서도 분권적이고 자율적인 접근이 성공의 이유였음을 뒷받침한다.

지금까지 통일과 관련된 우리나라 대학 정책을 일람하고, 통일을 경험한 독일의 대학 통합 과정을 살펴봄으로서, 첫 번째 시나리오와 네 번째 시나리오를 개괄했다. 이 장의 목적이 대학의 미래임을 고려하여, 현황인 첫 번째 시나리오를 기반으로 네 번째 시나리오에서 얻은 교훈을 통해 두 번째 시나리오, 즉 우리나라 대학들이 통일을 준비하고 기여하는 미래의 역할에 대해 살펴보고자 한다. 교육 정책 현황에서 살펴본 바와 같이 통일과 관련된 교육 정책은 통일 교육 강화를 중심으로 진행되었고, 대학은 통일 교육에 기여하는 방향으로 소극적인 역할이 주어져 왔을 뿐, 북한과의 교류 확대와 관계 개선을 통해 실질적으로 통일에 기여하는 정책까지 발전하지 못했다. 그러나 중세 대학이 라틴어를 기반으로 중세 유럽의 보편성과 통일성을 유지하는 근간이었다는 사실을 고려하면, 분단 70년이 되는 남북한 사회의 사상적 보편성을 최대한 회복하고, 의사소통에 문제없는 남한의 한국어와 북한의 조선어를 기반으로 가능한 학문 분야부터 이질성을 극복하는 것이 대학에게 주어진 통일과 관련된 소명이라고 할 수 있다. 동시에 중세 대학이 이런 역할을 담당할 수 있었던 기반이 학생들과 교수에게 부여된 특권이었던 이동하는 자유였다는 역사적 사실을 고려하면, 학생들과 교수들의 남북 간 이동 제한을 완화하고, 대학을 중심으로 인적 교류를 강화하는 것이 남북 간의 보편성과 통일성을 증가시키는 최선의 방법이 될 수 있다.

이와 같은 대학의 역할은 북한 및 통일 교육 전문가를 대상으로 한 남북한 교육 통합 방안 연구에서 도출된 우선 추진 항목들에서도 입증되었다. 학생, 교사, 연구자, 교육기관 등 다양한 인적 교류, 과학, 기술, 체육, 예술 등 학술 문화 분야의 교류, 왕래 활성화, 교육과정 표준화, 제도 호환성 확대를 위한 남북 학술 교류 및 공동 연구[16] 등이 통일을 위해 우선적으로 추진해야 할 사항들이며, 모두 대학의 역할이 필요한 사항들이다. 남북한의 교육 및 학술 교류는 1990년대 중반부터 활발해지기 시작했으며 통일, 한국학, 역사학, 경제학 분야의 학술 교류가 주요 내용이었다. 가시적인 성과를 남긴 학술 교류로는 1995년부터 시작된 '남북해외학자 통일회의'가 정례적으로 진행되었으며, 2000년 이 행사의 내용이 『분단을 넘어 통일을 향해』라는 제목으로 출판되었다. 2005년 시작된 남북의 언어 이질성 극복을 위한 『겨레말큰사전』 편찬 사업과, 2007년 시작된 개성 만월대 발굴 공동 조사도 상당 기간 지속된, 의미 있는 학술 교류 사업이었다. 과학기술 협력은 정부의 연구비 지원으로 슈퍼 옥수수, 인공 씨감자, 북한형 농약 개발, 컴퓨터 교사 양성과 같은 직접적인 남북한 공동 연구와 인력 양성이 진행되었다.

16 한만길, 2014, "남북한 통일실현을 위한 교육의 방향과 과제", 제62차 KEDI 교육 정책포럼

과학기술 협력 중 IT 기술과 관련된 성과도 많았다. 특히 한국어 컴퓨터 처리 국제학술 대회는 남북한의 많은 학자들이 참석한 가운데 1994년, 1995년, 1996년 중국 연길에서 개최되었고, 1999년 3년만에 열린 이 학술 대회에서 2,500여 개의 표제어를 담은『컴퓨터용 통일 사전』이 최종 출판됨으로서 컴퓨터 용어의 이질성 극복이라는 구체적인 성과를 거두기도 했다.

대학들 간의 직접 교류는 1998년 성균관대가 북한의 종합대학인 고려성균관과 협력 방안을 논의했고, 경남대는 김책공업종합대학과 교육 기자재 지원을 논의했으며, 1999년 고려대는 김일성종합대학과 단군에 대한 학술 교류를 진행했다. 6.15 남북공동성명 이후 2000년 192개 4년제 대학 총장들이 한국대학 교육협의회에 '남북 대학 학술 교류협력단'을 설치 운영하기로 결정하기도 했다. 남북공동성명 이후 총학생회, 학과, 동아리 등 학생 차원의 남북 대학 간 교류 추진도 활발히 시도됐다. 이화여대 북한학과가 김일성종합대학 방문 토론회 개최를 했고, 홍익대 총학생회는 평양예술대와 공동 작품 전시회를 추진했고, 부산대는 김일성종합대학과 학술 교류를 위한 실무 회담을 진행했고, 전남대는 김책종합공업대와 학생회 교류 및 학술 교류를 추진하기도 했다. 북한 대학들도 적극적으로 교류를 시도했는데, 원산사범대 학생위원회는 상지대 총학생회에 자매결연 및 강원도 지방 민요에 대한 공동 연구를 제안했다. 장철구평양산업대학 여학생회는 경희대 여학생회에 자매결연을 제의했으며, 원산수산대학, 사리원고려약학대, 김종태해주제1사범대학 등이 남한의 대학들에 자매결연을 제의[17]했다. 2001년 통일 백서에 따르면 1998 - 2000년 사이 68건의 남북한 대학 간 교류가 성사될 만큼 교류의 열기가 뜨거웠다.

미국의 시라큐스 대학은 김책종합공업대학과 2001년부터 교류를 시작해 디지털도서관 기술 지원, 북한 학생들의 미국 프로그램 경시대회(ACM - ICPC) 출전 지원, 교수진 연수 프로그램 등, 다양한 과학 학술 협력 사업을 진행하기도 했다. 2000년대 가장 성공적인 대학 주도 학술 교류 사업은 포항공대와 평양정보센터의 협력 사업이었다. 2001년 가상현실 분야 공동 연구 합의서를 체결하고, 포항공대 컴퓨터공학과 연구진과 평양정보센터의 CAD 소프트웨어 개발진이 평양과 단동을 오가며 가상건물모델링 소프트웨어 '건설'을 개발했다. 실질적인 성과물을 만들어 낸 이 협력 관계를 기반으로 포항공대는 김책종합공업대학과 함께 2006년 평양에서 '민족과학기술학술 대회'를 개최했다. 350명의 남북한 연구자 및 해외 동포 연구자들이 참여한 이 행사는 정보 기술(IT), 생명공학(BT), 나노기술(NT), 환경공학(ET)의 4개 분야에 대해 연구 발표가 진행되었다. 그 밖에 대학 간의 다양하고 활발한 교류 협력이 있었으나, 단순한 일회성 인적 접촉으로 끝나는 경우가 대부분이었고 정기적인 모임으로 발전하거나 구체적이고 가시적인 성과가 나온 경우는 매우 적었다. 이는 북한의 예측 불가능한 태도가 가장 큰 원인이었지만, 우리 대학들이 북한 대학과의 교류를 과시성 행사로 생

17 통일뉴스, 2000.9.29, "남북 대학 자매결연 새삼 관심"

각한 것도 주요한 이유였다고 판단된다. 그래도 활발히 전개되던 남북 대학 간 교류는 이명박 정부가 집권한 2007년부터 냉각되었다. 이후 2010년 천안함 폭침 사건으로 남북 교역을 중단하는 5.24 조치가 시행됨으로서 모든 협력이 중지되었다.

2018년 이후 남북 관계가 개선되면서 일부 대학들이 다시 교류를 준비하고 있다. 2019년 통일 교육 선도 대학으로 선정된 강원대와 한동대가 평양과학기술대학 교수진들과 가시적인 협력 관계를 맺기 위해 노력하고 있다. 강원대는 북한을 방문해 농업기술, 산림, 축산 분야의 교류 협력을 합의했고 교수진 교류, 실험 실습 지원 등을 함께 추진할 계획이다. 한동대는 평양과학기술대학과 식량 보건 분야의 지원과 교수 파견, DMZ 공동 연구 센터 설립 등을 추진하고 있으며, 양 대학 교수진이 워크샵을 진행하기도 했다. 북한의 유일한 사립대학으로 알려진 평양과학기술대학은 남북 대학 간의 교류에 큰 역할을 하고 있다. 한국의 기독교단체인 동북아교육문화협력재단이 연변과학기술대학 설립 경험을 바탕으로, 북한 교육성과 2002년 공동 설립한 평양과학기술대학이 2010년 마침내 개교했다. 학생 선발과 관리는 북한이, 재정 지원과 학사 운영은 재단 측이 맡고 있다. 평양과학기술대학에는 매년 150여 명의 학생들이, 특히 북한에서 최고 엘리트들이 입학하는 것으로 알려져 있다. 해외 여러 국가의 시민권자들로 구성된 100여 명의 교수들이 무보수 자원봉사로 가르쳐 왔으며, 모든 강의는 영어로 진행된다. 미국과 캐나다 동포들의 기부금이 운영에 큰 도움을 주고 있고, 미주 동포 학자들이 교수로 참여해 왔는데 2019년 현재, 미국의 대북제재로 미국 시민권자들의 북한 방문과 미주 동포들의 송금이 금지되어 어려운 시간을 겪고 있다. 한동대, 강원대 이외에도 평양과학기술대학 설립에 기여한 포항공대 그리고 카이스트, 건국대, 서울시립대가 교류 협약을 맺고 있다. 2018년 이후 남북 관계가 개선되면서, 북한 지역에 뿌리를 두고 있는 대학들이 평양과학기술대학의 모델을 기반으로 북한 캠퍼스를 설립하려는 노력도 재개되고 있다. 1897년 평양에 설립된 숭실학당이 모체인 숭실대, 1906년 평양 순안에 설립된 의명학교가 모체인 삼육대가 매우 적극적으로 준비하고 있으며, 1997년 평양에 분교를 설립하려 했던 이화여대도 주목할 만하다.

우리나라 대학들이 통일을 준비하는 인적 교류의 중요 거점 역할을 하는데 있어 고려해야 할 사항은 다음과 같다. 첫째, 대학이 독립적으로 주도하는 다양한 방식의 교류를 추진하는 것이 바람직하다. 독일의 성공 사례와 같이 정부 개입을 최소화하고, 민간 주도의 인적 교류를 통해 신뢰 관계를 구축하는 것이 최선의 방식이다. 교류를 위한 교류가 아니라, 성과 도출이 가능한 구체적인 과제를 중심으로 지속성을 담보하는 것도 중요하다. 『겨레말큰사전』 편찬 사업, 개성 만월대 공동 발굴 조사와 같은 언어, 역사 등 인문학적인 주제와, 남북한에 상호 도움이 되는 과학기술 연구 과제를 남북한 대학이 공동 추진하는 것도 고려할 만하다. 최근 이슈가 되고 있는 미세먼지 관련 연구, 백두산 화산 조사 및 대응 시나리오 연구 등 이념 중립적인 연구들이 그 사례이다. 둘째, 과거 남북 간의 학술 협력 시 연변과 중국 등 제3국에서 교류 협력을 시도했는데, 이는 남북한 당사자들의 직접 교류가 아닌 까닭에 교류 준비와 교류 지속에 어려움을 겪었다. 조선족 또는 제

3국 학자들의 중립적인 입장이 긍정적인 기능도 제공했지만, 남북한 대학 간의 직접적인 교류를 강화하는게 바람직하다고 판단된다. 평양과학기술 대학의 사례와 같이 간접적인 방식이라도 그 수혜 지역은 제3국이 아닌 북한 지역 또는 접경 지역이 되어야 한다. 셋째, 앞서 언급한 대학의 위기에 대응하는 방법으로 남북한의 학술 교류를 지원해 보는 것도 고려할 만하다. 2000년 6.15 남북공동성명 이후와 비교하면, 2018년 3차례나 열린 남북 정상회담 이후에도 우리나라 대학들은 북한 대학과 접촉에 적극적이지 않았다. 여러 원인이 있겠지만 현재 대학에게 닥쳐오는 생존경쟁 속에서 북한과의 협력을 중요 변수로 고려하지 않기 때문이다. 이런 상황 속에서 미래 지향적인 통일 관련 과제를 정부가 추진하는 것은 위기의 대학과 관련 인력에게 새로운 기회를 제공한다는 의미가 있다. 예를 들면, 전 세계 한민족을 대상으로 한민족 대학을 접경 지역에 새로 설립하고, 이념 중립적인 분야에 대해 온라인 강좌로 구성된 학위 과정을 북한과 협력하여 설립하는 방안, 개성공단의 모델을 준용한 연구 센터를 접경 지역에 설립해서 남북한 연구원들이 과제 중심으로 모여 연구 활동을 진행하는 실질적 공간을 만들어 보는 방안 등이 가능하다.

1.3 4차 산업혁명 – 과학기술과 산업의 변화

세계에서 가장 우수한 대학으로 손꼽히는 옥스포드 대학과 케임브리지 대학은 18세기와 19세기 초반, 급격한 산업화와 국민국가의 도래라는 인류사적 전환기에 대응하지 못하고, 고전 교양 교육과 성직자 배출이라는 중세적 역할에 집착하며 '구시대의 유물'이라는 오명을 듣기도 했다. 런던 대학과 스코틀랜드의 대학들에게 실용 학문의 권위를 모두 빼앗겼다가, 19세기 말, 정부의 개입과 적극적인 행정적 재정적 지원 그리고 내부의 혁신을 통해 20세기 최고의 대학으로 재도약할 수 있었다. 19세기 미국 정부의 고등교육 혁신 사업이었던 '모릴 법안'은 미국의 주요 산업이었던 농업과 공업에 필요한 인력 수급을 목적으로 입안되었으며, 미국의 모든 주가 적어도 하나의 공립대학을 설립할 수 있는 법적 재정적 기반이 되었다. 이것은 자유 교양 대학 일색이던 미국의 대학들이 산업화에 필요한 고급 인력을 양성하지 못하고 있다는 실용적인 비판을 수용한 정부 주도의 혁신이었다. 하버드 대학은 19세기 중반까지 영국의 주요 대학을 흉내 내며, 고전 교양 교육과 성직자 배출에 매몰되어 시대적 변화에 대응하지 못하고 있었다. 성직자 출신 총장들에 의해 구시대적 모습을 견지하던 하버드 대학은 찰스 엘리엇 총장이 취임하며, 교양 교육, 전문직업교육, 연구를 통합한 새로운 대학 교육 모델을 제안하고 실현함으로서, 사회적으로 존경받고 신뢰받는 미국 대학의 원형을 만들게 되었다. 앞서 살펴본 바와 같이 19세기는 산업혁명으로 인한 산업구조의 변화와 국가 권력 구조의 변화가 진행되는 격변의 시대였으며, 대학 역시 그 역할을 새롭게 정립하는 시기였다. 21세기 현재, '4차 산업혁명'이라 표현되는 인류사적 전환기가 진행 중이다. 과학기술 발전이 촉발한 산업, 경제, 사회, 정치적 변화에 조응하는 방향으로 대학의 기능과 역할을 혁신해야 할 것이다. 이를 위해 4차 산업혁명으로 통칭되는 변화에 대한 이해와 대학의 미래 역할에 대한 분석이 필요하다.

'4차 산업혁명'이라는 용어를 만든 것은 클라우스 슈밥이다. 그는 제네바 대학의 경영정책과 교수로 재직하면서, 유럽의 경영자들을 모아 미국 기업을 학습하는 유럽경영포럼을 1971년 설립했다. 스위스 다보스에서 매년 개최했던 유럽경영포럼 총회가 인기를 끌면서, 미국 및 아시아 지역 참석자가 늘게 되었고, 1987년 그 명칭이 세계경제포럼(WEF: World Economic Forum)으로 바뀌게 되었다. 개최 장소의 이름을 딴 '다보스' 포럼으로 불리는 이 모임은 전 세계의 정계, 재계, 학계, 언론계 주요 인사 수천 명이 모여 해당 연도의 주제에 대해서 발표하고 논의하는 자리이다. 초기에는 기업 전략이나 조직 운영과 같은 경영 관련 주제로 연사들의 강연을 듣고 토론하던 형식이었으나, 정치인들이 참석하기 시작하고 국제 문제를 논의하는 자리가 되면서 위상이 크게 높아졌다. 특히 1988년 전쟁 위기까지 치달은 그리스와 터키의 정상이 다보스 포럼에 참석하여 평화 협상을 진행하고 '다보스 선언'으로 분쟁을 해결하면서 국제적인 명성을 얻게 되었다. 1989년에는 다보스 포럼 기간 동안 남북한 장관급 회담이 열리기도 했다. 2000년에는 빌 클린턴 대통령이 현직 미국 대통령으로 처음 참석하기는 등, 주요 국가들의 정상까지 참여하는 세계 최고의 권위를 갖는 포럼이 되었다. 다보스 포럼은 글로벌 의제를 선점해서 제시하고, 이를 이슈화하는 데 비상한 능력을 보여 왔다. 2008년 글로벌 금융 위기 이후에는 세계 경제 재건과 방향이 주요 의제였으나, 2016년의 주제는 기술의 발전과 그 영향을 강조한 '4차 산업혁명의 이해'였다. 이를 통해 '4차 산업혁명'이라는 새로운 용어가 국제 사회에 선보이게 되었다. 4차 산업혁명은 우리나라에 큰 반향을 불러일으켰으며, 기술 발전이 가져올 미래 사회의 변화를 통칭하는 용어로 자리 잡게 되었다.

1차 산업혁명은 석탄을 생산에 활용되는 에너지원으로 사용하기 시작했으며, 증기기관으로 대표되는 생산의 기계화가 시작되었다. 2차 산업혁명은 전기를 이용한 대량생산의 길을 열었다. 표준화와 분업화로 요약되는 포드 자동차의 생산방식을 지칭하는 포디즘(Fordism)이 2차 산업혁명의 대표적인 결실이었다. 디지털 혁명이라고 불리는 3차 산업혁명은 정보 기술을 통해 생산을 자동화했다. 자동화된 생산 라인이 설치된 자동차, 전자제품 생산이 예이며, 정해진 품목을 대량생산하는 생산 체계가 가능하게 되었다. 도요타 자동차가 1년에 1000만 대의 자동차를 생산하고, 삼성전자가 매년 수십억 개의 메모리 반도체를 생산해 낼 수 있는 기반이 되었다. 슈밥은 4차 산업혁명은 현재 진행되고 있으며, 3차 산업혁명의 토대 위에 현실 세계, 인간과 생물, 정보 기술이 그 경계를 허무는 기술적 융합이 특징이며, 독립적으로 발전해 온 기술인 사물 인터넷(IOT), 인공지능, 데이터 과학, 클라우드 컴퓨팅, 로봇공학, 나노기술, 3D 프린팅, 생명공학 등이 융합하고 상호작용을 일으켜 새로운 제품, 생산방식, 품질, 가격이라는 생산의 모든 측면에 일대 변혁을 일으키고 있다고 주장했다. 그는 독일의 Industry 4.0 에서 힌트를 얻어, 4차 산업혁명을 주장한 것으로 알려져 있다. 독일은 자국의 강점인 제조업의 혁신을 위해 2012년 '하이테크전략 2020'을 수립했다. 독일의 주요 기업들이 참여한 이 전략에서 Industry 1.0은 1차 산업혁명에 대응하는 제조업의 기계화, Industry 2.0은 2차 산업혁명에 대응하는 전기를 이용한 대량생산, Industry 3.0은 3차 산업혁명에 대응하는 정보 기술을 이용한 자동화를 지칭한다. Industry 4.0은 사물 인터넷, 인공지능, 클라우드 컴퓨팅, 빅데이터 기술, 가상현실/증강현실, 로보틱스 기술이 통합된 생산 시스템인 사이버물리시스템(Cyber - Physical System)을 통해 사이버 세계와 현실 세계가 연결되고, 생산 기기와 생산 제품이 정보를 교환하며 생산 과정이 최적화되고, 자율적이고 지능화된 방식으로 생산이 이루어지는 새로운 생산 체계를 지칭했다. Industry 3.0이 소품종 대량생산에 적합한 자동화 공장이라면, Industry 4.0은 위에서 언급한 기술 통합으로 다품종 소량생산이 가능하다는 점에서 차별성이 있다. 슈밥은 Industry 4.0을 4차 산업혁명으로 그 개념을 확장했고, 이 변화가 산업 분야에 그치는 것이 아니라 인간의 삶 전반에 영향을 미칠 것이라고 주장했다.

슈밥은 4차 산업혁명이 3차 산업혁명의 연장이 아니라 완전히 구별되는 변화라고 주장했다. 변화의 속도가 전례 없이 빠르게 진행되고 있고, 기술 융합이 거의 모든 산업에 적용되고 있으며, 이 변화가 생산, 제어, 유지, 관리를 포함한 전체 생산 체계를 혁신할 것이라는 점에서 3차 산업혁명과는 차별된다고 주장[18]했다. 그의 주장을 뒷받침할 만한 다양한 사례들이 보고되고 있다. 사물 인터넷과 센서 기술, 인공지능, 데이터 과학, 클라우드 컴퓨팅, 로보틱스 기술 등이 융합된 자율 주행 자동차, 무인 항공기인 드론이 그 대표적인 제품들이다. 이와 같이 여러 기술이 융합된 새로운 상품들은 전통적인 산업의 경계를 허물고 있다. 전기 자동차 제작 회사인 테슬라는 이동 수단인 자동차를

18 클라우스 슈밥 외, 『4차 산업혁명의 충격』

만든다는 점에서 자동차 업체이지만, 동시에 모터와 배터리를 핵심 부품으로 한다는 점에서 전기 장비 업체이며, 자동차 운영 체계를 개발한 소프트웨어 업체이기도 하다. 또한 개별 자동차에 부착된 사물 인터넷을 통해 측정한 데이터를 클라우드에 저장하고 분석한다는 점에서는 데이터 분석 업체이고, 자율 주행 기술 개발 업체이기도 하다. 미국을 대표하는 제조업체로, 터빈과 같은 전력 생산 장비, 항공기 엔진, MRI와 같은 의료 영상 장비, 운송 장비를 만드는 회사인 GE의 변신은 더욱 흥미롭다. GE의 제프리 이멜트 회장은 2015년 9월 소프트웨어 회사로 변신을 선언했다. 이후 GE에서 생산한 발전 터빈과 항공 엔진에 사물 인터넷이 부착되었고, 이렇게 연결된 모든 장비들은 PREDIX라고 불리는 플랫폼으로 측정된 정보를 송신한다. PREDIX는 인공지능기술과 디지털 트윈이라고 불리는 3차원 가상현실 모델을 기반으로 판매된 개별 제품을 관리하고, 측정된 데이터를 인공지능으로 분석하여 선제적으로 문제점을 파악해, 고객 기업의 담당자에게 관리 방향을 안내하고 있다. GE는 이 서비스를 통해 항공기 지연과 출발 취소를 줄이고 있으며, 발전소의 기계 고장, 의료 장비, 운송 장비의 고장을 줄이고 효율을 향상시켜 고객들이 수익을 늘리는 데 기여하고 있다. GE는 이 서비스를 고객 기업에 판매하고 있으며, 그 매출이 제조 부문 전체 매출의 75%[19]에 달하고 있다. GE는 이제 제조업체가 아니라 장비 유지 관리 서비스 업체라고 보는 것이 적절한 상황이 되었다. 스마트 홈 사업에 진입하려는 구글은 디지털 온도계 제조업체인 네스트를 인수했는데, 네스트의 온도계와 구글의 클라우드를 연결해 개별 가정의

19 이호근, 『성당에서 시장으로: 4차 산업혁명과 디지털 트랜스포메이션』

에너지 소비 정보를 실시간으로 수집하고 있다. 이렇게 수집된 빅데이터를 분석해 전력회사에 최적 에너지 생산을 위한 수요 예측 정보를 제공하고, 개별 가정의 에너지 절약을 유도하는 서비스를 준비하고 있다. 기존 디지털 온도계 분야의 강자인 허니웰은 구글을 새로운 경쟁자로 맞게 되었다. 구글 역시 에너지 정보 서비스 업체가 된 것이다. 이 서비스가 추가적인 사물 인터넷 센서들과 통합되면 구글은 에너지 분야를 넘어 안전, 건강, 보안 등을 통합하는 스마트 홈 서비스 업체가 될 것이다. 이 밖에도 기존 산업의 경계를 파괴하고, 기술 융합을 통해 상품 생산과 소비 방식이 빠르게 변화하고 있는 수많은 사례들이 있다.

콘텐츠 산업은 영역 붕괴가 두드러진 분야이다. 과거 개인 컴퓨터 제조업체였던 애플은 애플뮤직으로 디지털 음원 시장을 장악했다. 이 과정에서 음반업계의 상징과 같았던 타워레코드를 무너뜨렸다. 우리나라에서도 디지털 음원 시장은 메신저 플랫폼 업체인 카카오가 소유한 멜론과 이동통신회사인 KT가 소유한 지니뮤직, 네이버가 소유한 NHN벅스가 경쟁하고 있다. 음반업계라는 전통적인 산업 분야가 영역 융합의 트랜드 속에서 사라진 셈이다. 1997년 온라인 DVD 대여업으로 시작한 넷플릭스는 2007년 비디오 온라인 스트리밍 회사로 탈바꿈했으며, 전통적인 비디오 대여 업체였던 블록버스터를 무너뜨리고, 2013년부터는 자체 콘텐츠를 제작해 전통적인 미디어 업체들과 경쟁하고 있다. 넷플릭스의 성공 요인 중 하나는 '시네매치'라는 영화 추천 시스템이다. 시네매치는 넷플릭스 사용자들의 영화 선택 빅데이터와 영화의 정보, 인공지능을 이용해 개별 사용자에게 좋아할 만한 영화를 추천해 주는 서비스로, 넥플릭스 사용자의 80%가 사용[20]하고 있다. 구글이 소유한 유튜브는 영상 콘텐츠 생산자와 소비자의 경계를 허물었으며, 이제는 개인이 제작한 콘텐츠를 유튜브를 통해 유통하고 수익을 만들어 내는 새로운 영상 콘텐츠 산업 구조가 생겨났다. 이런 영역 붕괴에 위기감을 느낀 미디어 업체들은 다양한 합종연횡과 영역을 파괴하는 새로운 비즈니스 구조로 대응하고 있다. 통신 기업인 AT&T는 타임워너와 합병해 타임워너의 영상 콘텐츠를 AT&T 네트워크를 통해 제공하고 있으며, 영상 콘텐츠 산업의 강자들인 디즈니와 21세기폭스사가 합병하여, 새로운 영상 스트리밍 서비스를 제공하고 있다.

소매업의 영역 붕괴는 일반인들이 더욱 쉽게 체감할 수 있다. 인터넷 상거래 업체였던 아마존과 알리바바는 보더스와 같은 대형 서점, 토이즈러스와 같은 완구 소매점, 서킷시티와 같은 가전제품 판매점, 시어스와 같은 백화점을 차례로 무너뜨리며 소매업의 전통적인 영역을 붕괴시켰다. 4차 산업혁명을 통한 기술 융합은 전통 소매업의 변화를 더욱 가속시키고 있다. 아마존고(Amazon GO)와 알리바바의 타오카페(Tao Café)는 영상 정보와 인공지능 기술을 이용해 앱을 설치한 고객의 위치와 고객이 선택한 물건을 자동으로 인식하고, 휴대폰 결재 정보를 인식해 자동으로 구매를 완료하는, 계산대가 필요 없는 편의점이다. 재고와 판매된 상품을 실시간으로 파악하여, 상품 주문과 같은 매장 관리도 사람의 관여없이 자동으로 수행한다. 아울러 판매 경향을 인공지능으로 예측하며 최적의 상품 재고를 유지

20 위의 같은 책

할 수 있다. 현재는 소규모 편의점에 국한되어 있지만, 향후 대형 식료품 판매점, 주유소 등으로 그 범위가 확대될 것으로 예상된다. 우리가 자주 방문하는 편의점, 식료품 판매점, 주유소와 같은 유통 소매업도 4차 산업혁명의 격랑 속에서 그 모습이 크게 바뀌고 있다.

4차 산업혁명의 변화가 중요한 이유는 이 변화가 단지 산업에만 적용되는 것이 아니라 경제, 사회, 정치를 넘어 인간의 삶의 방식을 변화시킬 것이기 때문이다. 4차 산업혁명의 두 개의 키워드는 연결(Connected)과 지능화(Smart)이다. 인간, 사물, 공간이 모두 연결되고, 생산 체계를 포함한 사물과 우리가 살고 있는 도시 공간이 지능화되면서, 인간이 사는 방식에 변화가 시작된 것이다. 아마존고와 같은 편의점에서는 더 이상 계산대에서 줄을 설 필요가 없고, 신용카드나 현금을 갖고 다닐 필요도 없게 되는 일상의 작은 변화로부터 레벨-5[21] 자율 주행 자동차가 보편화될 멀지 않은 미래에는 자동차 소유에 대한 인식의 변화와 삶의 방식에도 큰 변화가 일어날 것이다. 고속도로에 레벨-5 자율 주행 자동차만 운행한다면, 차량간의 간격인 헤드웨이의 감소로 기존 도로의 용량 증설 없이도 정체 없는 고속도로 운영이 가능할 것이다. 직접 운전하지 않는 자동차는 개인의 사적 공간으로 더욱 고급화되거나, 자동차를 더 이상 소유하지 않고 공유하는 두 가지 양극단의 방향으로 분화될 가능성이 높다. 소유하는 자동차가 줄어든다면, 전체 자동차 수의 감소를 기대할 수 있으며, 자동차 도로를 중심으로 구조

---

21 미국자동차공학회가 자율 주행 기술 수준을 분류하는 등급은 레벨-0 에서 레벨-5까지 있다. 이중 레벨-5는 완벽한 무인 자동차로, 운전자의 개입이 전혀 필요하지 않은 자율 주행 자동차이다.

화된 사회기반시설의 전면적인 변혁도 가능할 것이다.

GE의 PREDEX가 항공 엔진, 발전 터빈의 상태를 모니터링하고 선제적 수리를 제안하듯이, 인간의 생태 정보를 인공지능과 연결시켜 건강 상태를 실시간으로 모니터링하는 '스마트 헬스' 서비스들이 개발되고 있다. 2014년 미국 식약청(FDA)이 인증한 카디오멤스라는 장치는 심장병 환자의 폐동맥에 삽입해서 혈압을 측정하고 이 정보를 무선통신으로 주치의에게 전달해 환자의 심장 상태를 모니터링하고, 선제적으로 약물을 조절하거나 적절한 시술을 시행해서 심장마비와 같은 응급 상황을 감소시키고 있다. 메드트로닉의 연속혈당측정기는 당뇨병 환자의 몸에 부착된 센서를 통해 5분 간격으로 혈당을 측정하고, 혈당 수치가 위험 범위에 도달하면 의사와 환자에게 알려 적절한 치료가 가능하도록 설계되었다. 사람의 몸 대신 거주 공간의 여러 상황을 CCTV와 같은 센서를 통해 측정하고, 사물 인터넷 기술을 이용해 공유하며, 이렇게 구축된 빅데이터를 클라우드에 저장하고 인공지능으로 분석하여, 자율적인 의사 결정을 통해 거주 공간을 최적화하는 '스마트 홈'이라는 이름으로 다양한 서비스가 거주의 편의를 증진시키고 있다. 사람의 움직임이 감지되지 않으면 자동적으로 조명을 끄는 것과 같은 단순한 서비스부터, 거주민의 생활 패턴을 분석해 에너지를 절약하면서 쾌적한 실내 온도를 유지하거나, 비정상적인 움직임이 감지되었을 때에는 자동으로 보안업체에 연락을 취하는 것과 같이 데이터와 인공지능 기술을 활용한 높은 수준의 서비스도 개발되고 있다. 독일의 항구인 함부르크는 시스코와 협력해 Port Monitor라는 모니터링 시스템을 구축하고, 사물 인터넷을 통한 실시간 정보 공유를 통해 도개교 개폐 시간을 최적화한다. 또한 수질·습도·온도·풍향 등의 해상 정보 공유 시스템을 갖추어 원활한 선박 흐름을 제공하고 있다. 유사한 방식으로 기존의 시설물을 '스마트'하게 만든 사례들로, '스마트 가로등', '스마트 주차', '스마트 쓰레기통', '스마트 로드' 등 수많은 사례가 있다. 전체 도시 공간 안에서 도시민을 위한 다양한 '스마트' 서비스들이 제공되고, 자율적으로 운영되는 도시를 '스마트 시티'라고 한다. 시민의 편의, 안전, 건강, 환경을 제고하고, 도시 운영에 소모되는 에너지와 자원 사용을 최적화하는, 이 미래 도시는 4차 산업혁명 기술에 기반한 새로운 서비스를 통해 도시민의 삶의 방식을 변화시키고, 그 수준을 향상시킬 것이다.

'스마트 헬스', '스마트 카', '스마트 홈', '스마트 로드', '스마트 항구', '스마트 시티'에서 반복적으로 언급된 '지능화(Smart)'와 관계있는 개별 기술은 인공지능(AI: Artificial Intelligence)이다. '지능(Intelligence)'이라는 멋진 이름으로 포장되어 있지만 실상은 유사한 패턴을 찾는 기술이다. 1957년 인간의 뉴우런을 모방한 퍼셉트론(Perceptron)이 개발되고 컴퓨터가 사람의 인지능력을 모방할 수 있을 것이라는 장미빛 기대가 시작되었다. 1986년 퍼셉트론 계층을 2개 이상 쌓아서 만든 다층 퍼셉트론(Mutli - Layer Perceptron)을 학습시키면 이전에 불가능했던 복잡한 학습도 가능하다는 희망을 갖게 되었고 1990년대 초반, 인공지능은 수많은 관련 논문들이 발표되는 미래의 학문으로 인식되었다. 그러나 다층 퍼셉트론 방식으로는 인간의 인지능력에 가까워질 수 없다는 한계가 속속 확인되었고, 인공지능 분야는 연구비도 지원이 제한되는 '인공지능의 겨울(AI Winter)'이라는 혹독한 시간을 보내게 되었다.

그러나 이 기간 동안 인공지능은 지속적으로 발전해서 1997년 IBM 딥블루가 체스 세계챔피언을 눌렀고, 2011년 IBM 왓슨이 미국의 인기 TV 프로그램인 'Jeopardy'의 문장 맞추기 게임에서 인간을 압도하며 화제를 불러 일으키기도 했다. 인공지능이 부활하게 된 결정적인 변곡점은 2012년 ImageNet 영상인식 경연대회에 참여했던 토론토 대학의 제프리 힌튼 교수 연구팀이 AlexNet 이라는 솔루션으로 영상인식 정확도를 획기적으로 개선한 연구 결과를 발표한 시점이다. 2009년 구축된 ImageNet은 약 1,400만 장의 사진으로 구성된 데이터로 각 사진이 무엇을 찍었는지, 예를 들면 고양이 사진인지, 코끼리 사진인지 레이블이 되어 있어, 인공지능 솔루션의 평가 데이터로 사용되어 왔다. 힌튼 교수 연구팀은 기존의 75% 수준의 분류 정확도를 84% 수준으로 비약적으로 증가시켰다. 이를 가능하게 했던 기술이 기존의 퍼셉트론 층을 더 깊게 쌓고, 이때 발생하는 몇 가지 문제점을 해결한 딥러닝의 한 방식인 합성신경망(Convolution Neural Network)이었다. 이 혁신은 인공지능 분야뿐 아니라, 모든 컴퓨터과학 분야의 관심을 이끌었고, 딥러닝으로 대표되는 인공지능은 컴퓨터과학의 분야를 넘어 데이터에 기반한 분류, 추정과 관계된 거의 모든 문제에 적용되는 시대에 접어들게 되었다. 영상 인식 문제는 2015년 마이크로소프트의 ResNet이 ImageNet 분류 경쟁에서 96.4%를 달성함으로서, 인간의 평균 정확도인 94.9%를 뛰어넘게 되었다. ResNet은 128개의 계층을 갖고 있었으며, 계층이 깊어지면서 더욱 향상된 딥러닝의 성능을 보여 준 대표적 사례이다. 인공지능은 그 역사에서 알 수 있듯이 2012년에 갑작스럽게 세상에 나타난 기술이 아니라 60여 년의 역사를 갖고 있으며, 오랜 기간 다양한 시도를 통해 그 기능이 향상되어 온 기술 분야이다. 2012년의 혁신은 인공지능 그 자체의 발전뿐 아니라, 컴퓨터과학의 전반적인 진보가 상호작용을 일으켜 만들어 낸 종합적인 결과였다. 퍼셉트론 계층이 깊어질수록 더 복잡한 패턴을 학습시킬 수 있다는, 인공지능 분야의 이론적 발전과 다양한 패턴을 충분히 제공할 수 있는 ImageNet과 같은 빅데이터 구축과 공유 그리고 수많은 패턴을 학습하는 데 필요한 대규모 연산 능력을 클라우드 컴퓨팅 기술이 제공하면서, 인공지능 기술이 꽃 피우게 된 것이다. 인공지능은 유사한 패턴을 찾는 기술이므로, 충분한 패턴을 제공하는 데이터를 학습 과정에서 사용했는지 여부가 성능 차이를 결정짓는 핵심 요인이다. 학습 과정에서 사용되지 않은 사례가 나타나면 인공지능은 기대한 역할을 해내지 못한다. 예를 들면 인공지능이 사용되는 자율 주행 자동차는 인공지능 학습 자료에 없었던 상황이 발생하는 경우 사고가 나는 것이다. 결국 인공지능 기술의 승부는 현실 세계를 반영하는 데이터를 얼마나 많이 갖고 있느냐의 싸움이다.

인공지능 기술은 반복적인 패턴이 있고 충분한 데이터를 확보할 수 있는 업무에는 인간의 능력에 버금가는 정확도를 보이고 있으며, 무엇보다 그 정확도가 일관되다는 점에서 평균적인 인간의 능력을 상회한다. 이런 인공지능 기술의 특성을 반영하여, 명확하게 정의되는 좁은 분야의 문제에 대해 충분한 데이터로 훈련된 인공지능(Narrow AI)이 인간의 역할을 대체하고 있다. 주차장의 번호판 인식은 가장 쉽게 볼 수 있는 영상 인식 인공지능 활용 사례이다. 이와 같이 반복적인 패턴을 특징으로 하는 언어 처리는 인공지능이 인간의 능력을 대신할 수 있는 유력한 분야이다. 단순한 질의응답은 질문의 패턴을 분석하여, 자동으로 응답하는 챗봇(Chatbot)이 사람을 대신하고 있다. 대리점 없이 전화로 대부분의 업무를 수행하는 미국 보험회사 가이코는 '케이트'라는 이름의 챗봇을 개발해 상담원의 업무 중 단순한 질의응답과 보험 계약자의 단순한 요청을 처리하고 있다. 다양한 예약 업무처럼 과거 전화 상담원이 수행했던 업무에서도 인공지능 기반의 가상 상담원이 점점 더 많은 역할을 담당하고 있다.

잘 정의된 좁은 분야의 언어 인식을 넘어 범용 언어 인식은 주요 IT 기업의 핵심 사업이 되고 있다. 현재 인공지능 스피커로 알려진 구글 어시스턴트(Google Assistant)와 아마존의 알렉사(Amazon Alexa)가 언어 처리 분야를 주도하고 있는데, 오늘의 날씨와 같은 간단한 질문부터 위키피디아에서 찾을 수 있는 학문적인 질문까지 답변하는 수준에 도달해 있다. 구글과 아마존이 집중하는 자연어 처리 인공지능은 인간과 컴퓨터간의 소통을 장악한다는 큰 의미를 갖고 있다. 2019년 라스베가스 가전박람회를 보면, 이미 많은 가전업체가 구글 어시스턴트 또는 아마존 알렉사를 이용한 가전제품 사용법을 제공하고 있다. 인공지능 언어 처리의 가장 큰 도전은 실시간 통역이다. 인공지능이 패턴을 찾는 기술임을 고려하면 번역 사례가 충분이 많은 언어 간의 번역부터 그 정확도가 개선되고 있다. 예를 들면 영어와 일본어 간의 번역 정확도가, 영어와 한국어 간의 번역 정확도보다 우수하다. 문장 단위의 통역은 이미 사용 가능한 앱이 나와 있으며, 문장을 끊지 않는 동시통역 솔루션도, 아직 그 수준은 높지 않으나, 이미 시장에 나와 있다. 인공지능 기반 동시통역 기술이 인간의 동시통역 수준까지 향상된다면, 대학은 더욱 큰 변화에 직면할 것이다. 고등교육에서 언어의 장벽이 제거될 것이며, 관세가 없는 자유무역시장처럼 전 세계 대학 간의 열린 경쟁이 시작될 것이기 때문이다.

4차 산업혁명의 두 번째 키워드는 '연결'이다. 현재 인간과 인간, 사물과 사물, 인간과 사물의 연결이 가속되고 있다. IT 컨설팅 회사인 가트너는 사물 인터넷 수가 2015년 약 49억 개에서 2020년 약 208억 개로 확대될 것으로 예측했다. 특히 냉장고, 세탁기, TV와 같은 생활 가전들의 연결이 급증할 것으로 예상했다. 사물 인터넷 기술로 연결된 수백억 개의 제품들이 서로 연결되고 있으며, 이는 앞서 언급한 '스마트' 서비스의 기반을 이루고 있다. 사물 간의 연결만큼, 모바일 기기로 연결되는 수십억의 인구도 정치 · 사회 · 경제 변화의 새로운 기반이 되고 있다. 연결을 통해 시민들은 정치 활동을 더욱 쉽게 조직화하고, 자신의 의견을 더 쉽게 전파할 수 있으며, 정부 업무에 쉽게 관여할 수 있게 되었다. 지식, 사상, 정보, 사건이 연결을 통해 순식간에 수천, 수만, 수억 명에게 거의 실시간으로 전달되고 있다. 권력을 통한 정보의 독점과 왜곡이 어려워졌고, 정보의 비대칭성이 감소하고 점차 평평한 사회가 되고 있다. 이러한 변화에 맞추어 정부는 조직 구조와 업무 과정을 투명하고 효율적으로 개선하는 방향으로 변신해야 한다. 급격히 변화하는 세상에 빠르게 적응하는 능력을 보여 줄 때, 국민이 부여한 권력을 유지하는 것이 가능할 것이다.

'연결'은 경제적인 측면에서도 큰 의미를 갖고 있다. 1995년 노벨 경제학상을 수상한 로버트 루카스와 2018년 노벨 경제학상을 수상한 폴 로모는 한 국가의 경제성장은 지식과 인적 자본이라는 새로운 자본에 달려 있다는 내생적 성장이론[22]을 제시했다. 지식과 인적 자본은 내생적으로 축적되며, 지식 전파나 계승을 통해 사회 전반에 퍼지게 되어, 그 결과 생산성이 지속적으로 증가할 수 있다는 이론이었다. 물적 자본의 투입량이 증가할수록 단위 물적 자본 투입당 생산량의 증가분은 점점 줄어든다는 경제학의 기본 가정이 지식과 인적 자본에는 적용되는 않는다는 주장이었다. 지식과 인적 자본이 물적 자본과 다른 이유는 '연결' 활동을 통해 손실 없이 전파와 계승이 가능하므로 물적 자본과 달리 투입량이 지속적으로 증가할 수 있고, 투입 효과에 변화가 없기 때문이다. 예를 들면, SNS를 통해 '연료를 아끼는 화물차 운전법'이라는 동영상이 수백, 수천 명의 화물차 운전사들에게 공유되고, 이 지식을 통해 화물차 운송 생산성이 향상되는 상황을 가정해 보자. '연료 효율이 좋은 새 화물차'라는 물적 자본의 투입을 통해 생산성을 향상시키는 경우와 비교해 보면, 성능이 좋은 화물차를 운행하면 생산성이 향상되기는 하겠지만 아무리 비싼 화물차를 운행한다 해도 생산성의 증가에는 한계가 있을 것이다. 동영상의 경우 그 방법을 사용한 운전사가 늘 때마다 자본 투입이 증가하는 효과가 나타나며, 똑같은 생산성 향상이 일어나

22 내생적 성장 이론에 기여한 학자들 중 폴 로모는 지식을 강조했고, 로버트 루카스는 인적 자본을 강조했다.

게 된다. 축적된 지식과 인적 자본이 잘 전파되고 계승되기 위해서는 개인 간의 원활하고 활기찬 '연결'이 뒷받침되어야 한다. '연결'이 지식의 매개를 통해 경제성장에 기여할 수 있는 이유이다.

4차 산업혁명이 가져온 시민 간의 '초연결[23]'은 권력에 대한 감시 기능을 제공하고, 경제성장의 기반이라는 긍정적인 측면뿐 아니라 여러 가지 부정적인 측면도 갖고 있다. 연결 기능을 제공하는 다양한 이름의 플랫폼 업체들은 개인의 사생활을 들여다보며, 개인이 만들어 내는 정보를 빅데이터, 클라우드, 인공지능 기술을 이용해 저장, 관리, 분석하고, 이렇게 분석된 개인의 성향을 광고에 활용해 큰 수익을 얻고 있다. 예를 들면, 페이스북은 사용자가 포스팅한 글의 내용과 관심사를 분석해 적절한 광고를 개인 페이지에 끼워 넣고 있고, 애플과 구글은 iOS와 Android 위에서 모든 검색 기록, 소프트웨어 사용 기록, 위치 정보 기록을 이용해 개인의 성향을 분석하여 광고에 활용하고 있다. 이를테면 구글의 웹브라우저를 열었을 때 얼마 전 검색한 상품, 얼마 전 방문한 지역 관련 광고를 볼 수 있는 것이 개인화된 광고의 예이다. 개인의 사생활 정보에 대한 통제권 상실은 4차 산업혁명의 특징인 '초연결'이 가져올 폐해 중 하나로 인식되고 있으며, 현재 여러 국가들이 우려하는 사항이다. 유럽연합은 일반개인 정보보호법(GDPR)을 2018년 5월부터 시행하여 플랫폼 업체들과 같이 유럽 주민들의 개인 정보를 수

---

23 초연결(Hyper-connected)은 2008년 미국의 IT 컨설팅회사 가트너(The Gartner Group)가 처음 사용했으며, 인간과 인간, 인간과 사물, 사물과 사물이 모두 촘촘하게 연결된다는 개념에서 사용되는 용어이지만, 여기서는 수많은 사람들이 SNS등을 통해 연결되고 있는, 인간과 인간의 연결을 강조하는 의미로 사용했다.

집하는 기업들이 준수해야 할 새로운 책임 사항들을 규정했다. 정보의 주체, 즉 개인은 개인 정보가 사용되는 것을 제한할 수 있으며, 개인에게 전달하도록 요청할 수 있고, 삭제를 요구하거나 자동화된 분석을 거부할 수 있는 권리를 갖게 되었다.

한편, 인간의 삶을 바꾸고 있는 변화를 '4차 산업혁명'이라고 통칭하는 데 대한 다양한 비판이 있다. 먼저 1차 산업혁명과 2차 산업혁명은 단시일에 일어난 것이 아니라 오랜 기간을 거친 혁신 과정이었다는 관점에서 4차 산업혁명은 3차 산업혁명의 연장선상에 있다는 주장이다. 1차 산업혁명은 수력 방적기, 증기기관, 석탄을 이용한 제철 기술, 면화씨를 제거하는 조면기 발명 등이 서로 상승작용을 일으키면서 1750년대부터 1830년대까지 이루어진 직물, 광산, 교통, 에너지 생산성의 혁명 과정을 의미한다. 2차 산업혁명은 전기에너지의 등장과 컨베이어 벨트로 대표되는, 표준화되고 분업화된 생산 혁신 과정을 의미한다. 2차 산업혁명은 전기에너지가 산업에 사용되기 시작한 1870년대부터 시작되었다. 전기에너지는 에디슨의 전구 발명 등으로 다양한 형태의 에너지로 전환이 가능하게 되었고, 테슬라의 교류식 전기 발전을 통해 먼 곳까지 손실없이 전송 가능하게 되었다. 전기에너지는 테일러의 '과학적 관리 이론'과 결합하여 생산방식의 일대 혁신을 가져왔다. 1910년대 포드 자동차의 모델 T 생산으로 생산성 혁신의 이정표를 세우며, 대량생산 시대를 열게 되었다. 산업혁명이라는 용어는 1840년대 엥겔스가 처음 사용했고, 1880년대 역사학자 토인비가 정교하게 정리했으며, 오랜 시간이 흐른 후 기술혁신에 기반한 생산성 향상이 혁명적으로 이루진 기간에 부여하는 명칭이다. 3차 산업혁명의 시작이 1960년대 산업 분야에서 컴퓨터를 사용하기 시작했던 시점임을 고려하면, 이후 다양한 정보처리 관련 기술들이 발전하면서 서로 상승작용을 일으켜 60여 년이 지난 현재 새롭고 극적인 변화를 만들고 있다는 분석이 가능하다. 4차 산업혁명이라 일컬어지는 변화는 컴퓨터 및 정보처리 기술의 혁신 과정이며, 결국 3차 산업혁명의 연장선 위에 있다는 평가가 더욱 합리적인 셈이다.

4차 산업혁명은 미국이 주도하고 있는 정보혁명에 뒤처진 유럽이 제조업 기반의 혁신을 강조하기 위해 만들어 낸 새로운 용어라는 비판도 있다. 미국에서 주로 사용되는 용어로, 모든 산업이 디지털 환경 안에서 운영되는 변화를 지칭하는 디지털 트랜스포메이션(Digital Transformation)이 더욱 적절하다는 의견이다. 경제학자들은 더욱 신랄하게 4차 산업혁명의 허구성을 지적하기도 한다. 장하준 교수는 "세탁기가 인터넷보다 세상을 더 크게 바꾸었다."라고 그의 저서에서 주장[24]하며, 3차 산업혁명인 정보 기술혁명은 2차 산업혁명의 변화와 비교하면 큰 변화가 아님을 강조했다. 로버트 고든은 2차 산업혁명 기술이 전 세계로 확산되던 1920년에서 1970년 사이가 연평균 경제성장률이 1.89%로 인류 역사상 가장 높았던 압축 성장의 시기였으며, 인류 역사에 다시 없을 유일한 혁신의 시대라고 주장[25]했다. 3차 산업혁명의 시기라 할 수 있는 1970년에서 2014년 사이 생산성 향상이 연간 0.64%에 불과했고, 4차 산업혁명 역시 점진적인 생산성 향상을 예측하

24 장하준, 『그들이 말하지 않는 23가지』

25 로버트 고든, 『미국의 성장은 끝났는가』

면서, 급격한 변화가 아니라 완만하고 지속적인 변화가 될 것이라고 예견했다. 컴퓨터와 인터넷으로 대표되는 정보 기술혁명이 생산성 지표에서는 미미한 효과만 보인다는 여러 경제학자들의 주장과 같은 맥락이다. 슈밥을 대표로 하는 4차 산업혁명 신봉자들과 미국의 디지털 트랜스포메이션 신봉자들이 주장하는 빠른 변화는 생산방식의 변화가 빠르다는 측면을 강조한 것이고, 경제학자들이 언급하는 완만한 변화는 생산성 향상 측면에서 변화가 완만하다는 측면을 강조한 것으로 정리가 가능하다.

미래 변화를 통칭하는 의미에서 사용한 4차 산업혁명의 속도에 대해서는 다양한 시각이 있지만, 변화가 다가온다는 사실에는 이견이 없다. 미래 사회 변화 중 대학과 관계되는 문제는 산업에 필요한 인력의 역량이 변화하면서 일어날 일자리의 변화와, 새로운 기술이 만들어 낼 교육 방식의 변화이다. 4차 산업혁명이 결국 인간의 소득 수준을 높이고, 삶의 질을 향상시킬 것이라는, 장기적으로는 낙관적인 전망도 있지만 단기적으로는 새로운 기술로 인한 일자리 감소, 이로 인한 경제적 양극화와 사회적 불균형이 증가할 것이라는 부정적인 전망이 더 지배적이다. 옥스포드 대학의 오스본 교수는 2013년 미국의 일자리 중 47%는 자동화가 가능하다는 추정을 했으며, MIT의 레스트레포 교수는 1996년에서 2015년 사이 단순 사무직이 크게 감소했고 그 수가 약 700만 개에 달한다고 발표[26]했다. 2016년 세계경제포럼에서 발표한 일자리 전망을 보면 2020년까지 약 710만 개의 일자리가 사

26 The Economist, 2017.1.14, "Learning and earning", Special Report Lifelong Education

라지고 200만 개의 새로운 일자리 창출되어, 전체적으로는 510만 개의 일자리가 사라진다고 예측[27]했다. 사라지는 일자리는 단순 사무직이 가장 많으며, 다음으로 제조업 관련 생산직이라고 예측했다. 즉 단순하고 반복적이거나 패턴을 명확히 정의할 수 있는 업무들은 4차 산업혁명의 변화 속에서 사라질 것이라고 전망했다. 이런 업무들은 4차 산업혁명의 인공지능 기술이 인간에 뒤떨어지지 않은 정확성을 가지며, 인간보다 뛰어난 일관성과 속도를 가지고 처리할 수 있기 때문이다. 2018년, 같은 보고서는 일자리 변화의 속도와 깊이에 대해서 변화된 입장을 피력했다. 2022년까지 4차 산업혁명은 반복적인 업무를 특징으로 하는 일자리의 소멸만큼 새로운 일자리를 창출할 것이며, 자동화로 인해 인간의 노동이 대체되기 보다, 인간의 노동을 증강하는 방식으로 새로운 기술들이 활용될 것이라는, 2016년과는 결이 다른 예측을 했다. 한편, 변화하는 생산방식을 산업 현장에 효과적으로 적용하기 위한 새로운 직무 교육, 지속적인 재교육 그리고 노동자들의 학습 의욕 유지를 주요 과제로 제시[28]했다.

4차 산업혁명으로 통칭된, 미래의 변화에 대비하는 대학의 혁신은 어떤 방향으로 진행되어야 할까? 1차 산업혁명의 토대가 되었던 17~18세기 과학기술혁명에 대학은 중세의 구습에 젖어 아카데미와 살롱만큼도 역할을 담당하지 못했다. 2차 산업혁명은 국가 주도의 대학 혁신을 통해 대학이 기

27 WEF, 2016, "The Future of Jobs: Employment, Skills, and Workforce Strategy for the Fourth Industrial Revolution" 이 예측에는 중국의 자료가 포함되지 않았다고 언급되었다.

28 WEF, 2018, "The Future of Jobs Report 2018"

술 개발에 참여하기 시작했고, 무엇보다 2차 산업혁명의 특징인 표준화되고 분업화된 산업에 필요한 인력을 육성해 내는 결정적인 기여를 했다. 3차 산업혁명을 거쳐, 4차 산업혁명 시대인 현재까지 대학은 연구 개발에 있어서는 과거보다 더욱 큰 역할을 담당하고 있다. 찰스 엘리엇이 통합형 모델에서 정의한 대학의 세 가지 기능 중 연구 개발 기능은 주요 연구 중심 대학들의 주도하에 4차 산업혁명의 핵심 기술 개발에 기여하는 등, 그 몫을 충분히 담당하고 있다. 그러나 나머지 두 가지 기능인 직업교육과 교양 교육 측면에서는 기존 대학의 역할의 재구조화가 필요할 것으로 판단된다.

미래의 산업을 이끌 인력을 배출하기 위해서는 고등학교를 졸업하고 바로 입학한 20대 대학생들을 위한 직업 교육에 있어 네 가지의 변화가 필요하다. 첫째, 대학은 학생들에게 더 많은 것을 학습하는 기회를 제공해야 한다. 전통적인 영역이 사라지는 미래 산업 형태를 고려하면, 한 가지 전공 분야에 대한 일률적인 교육은 변화되어야 한다. 적어도 두 가지 전공 분야의 깊이 있는 언어를 이해할 수 있는 학습 기회를 제공해야 하며, 한 가지 문제를 바라보는 다양한 시각을 가르쳐야 한다. 둘째, 개별 대학과 개별 학과는 다양한 역량을 산업계에 제공해야 한다. 표준화된 과목과 유사한 교육과정을 통해 비슷비슷한 특징을 가진 학생들을 배출하는 것이 아니라, 대학별로 학과별로 차별화된 강점을 가진 졸업생을 배출해야 한다. 셋째, 개인화된 교육이 필요하다. 석사 이상의 학위와 전문성을 지향하는 학생들과 취업을 지향하는 학생들은 그 교육 내용에 차이가 있어야 하며, 교육 효과를 극대화하기 위해서는 개인의 역량과 특성을 고려한 맞춤형 교육이 제공되어야 한다. 넷째, 문제 해결 능력을 키우는 학습 환경을 제공해야 한다. 정답이 없는 과제를 다양한 배경을 가진 팀원이 모여 해결해 보는 학습 방법이 바람직하며, 미래 대학 모델에서 자주 언급되는 올린 공대와 미네르바 학교의 문제 중심의 학습 방법을 고려할 만하다. 19세기 대학의 재탄생을 이끈 훔볼트는 새로운 대학이 지식을 가르치는 것뿐 아니라 지식을 생산하는 방법을 가르쳐야 한다고 주장했다. 21세기 4차 산업혁명 속의 미래 대학은 지식을 가르치는 것뿐 아니라 문제를 정의하고 문제를 해결하는 방법을 가르쳐야 한다.

직업교육의 미래는 새로운 직무 교육과 지속적인 재교육으로 정의되는 평생교육의 강화가 한 축이 될 것이 확실하다. 대학을 졸업한 인력들이 변화하는 산업 환경에 필요한 새로운 업무 역량을 키울 수 있도록 지원하는 교육이다. 이와 같은 교육 업무를 직원이 소속된 업체가 직접 담당하는 것은 효과적일 수는 있으나 효율적이기는 어렵다. 진학 인구의 감소가 큰 문제가 될 우리나라 대학에게 주어진 새로운 역할은 4차 산업혁명으로 변화하는 산업 분야에 필요한 평생교육을 담당하는 것이 될 수 있다. 영국에서도 고용 기간이 길어지는 상황에서 급속히 변하는 기술을 습득하고, 복합적인 역량을 쌓아 고용을 유지하기 위한 최선의 방안은 평생교육이라고 인지[29]하고 있으며, 대학을 비롯한 다양한 교육기관들이 평생교육에서 새로운 기회를 찾고 있다. 미국의 실리콘 밸리에서는 평생교육이 떠오르는

---

29 The Economist, 2017.1.14, "Learning and earning", Special Report Lifelong Education

사업 아이템으로 인식되고 있다.

4차 산업혁명의 격랑 속에서 교양 교육의 변화와 강화도 필요하다. 고등학교를 졸업하고 바로 진학한 대학생들에게는 지식 전수 중심의 교양 교육이 아닌, 비판적 창의적 사고력을 강화하고, 복잡한 문제의 추론 능력을 배양하는 새로운 교양 교육이 제공되어야 한다. 컴퓨터와 인공지능이 잘 해낼 수 있는 지식 암기와 패턴 인식보다 인간이 더 잘할 수 있는 정형화하기 어려운 창의력, 비판적 사고 능력, 소통 능력, 협업 능력을 강화할 수 있도록 교양 교육을 개편해야 한다. 세계경제포럼은 이 네 가지 능력을 4차 산업혁명 시대에 필요한 역량이라고 명명[30]했다. 기존의 교육에 포함되었던 문해 능력, 수리 능력, 과학 지식에 덧붙여 새로운 교양 교육이 포함할 내용은 문제 해결을 위해 정보를 수집, 분석, 공유하는 컴퓨터 활용 능력 또는 디지털 문해(Digital Literacy) 능력이라고 주장했다. 세계경제포럼은 이 네 가지 능력과 재정 지식(Financial Literacy)과 인문 문화 지식(Civic and Cultural Literacy)을 6가지 기본 지식으로 명명했다. 6가지 기본 지식과 4가지 역량에 한 가지를 추가한다면, 변화의 속도를 따라가는 학습 능력 배양이다. 새로운 기술과 지식을 효과적으로 학습하는 방법과 이를 활용하는 역량을 키워 주는 것이 새로운 교양 교육의 한 축이 되어야 한다[31].

---

30 World Economic Forum, 2015, New Vision for Education Unlocking the Potential of Technology

31 2015년까지 가장 인기 있었던 MOOC는 UC-San Diego가 코세라에 개설한 "Learning how to learn: Powerful mental tools to help you master tough subjects"였으며, 2019년 6월 현재 1,723,000명이 수강했다. 학습하는 역량에 대한 교육 수요를 입증하는 자료이다. (https://www.onlinecoursereport.com/the-50-most-popular-moocs-of-all-time/)

전통적인 인문 교양 교육은 4차 산업혁명 기술이 발전을 지속해 많은 분야에서 컴퓨터와 로봇이 인간의 업무를 대체할 좀 더 먼 미래에 더욱 중요해질 것으로 예상된다. 노동을 통해 존재의 의미와 삶의 가치를 느껴 왔던 인간에게, 노동이 감소하는 미래에 그 존재 이유를 부여할 새로운 대안이 학습이다. 미래에는 실용적인 효과를 고려하지 않고 학습 그 자체를 목적으로 한 인문학 중심의 교양 교육이 중요한 의미를 가질 것이다. 1852년 존 헨리 뉴먼이 『대학의 이념』에서 인문 교양은 그 자체가 목적이라는 주장과, 1916년 소스타인 베블런이 『미국의 고등교육』에서 학습은 본질적으로 여가 활동이라고 한 주장과 직접 연결된다. 4차 산업혁명이 장기적으로 인간의 삶의 질을 향상시킬 것이라는 긍정적인 미래를 실현하기 위해 대학이 기여할 부분은 무엇일까? 그것은 4차 산업혁명의 핵심 기술에 대한 연구 개발과 4차 산업혁명이 야기할 직업의 변화를 반영한 교육의 혁신만큼, 중세 대학부터 면면히 이어져 온 인문 교양 교육을 보존하고 강화하는 것이다. 미래에는 다양한 연령대의 학생들이 대학 교육을 통해 인성을 고양하고 인간의 존엄성을 유지하는 것이 중요해질 것이며, 대학의 원형이었던 학문하는 자치 공동체가 미래 대학의 주류 모델 중에 하나가 될 것이다. 역사는 반복된다.

1.4 온라인 학습의 파괴적 혁신 - 학습 방법의 변화

중세 대학의 몰락에는 여러 요인이 있었다. 이동의 자유를 가진 지식인들의 자율적 학문 공동체였던 중세 대학은 15세기 왕정 권력이 교황 권력보다 강력해지자 왕정 권력에 봉사하는 역할을 담당하며 서서히 활력을 잃어

갔다. 이런 상황 속에서 구텐베르크의 활판 인쇄술 발명은 중세 대학의 몰락을 가속시켰다. 인쇄술로 인해 대량 출판이 가능하게 되었다. 이렇게 유통되기 시작한 서적은 중세 대학이 독점해 왔던 지식에 대한 일반 대중의 접근성을 비약적으로 향상시켜 새로운 사상의 확산 속도가 빨라지게 되었다. 과학기술에 의한 역사 발전의 중요 사례 중 하나인 인쇄술이 이 변화에 적응하지 못한 중세 대학의 몰락을 가속화했던 것이다. 과학기술 발전에 따른 학습 방법의 변화가 미래 대학의 존립에 중요한 요인이 될 수 있다는 역사적 교훈이다. 4차 산업혁명이 대학의 미래에 중요한 이유 중 한 가지는 4차 산업혁명의 핵심 기술들이 학습 방식의 변화를 야기할 수 있다는 사실이다.

1920년대 토마스 에디슨은 영화가 일상적인 대학의 강의를 대신할 것이라고 주장했는데, 20세기 내내 신기술이 탄생할 때마다 유사한 예측들이 동반됐다. 1950년대 미국 대학평생교육연합회 회장 존 데이비스는 "가정으로 강의를 전달하는 방법 중에 텔레비전만큼 놀라운 방법은 없다."라고 주장하기도 했다. 1998년 오라클의 CEO 래리 엘리슨은 소수의 스타급 교수들에게 수백만 달러의 급여를 지불하고, 인터넷을 통해 전 세계 수백만 학생들이 이들의 강의를 수강하게 하면, 고등교육의 비효율성을 극복할 수 있을 것이라 예측하기도 했다[32]. 이런 기술로 최근 가장 중요하게 인식되는 것은 '온라인 강좌'이다. '파괴적 혁신(Disruptive Innovation)' 이론으로 유

32 Derek Bok, 2003, "Universities in the market places"

명한 크리스텐슨 교수는 그의 이론을 적용하며 온라인 강좌가 전통적인 대학 교육의 파괴적 혁신을 이끌 것이라 예측했다. 교육서비스의 소비자인 학생들은 잘 설계된 양질의 온라인 강좌를 낮은 비용으로 편리하게 접근할 수 있어, 온라인 강좌를 기반으로 한 혁신 교육기관들이 면대면 강의를 고수하는 전통적인 대학을 대신할 것이라고 주장했다. 19세기 증기선이 가져온 파괴적 혁신의 변화에 적응하지 못해 사라져 간 수많은 범선들과 마찬가지로 미국 대학들 중 하위 25%가 사라질 것이라는 파격적인 예측[33] 을 하기도 했다. 그가 소속된 하버드 경영대학원 역시 온라인 강좌로 모든 강좌를 변환하는 파괴적 혁신을 수행해야 한다고 주장했으며, 2011년 텍사스에서 열린 '주립대학의 미래' 컨퍼런스에서 "교수를 상품화할 수 있을까(Can we commoditize the professor)?"라는 주제로 강연하며, 교수의 상품화는 온라인 강좌를 통해 실현 가능하며 하버드 대학이 앞장선다면 더 많은 학생들에게 더 긍정적인 효과를 가져올 것이라 주장하기도 했다.

온라인 학습의 뿌리는 런던 대학이 우편물을 이용한 원격 교육을 통해 학위 수여를 시작한 1858년까지 거슬러 올라간다. 옥스포드 대학과 케임브리지 대학 등, 전통 대학들이 귀족에게 독점되어 산업 시대의 변화에 적응하지 못하던 19세기 초반, 설립되어 모든 국민들에게 문호를 개방하고 실용적인 고등교육을 제공하던 런던 대학은, 빅토리아 여왕의 승인을 받아 1858년 원격 교육을 시작했다. 런던을 방문하지 않고 시험을 통해 학위

33 Clayton Christensen and Michael Horn, 2013. 11. 1, "Innovation Imperative: Change Everything", New York Times

를 취득할 수 있었으며, 지역, 지위, 소득에 관계없이 대학 교육을 받을 수 있는 원격 교육을 통해 런던 대학은 '국민의 대학'이라는 영예로운 칭호[34]를 얻기도 했다. 런던 대학의 성공은 우편물을 이용한 원격 교육을 여러 국가의 대학들이 채택하는 계기가 되었다. 미국의 경우 1892년 시카고 대학의 윌리엄 하퍼 총장이 통신학교를 설립했고, '대학 서신 강좌(University Correspondence Courses)'라는 이름의 원격 교육이 1920년대까지 활발히 이루어졌다. 특히 1889년 미국에서 설립된 국제서신대학(ICS: International Correspondence School)은 일반대학이 제공하지 못하는 취업에 필요한 특화된 교육으로 1900년 등록 학생 수가 십만 명에 달할 만큼 큰 성공을 거두기도 했다[35]. 미국에서는 대학이 위치한 도시로부터 멀리 떨어져 사는 인구가 많았던 20세기 초반, 원격 교육이 큰 인기를 끌었다. 국토가 넓고 기술자 수요가 급격히 증가하던 호주, 남아프리카 공화국 등에서도 원격 교육이 성공적으로 운영되었다.

원격 교육은 새로운 기술의 도입에 매우 적극적이었다. 1920년대 라디오가 큰 인기를 끌며 많은 가정에 보급되자, 1922년 뉴욕 대학이 처음으로 라디오 교육 방송을 시작했다. 컬럼비아 대학, 하버드 대학 등 명문 대학들은 자체 라디오 방송국을 설립해서 교양 과목과 기초 과목의 방송 교육을 진행하였다. 라디오 방송 교육은 도입 당시의 기대와 달리 여러 한계로 인해

---

34 History of University of London, https://london.ac.uk/about-us/history-university-london

35 Joseph Kett, 1996, "Pursuit of Knowledge Under Difficulties: From Self-Improvement to Adult Education in America"

곧 인기를 잃게 되었다. 한편, 영상을 이용한 방송 교육은 제일 먼저 2차 세계대전의 장병 교육을 위해 도입되었고, TV의 등장과 함께 원격 교육의 주류로 자리 잡게 되었다. 영국의 개방대학(Open University)은 고등교육의 확장을 지지하는 노동당 정부의 적극적인 지원으로 1969년 설립되어 1971년 개교했다. 1971년 첫 TV 교육 방송을 송출한 이후, 인터넷이 TV를 대체한 2006년 12월까지 TV를 이용한 원격 교육을 제공했다. 인터넷으로 교육 매체를 바꾼 이후에도 공공성을 가진 원격 대학의 원형으로 주도적인 역할을 하고 있으며, 2012년부터 영국의 MOOC 플랫폼인 FutureLearn 운영을 시작했다. 영국 개방대학 설립에 영감을 얻은 캐나다는 1970년 아타바스카 대학, 스페인은 1972년 원격 교육 국립대학(Universidad Nacional de Educacion a Distancia)을 설립했다. 우리나라도 원격 교육의 개념을 빠르게 도입했다. 1972년 서울대학교 부설 한국방송통신대학이 2년제 초급대학 과정으로 설립되었다. 1981년 5년제 학사 과정으로 개편된 후 1982년 서울대학교에서 독립하고, 1985년부터는 TV 교육 방송을 시작했으며, 1993년 종합대학으로 인가 되었다. 한국방송통신대학은 2017년 기준, 재학생 수가 114,000여 명으로 국내에서 가장 큰 단일 대학이다.

원격 교육은 인터넷을 새로운 교육 매체로 사용하는 데에도 적극적이었다. '온라인 강좌'의 온라인은 '인터넷 연결'을 상징한다는 점에서 '온라인 강좌'의 실질적인 시작은 인터넷 강좌로 보는 것이 적절하다. 원격 교육의 전통이 인터넷상으로 옮겨 온 것이다. 인터넷이 교육 분야에 큰 영향을 끼칠 것을 예상한 UNESCO는 원격 교육이 인터넷을 통해 고등교육의 '주류'로 자리 잡을 것이라 주장[36]하기도 했다. 1990년대 후반 인터넷 기반 온라인 강좌를 원격 교육에 사용하는 대학이 생겨나기 시작했다. 1995년 스페인의 카탈루냐 개방대학(Universitat Oberta de Catalunya)이 세계 최초로 100% 온라인 대학으로 설립[37]되었고, 우리나라도 온라인 강좌를 활용한 원격 교육에 빠르게 대응했다. 2001년 9개의 사이버대학들이 동시에 설립[38] 되면서 온라인 강좌로만 구성된 학위 과정을 제공하기 시작했다.

2000년대 들어 미국에서는 영리 목적 대학을 중심으로 원격 교육에 온라인 강좌가 급격하게 증가[39]했고, 일반대학들도 온라인 강좌를 원격 교육뿐만 아니라 정규 과정 학생들에게 제공하기 시작했다. 온라인 강좌의 상업적 가능성을 예상한 컬럼비아 대학은 인터넷을 통해 대학 강의를 판매하려는 야심 찬 계획을 세우고, 닷컴 붐에 편승해 1998년 패덤닷컴을 설립했다. 정크본드의 제왕이라는 호칭으로 유명한 마이클 밀켄[40]이 관계된 유넥스트는 1998년부터 컬럼비아 대학, 시카고 대학, 카네기멜론 대학, 런던 경제대학, 스탠포드 대학 등과 계약을 맺어 이들 대학의 강좌를 온라인을 통해 공개하고 수익을 창출하려는 시도를 시작했다. 래리 엘리슨의 언급을 실

36 UNESCO, 2002, "Open and Distance Learning: Trends, Policy, and Strategy Consideration"

37 https://www.uoc.edu/portal/en/universitat/

38 1999년 평생교육법과, 2000년 평생교육법 시행령과 시행규칙이 정비됨에 따라 법제화되었다. 2001년 3월 서울디지털대학교, 열린사이버대학교, 한국디지털대학교, 한국사이버대학교, 경희사이버대학교, 세종사이버대학교, 서울사이버대학교, 7개교와 2년제 경북사이버대학, 세계사이버대학이 개교했다.

39 Alexandria Radford, 2008, "Learning at a Distance: Undergraduate Enrollment in Distance Education Courses and Degree Programs", Department of Education

40 1980년대 정크본드 투자라는 새로운 채권 투자 기법을 고안해 세계에서 가장 영향력 있는 투자자가 되었다. 그는 증권거래법 위반으로 복역한 이후 출소해, 몇몇 교육 사업에 투자를 시작했고, 1996년 Knowledge Universe(2019년 현재, KinderCare Education)를 창업해 여러 교육 기업을 인수 합병했으며, 어린이 교육 사업을 중심으로 사업체를 운영하고 있다.

제로 구현했던 셈이다. 인터넷을 통한 명문 대학 교육의 상업화와 정반대의 움직임도 시작됐다. 2001년 MIT는 향후 10년 동안 2,000여 개에 달하는 모든 강좌를 인터넷에 공개하고, 누구든지 무료로 수강할 수 있게 만들겠다는 OCW(Open Course Ware) 계획을 발표[41]했다. MIT 940여 명의 교수진은 1억 달러가 소요될 것으로 추산된 이 이니셔티브를 적극 지지했다. 이 계획을 주도한 찰스 베스트 총장은 인터넷을 통한 MIT의 강의 공개가 새로운 혁신을 이끌 것이라는 기대를 표명했으며, 미국보다 해외에 더 큰 영향을 끼칠 것으로 예측했다.

온라인 강좌가 많아지면서 교육 자원을 공유하자는 OER(Open Education Resources) 운동이 주목받기 시작했다. OER은 교육과 학습에 사용되는 자료를 어떤 제한도 없이 누구든지 무료로 자유롭게 사용할 수 있으며, 편집 및 가공을 통해 재배포가 가능하게 하자는 운동으로, 2002년 UNESCO가 OCW 활용에 대한 포럼에서 처음 사용한 용어이다. 역량 있는 교수자를 확보하기 어려운 개발도상국의 고등교육 발전에 도움이 될 수 있을 것이라는 기대하에 UNESCO와 OECD 같은 국제기구와 휴렛재단(William and Flora Hewlett Foundation)[42]과 열린사회재단(Open Society Foundation)[43] 등이 이 운동을 적극적으로 지원했다.

---

41 New York Times, 2001.4.4, "Auditing Classes at M.I.T., on the web and free"

42 휴렛패커드의 설립자 중 한 명인 윌리엄 휴렛과 그의 부인 프로라 휴렛이 세운 사회공헌 재단으로, 2019년 현재까지 OER 운동을 지원하고 있다. https://hewlett.org/strategy/open-educational-resources/

43 세계적인 금융인이며 투자자인 조지 소로스가 세운 사회 공헌 재단으로, 그 이름은 칼 포퍼의 저서 『열린사회와 그 적들』에서 영감을 얻은 것으로 알려져 있다.

2010년까지 온라인 강좌는 계속 확대되었고, 최고의 연구 중심 대학들도 온라인 학위 프로그램을 도입하기 시작했다. 특히, 사립대학들이 적극적이었는데, 뉴욕 대학은 2006년 공과대학에 온라인 석사 학위 과정을 개설했고, 남가주 대학은 온라인 석사 학위 과정을 모든 학과에 설립하기 시작했다. 한편, OER 운동에 기반한 다양한 고등교육 이니셔티브가 개설되기도 했다. 2003년 중국은 OCW를 모방한 CORE(Chinese Open Resources for Education)를 설립했고, 일본은 JOCW, 우리나라는 KOCW를 설립해 그 뒤를 따랐다. OER을 기반으로 한 무료교육 운동도 시작되어, 세일러 재단은 세일러 아카데미를 통해 대학 수준의 강좌들을 무료로 제공하고 있다. OECD는 2012년 10개 항목으로 구성된 '파리 OER 선언'을 채택해 OER 운동을 대중에게 알리고 각국 정부가 OER 운동을 지원할 것을 촉구했으며, 교육자료의 공개와 공유 확대를 천명하기도 했다. 그러나 온라인 강좌는 기존 원격 교육의 새로운 방법, 정규 강좌의 보조적 수단 정도로 인식되었을 뿐, 2000년대 초반에 기대했던 대학의 혁신적인 변화를 이끌지는 못했다. 패덤닷컴의 시도는 닷컴 거품이 꺼진 이후 2003년 파산으로 정리되었고, 유넥스트도 다른 기업에 합병됨으로서 명문 대학 온라인 강좌의 상업화 시도는 모두 실패로 끝났다. OER 운동을 실질적으로 주도한 MIT OCW는 2010년 타임지가 선정한 최고의 웹사이트 중 하나로 선정될 만큼 확대되고 발전했지만, 타 대학들의 교육 방식에 영향을 미칠 만한 혁신을 촉발하지는 못했다. 이 운동을 시작한 당시의 인터넷 환경이 교육 활동에 충분하지 못했다는 기술적인 한계도 있었지만, OER 운동을 통해 궁극적으로 이익을 보는 쪽은 OER 사용자 보다 교육적 연결의 중심이 되는 OER 생산자가 된다는 점이 문제였다. 또한, 선진국에서 만들어진 OER은 선진국의 시각에서 바라본 세계관과 과학관을 개발도상국에 전파한다는 점에서 새로운 형태의 제국주의적 침탈이라는 비판까지 받았다.

OER에 대한 기대가 주춤해지던 2011년 MOOC(Massive Open Online Course)가 온라인 강좌의 새로운 모델로 등장했다. 2008년 조지 시멘스와 스티븐 다운스가 캐나다 매니토바 대학에서 25명의 정규 학생들과 2,200여 명의 온라인 무료 참여 학생들을 대상으로 '연결주의와 연결적 지식'이라는 강좌를 운영하면서 그들의 학습 이론인 연결주의를 가르치며, 실제로 그들의 이론을 실험하는 강의를 진행했다. 이 강좌를 데이브 코미어가 그의 블로그에서 MOOC라고 하면서 이 용어가 처음으로 사용[44]되었다. 이후 연결주의에 기반한 학습 방법을 구현하는 MOOC를 cMOOC라고 명명했고, 객관주의에 기반한 전통적인 교수 중심의 강의를 재현한 MOOC를 xMOOC라고 칭하게 되었다. 교육학 분야의 학습이론과 관련된 학술 용어였던 MOOC는 2011년 10월, 스탠포드 대학에서 세 개의 온라인 강좌가 일반인들에게 무료로 공개되면서 큰 반향을 일으키게 되었다. 당시 컴퓨터과학과 학과장이던 제니퍼 위덤 교수의 '데이터베이스 입문'은 66,000여 명의 학생이 등록했고, 앤드류 응 교수의 '기계 학습' 강좌에는 72,000명이 등록했으며, 컴퓨터과학과 연구 교수이자 구글 연구원이었던 세바스찬 스런 박사와 구글 연구소장인 피터 노르빅 박사의 '인공지능 입문' 강좌에는 전

44 http://davecormier.com/edblog/2008/10/02/the-cck08-mooc-connectivism-course-14-way/

세계 190여 개 국가의 160,000명의 학생이 등록했다. 이들의 강좌는 미리 촬영한 동영상 강의를 주 단위로 배치하고, 제프리 울먼 교수가 개발한 퀴즈 및 코딩 채점 시스템, 다프네 콜러 교수와 존 미첼 교수가 개발한 교내용 코스웨어 플랫폼 그리고 앤드류 응 교수가 개발한 외부용 오픈 클래스룸 솔루션을 통합한 시스템 위에서 운영되었다. 스탠포드 컴퓨터과학과의 최고 강의들이 새로운 교육 방법과 최신 시스템 안에서 제공되었던 것이다. 이 실험적인 무료 온라인 강좌들의 역사적인 성공은, 온라인 강좌를 고등교육의 주류를 변화시킬 수 있는 파괴적 기술로 인식되게 하였다.

OER을 실질적으로 이끌던 MIT는 스탠포드 대학의 성공에서 크게 자극을 받았던 것으로 보인다. MIT는 어떤 상호작용도 없는 OCW의 한계를 인식하고, 2011년 12월 MITx 프로그램을 설립했다. 그리고 전기공학과 아난트 아가왈 교수를 MITx의 책임자로 임명하고, MOOC 개발과 제공, IT 기술을 교육에 적용하는 연구, MOOC를 제공할 오픈소스 플랫폼 개발을 MITx의 목표로 제시했다. 2012년 5월, MITx는 하버드 대학과 공동 출자한 비영리법인 edX로 확장되었고, MOOC 제공 기관이 되었다. 같은 해 2012년 스탠포드 대학의 무료 온라인 강좌 개발에 참여했던 앤드류 응 교수과 다프네 콜러 교수는 코세라(Coursera)를 창업했고, 세바스천 스런 박사는 우다시티(Udacity)를 창업했다. 한편, 서구 원격 교육의 표준을 만들어 왔던 영국의 개방대학은 2012년 12월, 퓨처런(FutureLearn)을 설립해서 유럽과 영연방을 중심으로 MOOC를 제공하기 시작했다. 새로 창립된 이들 MOOC 플랫폼은 언론 매체의 높은 관심과 지식인들의 열광적인 반응을 얻게 되었다.

뉴욕타임스는 2012년을 'The year of the MOOC'라고 칭하기도 했으며[45], 세계화 전령사인, 『렉서스와 올리브나무』의 저자 토마스 프리드만은 세계화를 가속할 교육 분야의 혁신이라 칭송했다. 많은 학자들이 MOOC가 전통적인 대학 교육을 몰락시킬 것이라고 예측하기도 했다. 노스이스턴 대학의 조셉 아운 총장은 MOOC의 도래로 수직적으로 구성된 대학 교육이 수평적으로 변화될 것이라고 주장하며, 개별 대학이 교육, 시험, 학력 인증을 통해 독점해 왔던 고등교육의 학위 수여가 여러 대학의 강좌를 쇼핑하듯 수강하고 대학에 관계없이 학위를 취득하는 방식으로 변화할 것임을 예견했다. 전통적인 대학의 미래에 불안감을 야기하는 다양한 예측 속에서 세계의 주요 대학들은 MOOC 개발에 적극 참여하며, 대학의 변화와 새로운 주도권 경쟁에 뒤처지지 않으려는 노력을 경주하기 시작했다.

원격 교육의 한 방법이며, OER의 한 방식에 불과한 MOOC가 이런 반향을 불러일으킨 것에는 두 가지 이유가 있었다. 첫째, 기존의 온라인 강좌는 전통적인 고등교육에 접근하기 어려운 이들을 위한 대안적 성격을 갖고 있었으며, 상대적으로 낮은 품질의 교육 콘텐츠로 구성되어 있었다. 바꿔 말하면, '2류'의 성격이 강했는데 MOOC는 온라인 강좌에 대한 이런 편견을 바꾸어 버렸다. MOOC는 전 세계 최고의 대학들만 참여했으며, 각 학문 분야 최고 학자들의 강의를 들을 수 있다는 점이 큰 차별성이었다. edX는 하버드와 MIT를 중심으로 각 국가의 최고 대학만 참여가 가능했으며,

45 New York Times, 2012.11.2, "The Year of the MOOC"

Coursera는 스탠포드 대학, 프린스턴 대학, 예일 대학, 펜실베니아 대학, 미시간 대학 등 edX와 경쟁하는 대학들을 주축으로 전 세계 200위권 대학들만 참여를 허용[46]했다. 각 분야별로 세계 주요 대학 저명한 학자들의 강좌를 한 곳에서 일람할 수 있다는 사실만으로도 폭발적인 관심을 이끌어 낼 수 있었다. 둘째, MIT의 OCW와 달리 수강생들에게 교수자 및 동료 학습자와의 상호작용을 제공함으로서, 마치 해당 강좌의 실제 수강생이 된 것 같은 느낌이 들 수 있는 학습 환경을 제공했다는 점이었다. MIT의 강의를 어떤 상호작용도 없이 일방적으로 공개했던 OCW와 비교할 때, 최신 학습 관리 시스템 위에서 질의응답, 퀴즈, 토론, 단계별 과제, 최종 과제, 채점 참여, 수료증 수여 등으로 구성된 실질적인 학습활동은 MOOC가 차별성을 갖는 부분이었다. 세계 최고의 강좌가 일반 대중에게 공개된다는 것을 넘어, 어느 정도 학습활동까지 제공하는 MOOC는 같은 과목의 강좌를 제공하는 평균적인 대학의 입장에서는 큰 위협으로 느껴질 요소를 갖고 있었다.

MOOC는 대학의 전통적인 교육체계에 변화를 야기하기 시작했다. 2013년 2월, 미국교육위원회는 코세라의 몇몇 강좌[47]에 학점 부여를 허용했다. 이에 재정적인 문제에 봉착해 있던 미국의 공립대학들이 MOOC의 활용을 적극적으로 고려하기 시작했다. 2013년 산호세 주립대학은 래리 브라운 주

46 MOOC 운영에 재정적 압박이 시작된 2015년경부터 edX는 MOOC 개설을 원하는 새로운 대학들에게 50만 달러를, Coursera는 20만 달러를 회원비로 징수하기 시작했다.

47 4개의 강좌로, Pre-Calculus(University of California, Irvine), Introduction to Genetics and Evolution (Duke University), Bioelectricity: A Quantitative Approach(Duke University), Calculus: Single Variable (University of Pennsylvania)이었다.

지사의 지원하에 우다시티와 협력해서 입학생들의 기초과학 사전 학습에 MOOC를 이용하려는 계획을 진행했다. 미국의 공립대학으로서, 10만 명이 넘는 학생이 재학 중이고, 책무성과 수월성이라는 양립하기 어려운 목표를 동시에 추구하는 것으로 유명한 애리조나 주립대학은 2015년 edX의 MOOC 플랫폼을 이용해 Global Freshman Academy를 개설했다. 대학 입학을 고려하는 학생들이 아주 적은 금액만 지불하고 MOOC로 1학년 기초 강좌를 수강한 후에 학사 과정에 들어올 것을 결정하면, 1학년 등록금을 약 5,000달러만 지불하고 2학년으로의 진학을 허락하는 방식이다. 전통적 강의를 수강한 경우와 비교하면 등록금을 약 50%[48]만 지불하고 2학년이 되는 것이다. 마이클 크로우 총장은 MOOC가 학위와 연결될 때 혁신의 의미가 있음을 강조하면서, MOOC를 제도권으로 끌어들이는 조치를 시행했던 것이다. MOOC를 통한 직접적인 학위 수여 프로그램은 2019년 하반기에 세 개가 시작될 예정이다. 런던 대학이 원격 대학의 원조임을 자임하듯이, 코세라를 통해 컴퓨터과학 학사 학위 프로그램을 시작할 예정이며, 퓨처런을 통해 호주의 뉴캐슬 대학이 인문학 학사 학위 프로그램을 시작할 예정이다. 영국의 코벤트리 대학도 퓨처런을 통해 국제경영학 학사 학위 프로그램을 개설할 예정이다.

MOOC는 학부 교육의 변화보다 직무 교육과 평생교육 분야에서 더 큰 영향력을 발휘했다. 가장 먼저 2013년 미국의 조지아텍이 AT&T와 협력하

48 애리조나주 출신 학생 등록금(In-State Fee)의 경우 50% 수준이며, 외부 출신 학생 등록금(Out-of-State fee)의 경우는 20% 수준에 불과한 금액이다.

여 우다시티를 통해 컴퓨터과학 석사 학위 과정을 7,000달러의 저렴한 등록금으로 운영하기 시작했다. 2014년 미국의 오바마 대통령은 3백만 명에 달하는 미국 초·중·고 교사의 직무 역량 강화를 위한 재교육을 코세라를 통해 진행할 계획을 천명[49]했고, 50개의 교사 재교육 관련 강좌가 코세라를 통해 제공되었다. 2015년 일리노이 주립대학은 MBA 학위 과정을 코세라를 통해 운영하기 시작했으며, 총 등록금은 22,000 달러에 불과했다. 이어 데이터과학 석사 학위 과정도 코세라를 통해 총 등록금 20,000 달러에 제공하기 시작했다. 2017년에는 조지아텍이 edX에서 데이터분석 석사 학위 과정을 10,000달러의 등록금으로 운영하기 시작했다. 대학 강의실에서 강좌를 수강하며 취득하는 전통적인 학위와 동일한 학위를 훨씬 저렴한 비용에 시간과 장소에 구애없이 취득할 수 있다는 점이 학습자에게는 매력적인 부분이었으며, 대학의 입장에서는 MOOC 플랫폼을 통해 수강생 규모와 범위를 확대할 수 있다는 점이 장점이었다. MOOC를 이용한 첫 번째 학위였던 조지아텍의 컴퓨터과학 석사 학위 과정의 경우, 2017년 봄학기에만 4,500명이 등록했다. 2019년 가을 학기, 일리노이 대학의 온라인 MBA 학위 과정에 2000명 이상이 등록해 있으며, 일리노이 대학은 캠퍼스 MBA 학위 과정을 종료할 계획으로 알려져 있다. 2019년 현재, 코세라에서 15개의 석사 학위 과정이 운영되고 있으며, 위에서 언급한 일리노이 주립대학 이외에 런던 왕립대학(Imperial College London), 프랑스의 최고 그랑제꼴 중 하나인 파리 경영대학원(HEC Paris), 펜실베니아 대학, 미시간 대학, 애리조나

49 The White House, 2014. 11.19, "Remarks by the President at ConnectED Superintendents Summit"

주립대학, 콜로라도 주립대학 등이 참여하고 있다.

공식적인 학위와 관계없이 주요 MOOC 업체는 자체적인 학력 인증을 제공하고 있다. 개별 강좌의 수료증을 제공하고 있을 뿐 아니라, 한 주제에 대한 선단 과목을 수료한 수강생에게 우다시티는 나노디그리(Nano Degree), edX는 마이크로마스터(MicroMaster), 코세라는 전문 분야(Specialization) 수료라는 명칭의 학력 인증을 제공하고 있다. 예를 들면 'Deep Learning', 'Data Science', 'Digital Marketing', 'Business English' 등과 같은 주제에 대해 일련의 강좌를 수강하고, 종합 과제를 성공적으로 수행한 학생들에게 자체적인 인증서를 수여하고 있으며, 이들 학력 인증서는 링크드인(LinkedIn)과 리크루트 사이트에서 개인의 역량을 증빙하는 데 사용되고 있다. 조셉 아운 총장이 예상했던 대로 대학이 독점해 왔던 학력 인증 기능이 서서히 무너지고 있는 셈이다.

직무 교육과 평생교육에서 영향력을 확대하고 있는 것과 비교하면, 학부 교육에 있어 MOOC의 영향은 미미하게 느껴진다. MOOC가 실질적으로 시작되었던 2012년, 일반 대중의 열광적인 반응과 대학이 금방이라도 무너질 것 같았던 여러 석학들의 예측과 비교하면 7년이 지난 2019년 현재, 학부 교육의 파괴적인 변화는 명확히 관찰되지 않는다. 미국의 경우 주요 사립 명문 대학의 입학 경쟁률은 더욱 높아지고 있으며, 대부분의 주요 공립 대학들은 MOOC에 큰 영향을 받지 않는 것으로 판단된다. 회원 수가 가장 많은 코세라의 수강생 데이터는 이런 평가를 뒷받침하는데, 대학 진학 연령에 해당하는 25세 미만의 수강생은 19%에 불과하고, 취업 연령에 해당하는 25세~35세 미만이 49%, 재취업 및 재교육에 해당하는 35세 이상이 32%로 구성되어 있다. 이는 취업에 필요한 역량을 키우고, 취업 이후 필요한 직무 능력을 강화하는 데 MOOC가 주로 사용되고 있다는 증거이다. MOOC가 일반적인 대학에 제한적인 영향을 끼치고 있는 이유는 고등학교를 졸업한 진학 연령에 해당하는 학생들이 대학을 통해 얻고자 하는 것은 단지 학위 또는 전문 능력만이 아니기 때문이다. 물리적 대학 캠퍼스 자체가 주는 소속감, 다른 지역에서 성장한 다양한 배경의 동료 학생들과 만남을 통한 관계 형성, 클럽 활동, 스포츠, 기타 학업 외 활동은 MOOC가 절대로 대체할 수 없는, 전통적인 대학이 제공하는 가치이기 때문이다.

그렇다면 MOOC는 학부 교육의 변화와 혁신을 촉발하지 못하고, 직무 교육과 평생교육 분야에 활용되는 것으로 그 역할이 한정될 것일까? MOOC는 세 가지 측면에서 학부 교육에 이미 큰 변화를 야기하고 있다. 첫째, MOOC는 온라인 교육에 대한 거부감을 획기적으로 감소시켰다. 영리 목적 대학에서나 사용하는 방식으로 상호작용이 부족해 교육 효과가 떨어진다고 평가되던 온라인 강좌가 MOOC의 도래 이후 긍정적인 평가를 받게 되었다. 이로 인해 MOOC를 직접 사용하지 않더라도, 자체적으로 개발한 온라인 강좌를 활용하는 대학이 급속하게 증가했다. 예를 들면, 캘리포니아 주립대학[50](California State University)은 2017년 가을 현재, 5,200개

50 캘리포니아 주립대학은 2019년 현재, 23개의 캠퍼스, 50,800명의 교수진과 교직원, 484,000명의 학생으로 구성된 미국 내 최대의 4년제 고등교육기관이다. 2010년에 학생 수가 412,000에서 큰 폭으로 증가했다.

가 넘는 온라인 강좌를 운영하고 있으며, 118,000명의 학생이 적어도 하나 이상의 온라인 강좌를 수강한 것으로 조사되었다. 2018년 가을 학기부터 캘리포니아 주립대학 시스템은 캘리포니아 전문대학 시스템[51](California Community College System)과 협력해서 졸업을 촉진하기 위한 "Finish Faster!"라는 슬로건 아래, 학점 교환이 가능한 10,000개의 온라인 강좌를 제공하고 있다.

둘째, 이런 교육 방식의 변화는 주요 공립 대학의 학생 수를 증가시켰고, 결과적으로 비용 대비 충분한 교육 서비스를 제공하지 못했던 영리 목적 대학들과, 교육 비용 증가를 버텨 내기 힘든 소규모 자유 교양 대학들의 쇠퇴를 야기하고 있다. 영리 목적 대학의 경우 2010년 이후 등록 학생 수가 급격히 감소하고 있으며, 2015년에는 24개의 대학을 운영하던 코리시안 대학 기업이 파산했다. 2016년에는 전국 규모의 ITT Tech를 운영하던 ITT Education Service가 파산하고, 유넥스트가 설립했던 엘리스 대학 등이 운영을 종료했다. 자유 교양 대학의 경우 미국 대학의 역사가 시작되었던 보스턴 지역만 살펴봐도 그 변화 추세를 감지할 수 있다. 2018년, 119년의 역사를 갖고 있던 마운트 아이다 대학이 폐교하고, 휘록 대학은 보스턴 대학과 합병되었다. 2019년에는 뉴버리 대학이 폐교하고, 햄프샤이어 대학은 학교 운영을 위해 합병 파트너를 찾고 있다는 사실이 알려졌으며, 서던 버

51 캘리포니아 전문대학은 72지역에 114개의 대학에서 매년 2,100,000명 이상의 학생을 교육시키는 미국 내 최대 고등교육기관이다.

몬트 대학은 폐교 계획을 공지했다[52]. 크리스텐슨 교수가 예측했던 전통적인 대학의 몰락이 시작되고 있는 징후라는 주장도 힘을 얻고 있다.

셋째, MOOC로부터 시작된 온라인 강좌의 확대는 새로운 대학 교육의 혁신을 촉발하고 있는데, 데이터 분석에 기반한 개인화된 학습 서비스 확대가 그것이다. 개인화된 학습 서비스는 같은 과목이라도 학생 개인의 특징과 학습 능력을 고려하여 해당 학생에게 최적화된 학습 방법과 학습 내용을 제공하는 것이다. 온라인 강좌를 이용하는 학생들은 다양한 데이터를 생성한다. 접속 시간, 접속 빈도, 학습 활동량, 퀴즈의 오답률과 같은 기본적인 데이터부터, 학습 관리 시스템에 기록되는 활동 로그 데이터는 학생들의 모든 마우스 클릭까지 세세하게 기록하고 있다. 온라인 강좌가 생성하는 데이터를 기반으로 학생의 특징과 학습 방식을 지속적으로 측정하고, 이 데이터를 과거에 축적해 놓은 데이터와 비교하여 적절한 패턴을 찾고, 그 패턴에 맞게 학습 방법과 학습 내용을 변화시키며 개별 학생에게 가장 알맞은 교육 서비스를 제공하는 시도가 진행 중이다. 이 책을 처음부터 읽은 독자라면 익숙한 내용이 아닌가? 측정, 자료 축적, 분석, 자율적 대응을 특징으로 하는 4차 산업혁명의 결과물인 다양한 스마트 시스템과 일치한다. 학생의 역량과 학습 성취 수준에 따라 적절한 학습 방법과 학습 내용을 제공하는 것을 적응형 학습(Adapative Learning)이라고 하며, 이는 4차 산업 혁명의 특징을 그대로 반영하고 있다. 우다시티의 창업자 세바스찬

52 US News and World Report, 2019.3.22, "The Higher Education Apocalypse"

스런 박사는 2012년 11월, 미국 대통령 직속 과학기술자문위원회에 출석해 MOOC가 가져올 새로운 도전은 온라인 강의 자체가 아니라 온라인 강의에서 생산될 빅데이터이며, 이 데이터를 분석하여 데이터에 기반한 효과적인 교육 방법을 찾을 수 있을 것이고, 궁극적으로 교수자와 학습자의 1:1 상호작용을 새롭게 정의한 개인화된 교육을 제공할 수 있을 것이라는 의견을 피력하기도 했다[53].

MOOC로 촉발된 온라인 강좌의 확대는 단순히 좀 더 많은 학생들에게 경제적으로 강의를 제공하는 수준을 넘어 4차 산업혁명의 패러다임이 적용된, 개인에 최적화된 스마트 교육을 가능하게 할 것이다. 온라인 학습 플랫폼[54]에서 생성된 데이터를 기반으로 개인화된 학습 환경을 제공해서, 대학 교육의 효율과 효과를 격상시킬 것이며, 이 경쟁에서 도태된 대학은 심각한 위기를 맞게 될 것이다. 이와 같은 대학 교육의 변화 방향은 에듀텍(Edtech) 기업에 대한 투자 확대에서도 증거를 찾을 수 있다. 2018년 전 세계 에듀텍 기업에 대한 투자 금액은 163억 달러로, 같은 해 우리나라 고등교육 예산 9조 5천억 원의 약 2배에 달하는 엄청난 금액이었다. 전 세계에서 총 1,087개의 에듀텍 기업이 투자를 유치한 것으로 집계되었다[55]. 에듀텍 분야에 대한 투자는 2014년 처음으로 20억 달러를 넘었으며, 2016년 73

---

53 AIP bulletin, 2013.1.11, "PCAST Discusses Information Technology, MOOC, and Hispanic Student Participation and Business Partnerships in STEM Education"

54 구글은 이미 2014년부터 Google Classroom이라는 학습 관리 시스템을 무료로 배포해, 구글 계정과 연동하여 교사와 학생들의 학습 활동 데이터를 수집하고 있다. 마이크로소프트와 HP, SAP 등 주요 IT 기업들도 학습 관리 시스템에 관심을 갖고 있는 것으로 알려져 있다.

55 Business Insider, 2019.1.9, "2018 Global Edtech Investments Surge to Breathtaking $16.3 Billion"

억 달러, 2017년 95억 달러로 최근 투자가 폭증하고 있다. 쏟아지는 투자금의 홍수는 1990년대 후반 닷컴 붐과 비견되기도 한다. 에듀텍 기업 투자에서는 중국의 약진이 두드러지는데 2018년 한 해, 중국의 207개 기업이 72억 달러를 투자받아, 248개 기업이 52억 달러의 투자를 받았던 미국을 제치고 처음으로 전 세계 1위가 되었다. 특히 중국은 정부가 에듀텍 신생 기업에 직접 투자를 하고 있으며, 2015년에만 약 11억 달러를 투자한 것으로 알려져 있다[56].

온라인 학습과 관련된 기업에 대한 주요 투자를 살펴보면 다음과 같다. 2015년 독일의 미디어 기업인 베르텔스만이 캘리포니아에 위치한 핫쵸크(Hotchalk)에 2억 3천만 달러를 투자[57]했다. 핫쵸크는 대학들을 대상으로 입학부터 졸업까지 고등교육 생애주기의 종합 솔루션을 제공하고 있으며, 전 세계에서 가장 큰 고등교육 콘텐츠 공유 네트워크를 운영하고 있다. 예를 들면, 맥그로힐(McGraw Hill)의 교육 자료와 인증 체계가 핫쵸크를 통해 유통되고 있으며, NBC는 뉴스 자료를 핫쵸크를 통해 교육용 콘텐츠로 배포하고 있다. 2017년까지 주요 벤처투자 그룹들로부터 2억 5천만 달러를 투자 받은 에버파이(EverFi)는 개인 재무 관리, 등록금 융자 관리, 디지털 문해 능력, 약물 남용 방지, 성차별 방지처럼 비전통적이지만 수요가 많고 중요한 학습 주제에 대해 온라인 학습을 제공하고 있다. 에버파이는 비즈니스 모델이 매우 흥미로운데, 해당 주제와 관련된 기업이 비용을 지불

56 Techcrunch, 2018.1.19, "Education technology is a global opportunity"

57 여기부터 나오는 투자 유치 관련 금액은 모두 Crunchbase의 기업 정보를 인용했다.

하면 대학과 교육기관을 통해 학생들에게 온라인 학습이 제공된다. 대학은 비용 절감, 학생은 훌륭한 학습 기회 확보, 기업은 평판과 마케팅에서 이익을 볼 수 있다. 2019년까지 1억 5천만 달러를 유치한 디그리드(Degreed)는 평생교육 학습 플랫폼으로 이용 가능한 모든 학습 자료 - 온라인 강좌, 책, 논문, 해당 분야 전문가, 심지어 팟캐스트 - 까지 연결해 주며, 특히 학습 기록을 평가해서 학습자의 역량을 평가해 주고, 개선할 부분과 학습 계획까지 설계해 주는 개인화 서비스를 제공한다. 2018년까지 여러 벤처투자 기업에서 5억 8천만 달러를 유치한 중국의 Zuoyebang은 Baidu의 질의응답 Zhidao에서 출발했으며, 온라인 학습 플랫폼으로 진화했다. 학습과 숙제 대한 답변을 자동으로 제공해 주며, 답변이 어려운 문제에 대해서는 튜터와 1:1 학습 세션을 제공한다.

MOOC 업체들도 여전히 많은 투자를 받고 있다. 우다시티가 2015년 베르텔스만으로부터 1억 5백만 달러를 투자 유치했고, 코세라는 2019년 1억 3백만 달러의 금액으로 Series-E[58] 투자 유치에 성공했으며, 기업 가치가 10억 달러가 넘는 유니콘 기업으로 분류되었다. 온라인 학습과 관련된 흥미로운 시도 중 하나는 마스터클라스(MasterClass)로, 2017년까지 1억 3천 6백만 달러 투자를 유치했다. 해당 분야의 최고 권위자가 강좌를 운영하는 모델로 고등교육에 국한하지 않고 거의 모든 주제를 다루고 있다. 예를 들면, 연기는 사무엘 잭슨에게 배우고, 테니스는 미국 여자 테니스 스타 세레

58 스타트업 기업이 창업 후 기관 투자자로부터 기업 가치를 평가받고 투자를 받을 때마다 Series-A로부터 시작해 Series-B, Series-C 등으로 명명한다. Series-E는 5번째의 대규모 기관 투자를 의미한다.

나 윌리엄스에게, 포커는 캐나다의 포커 세계챔피언 다니엘 네그리누에게, 가창은 팝스타 크리스티나 아길레라에게, 바이올린은 아이작 펄먼에게, 경제학은 노벨 경제학상 수상자이며 저명한 경제 칼럼니스트인 폴 크루그먼에게 배우는 식이다. 마스터클라스는 래리 엘리슨의 예측과 유넥스트의 모델이 고등교육 분야에서 학습이 가능한 모든 분야로 확장된 모델이다.

기술 분야에 따라 투자 규모를 살펴보면 2017년 인공지능에 기반한 학습 시스템 업체에 가장 많은 투자가 이루어졌는데, 124개 기업에 17억 달러가 투자[59]되었다. 2018년에도 인공지능 분야에 가장 많은 투자가 이루어졌는데, 197개 기업에 29억 달러가 투자되었다. 인공지능 기반 학습 시스템과 관련된 기업은 크게 두 가지로 나누어진다. 인공지능을 이용해서 적응형 학습 시스템을 만들어 내는 기업들과, 인공지능 기반 자연어 처리를 통해 교육 서비스를 제공하거나 언어 교육 시스템을 만드는 기업들이다. 대학 수학의 적응형 학습법 개발을 주도했던 뉴튼(Knewton)은 총 1억 8천 2백만 달러를 투자 유치했고, 2019년 Wiley and Sons에 2억 달러에 매각되었다. 유사한 적응형 학습법을 초등학교와 중학교 수학에 적용한 드림박스(Dreambox)는 현재까지 1억 7천 5백만 달러에 달하는 투자를 유치했다. 2017년에만 1억 1천만 달러를 유치했던 그래머리(Grammarly)는 인공지능 기반 글쓰기 지원 프로그램을 개발해, 타이핑을 하는 동안 명료한 글을 쓸 수 있도록 가이드하는 기능을 제공한다. 2017년까지 1억 2천만 달러를

59 Metaari, 2018.1, "The 2017 Global Learning Technology Investment Patterns"

투자 받은 Liulishuo는 'Dong Ni Ying Yu(당신을 이해하는 튜터)'라는 이름의 인공지능 기반 튜터를 통해 개인화된 학습 계획과 적응형 언어 학습 콘텐츠를 제공한다. 이 회사는 2018년 미국 나스닥(NASDAQ)에 상장했으며, 2019년 7월 현재, 시가총액이 5억 달러에 달한다.

고등교육에 큰 영향력을 갖고 있는 기존의 기업들도 인공지능을 이용한 개인화된 학습 시스템 개발에 뛰어들었다. 대학 교과서 출판과 인터넷 기반 학습 시스템 분야의 세계 최대 기업인 영국의 피어슨(Pearson)은 IBM의 인공지능 시스템인 왓슨(Watson)을 이용한 레벨(Rebel)이라는 개인화된 학습 시스템을 출시했다. 피어슨은 레벨(Rebel)이 기존의 교과서를 대체할 것이라고 주장했는데, 레벨은 교과서 저자와 몰입형 상호작용이 가능한 미디어 기능을 탑재하고 있으며, 왓슨의 인공지능 기능을 이용한 개인화된 튜터링 기능을 제공[60]하고 있다. 과거에 학습 능력이 부족한 학생을 지원해 주던 튜터가 인공지능 튜터로 바뀌고 있는 셈이다. 대학 교재 출판업계의 거인인 맥그로힐은 캘리포니아 어바인 대학의 장클로드 팔마뉴 교수가 창업한 알렉스(Aleks)를 2013년 인수했다. 알렉스는 인공지능과 지식공간이론(Knowledge Space Theory)을 사용해서 개별 학생의 능력을 측정하고 지식 공간상에 학습 수준을 매핑한 후에, 가능한 주제부터 학습을 시작하는 적응형 학습법을 제공하고 있다. 고등교육 학습 관리 시스템(LMS) 분야의 독보적인 1위 기업인 블랙보드(Blackboard)는 학습 관리 시스템에서

60 https://www.pearsoned.com/ai-based-tutoring-new-kind-personalized-learning/

학생들이 생성하는 빅데이터를 분석하는 기능을 제공하고 있으며, IBM 왓슨의 인공지능 기능을 통합해서 한 차원 높은 수준의 학습 성취 예측 기능을 탑재한 학습 관리 시스템을 개발하고 있는 것으로 알려져 있다.

고등교육의 근본적인 변화를 야기할 파괴적 기술이라고 언급되었던, 온라인 강좌를 포함한 온라인 학습이 대학의 미래에 어느 정도까지 영향을 끼칠지 가늠하는 것은 어려운 문제이다. 몇 년 안에 많은 대학들이 사라질 것만 같았던 2012년 MOOC의 광풍과 당시의 기대를 비교하면, 아직은 작은 변화만 관찰되고 있을 뿐이다. 현시점에서 확실하다고 판단되는 것은 온라인 학습은 과거의 고등교육에 적용되었던, 그 어떤 기술보다 더 큰 변화를 야기할 것이며, 미래의 대학은 온라인 학습의 채택 수준에 따라 현재의 대학과 판이하게 다른 모습으로 분화할 것이라는 점이다. 온라인 학습의 한계로 언급되는 제한된 상호작용이, 4차 산업 혁명에서 언급했던 디지털 트윈, 가상현실(VR), 증강현실(AR)의 비약적인 발전을 통해 급격히 개선되고 있다. 실제를 모사할 수 있는 교수자 학습자 간의 상호작용이 제공된다면, 온라인 학습의 장점인 경제성과 확장성이 더욱 큰 빛을 발할 수 있을 것이다. 무엇보다도 온라인 학습이 생성해 내는 빅데이터는 미래 교육의 주요 방향인, 개인화된 적응형 학습 시스템의 토대가 될 것이다. 대학은 이런 교육 혁신을 자체적으로 수행할 세계적인 대학들과 기업의 솔루션을 구입해서 사용하는 평균적인 대학들 그리고 이러한 변화의 격랑 속에서 적응하지 못하고 사라지는 대학들로 구분될 것이라 예상된다.

1.5 플랫폼과 네트워크 관점에서의 대학 - 대학 역할의 변화

세계 최초의 대학인 볼로냐 대학이 위치한 11세기 북이탈리아에는 로마법의 선구자인 페포네와 같은 저명한 법학자들이 있어, 유럽 전역에서 학생들이 모여들었다. 학업을 목적으로 하는 학생들은 안전과 권리를 보장받고자 조합을 설립했고 이 조합이 교수를 고용하는 방식으로 학업을 진행했는데, 이들의 연합체가 대학으로 발전했다. 한편, 중세 신학의 중심지였던 파리에는 전 유럽에서 성직자들과 신학자들이 몰려들었다. 이들의 조합인 콜레쥬가 중심이 된 기숙학교가 생겨났고, 그 연합체가 파리 대학으로 발전했다. 볼로냐 대학은 학생 조합이 중심이었고, 파리 대학은 교수 조합이 중심이었지만, 학업과 학문을 목적으로 하는 지식인들의 생태계가 대학의 원형이 되었다는 공통점을 갖는다. 중세 시대 최고의 권위를 갖고 있던 파리 대학은 토마스 아퀴나스를 비롯한 빛나는 신학자들을 배출했으며, 여러 교황들과 추기경들이 젊은 시절 수학하기도 했다. 이를 통해 로마의 교황청과 직접 연결되어 그 영향력을 강화할 수 있었다. 파리 대학의 신학부 교수는 카톨릭 공의회의 상석에 자리가 마련될 만큼, 교황청에 의해 특별한 배려와 특권을 부여받았다. 파리 대학은 중세 성직자들과 신학자들이 한번은 방문하고 수학하기를 소망하는, 중세 신학에 대한 학문 네트워크의 중심지 역할을 담당했다. 중세 대학은 학업과 학문을 목적으로 하는 이동하는 지식인들의 생태계였으며, 이들의 연결을 형성하고 강화하는 현실 세계에서의 공간이었다. 이처럼 대학의 원형은 중세 지식인들을 연결하는 학문 활동의 플랫폼이었다.

MOOC가 대학을 변혁할 것이라는 기대가 정점에 있던 2014년, 하버드 경영대학원의 노히리아 학장은 "우리 교수들이 결정해야 할 것은 하버드 경영대학원과 같은 세계 최고 대학의 '플랫폼'에 있을 것인지, 개별적인 브랜드를 세울 것인지에 대한 것이다. 예를 들면, 크리스텐슨 교수가 하버드 경영대학원에 있기 때문에 크리스텐슨 교수가 되는 건지, 크리스텐슨 교수이기 때문에 크리스텐슨 교수가 되는 건지 판단하고 결정해야 한다."라고 했고, 위스콘신 대학의 올타로 마그네 학장은 "우리 대학 최고의 교수들은 전 세계를 대상으로 가르칠 수 있는 플랫폼을 찾고 있다. 이 시장은 교수들을 개별적으로 평가하고 가격을 매기고 있다. 학장으로서 내 역할은 우리 경영대학원 '플랫폼'을 지켜 내는 일이다."라고 말했다. 이 말들은 대학을 플랫폼이라고 상정한 언급들[61]이다. 플랫폼으로서 대학의 특징을 이해하기 위해서는 플랫폼 개념이 시작된 경영학 분야 학자들의 이론부터 살펴볼 필요가 있다.

경영학 분야의 아시아 최고 석학으로 인정받는 오마에 겐이치[62]는 2000년 그의 저서인 『보이지 않는 대륙(The Invisible Continent)』에서 미래의 부의 원천은 '플랫폼'이라고 선언했다. 세계화의 미래에 대한 확신으로 『국경없는 세계(The Borderless World)』라는 책을 쓰기도 했던 그는, 세계화

---

61 New York Times, 2014.5.31, "Business School, Disrupted"

62 1994년 The Economist에 의해 피터 드러커, 톰 피터스 등과 함께 세계5대 경영학 스승(Guru)으로 선정되었으며, UCLA 경영대학원 등 여러 대학에서 가르쳤다. 100여 권의 경영관련 저서와 베스트셀러를 출판했고, 2005년부터 일본 최초의 온라인 경영대학원인 Business Breakthrough(BBT) 대학원을 설립해 학장으로 재직하고 있다.

의 흐름 속에 국경을 초월한 미래의 새로운 경제 체계를 '보이지 않는 대륙'이라고 명명했다. 아울러 이 경제 체계가 지배할 21세기에 국가와 국경을 대신해서 가장 큰 힘을 가질 체계가 '플랫폼'이라고 주장했다. 그에 따르면 플랫폼은 '일반적으로 통용되는 기준' 또는 '구성원들이 모여 있는 생태계'로, 어떤 목적을 갖고 있는 유사한 활동이 이루어지는 기반을 제공한다. 대표적인 사례로 미국이 갖고 있는 세 가지 플랫폼을 언급했고, 이것이 미국 번영의 이유라고 주장했다. 영어는 전 세계 인구가 인터넷상에서 사용하는 의사소통의 플랫폼이고, 달러는 세계에서 통용되는 국가 간, 기업 간, 개인 간 결제 수단의 플랫폼이며, 완전히 공개된 거래 시장은 주식, 채권 및 각종 현물이 교환되는 거래의 플랫폼이다. 이 세 가지가 오마에 겐이치가 꼽은, 미국이 보유한 플랫폼들이다. 거의 모든 플랫폼은 사람과 사람을 연결하며 생태계 구축을 수반한다고 주장하고, '보이지 않는 대륙'에서의 성공은 플랫폼과 밀접한 관계가 있을 것이라고 예측했다.

그는 '보이지 않는 대륙'에서 거래의 특징을 '아비트리지(Arbitrage)'라고 예측했는데, 이는 상품, 재화, 서비스에 대한 거래 관계에 있어서 수요자가 공급자를 간편하게 선택하는 과정을 통해 공급가격을 인하시키는 거래 방식을 의미한다. 이 과정이 너무 냉혹하기 때문에 피해자가 생길 수 밖에 없지만, '아비트리지'를 통해 생기는 이익이 너무 크기 때문에 이 새로운 거래 방식을 수요자 입장에서 거부하기 어려울 것이고, 기업, 교육, 행정 등 모든 분야에 빠른 속도로 확산될 것이라 예측했다. 인터넷을 통해 기존의 수직적 가치 사슬이 수평적 네트워크 구조로 바뀔 것이며, 지구 반대편에 있는 서비스를 이용할 수도 있을 것이라고 했다. 특히 교육에 있어서 무능한 수천 명의 교사는 인터넷을 통해 유능하고 동시에 비용이 낮은 한 명의 교사로 '아비트리지'될 수 있을 것이라고 예측하기도 했다. 보이지 않는 대륙은 매우 역동적으로 변화하는 공간이기 때문에, 성공하는 기업이 되기 위해서는 가장 자신 있는 부분을 명확히 규정하고 고객의 요구를 선제적으로 예측해서 대응해야 하며, '아비트리지'를 당하지 않기 위해 더 나은 서비스와 품질을 갖추는 것이 성공의 관건이 될 것이라고 주장했다.

플랫폼은 '구성원들이 모여 있는 생태계'로, 어떤 목적을 갖고 있는 유사한 활동이 이루어지는 기반이다. 이 정의를 적용하면 대학은 플랫폼이다. 대학은 학생, 교수, 교직원을 구성원으로 교육, 연구, 사회 기여 활동을 하는 기반이기 때문이다. 한편 오마에 겐이치의 예측과 주장은 대학의 미래에 대한 여러 의견들과 맥이 닿아 있다. 개별 대학에게 다가오는 위기는 고등교육의 소비자인 학생들의 '아비트리지'라고 표현할 수도 있을 것이다. 아비트리지가 냉혹하다는 점은 이미 전조가 보이는 미국 영리 목적 대학의 쇠락과 경쟁력이 취약한 자유 교양 대학들의 폐교 그리고 2021년부터 예견되는 우리나라 대학의 정원 미달과 파산, 폐교 등과 관계된다. 지구 반대편에 있는 서비스 이용은 MOOC를 통한 학점 취득이 허용되는 세계 여러 대학들에서 그 사례를 찾을 수 있다. 인터넷을 통한 수직적 가치 사슬이 수평적 네트워크 구조로 바뀐다는 주장은, MOOC가 수직적 구조의 대학 교육을 수평적으로 변화시킬 것이라는 조셉 아운 총장의 예측과 궤를 같이 한다. 여러 대학의 강의를 쇼핑하듯이 온라인으로 수강하고, 학생 스스로 학위를 설계할 것이라는 토마스 프리드먼의 예측과도 같은 내용이다. 한 명의 유능한 교사가 수천 명의 무능한 교사를 대체할 것이라는 주장은 마스터클라스(MasterClass)에 의해 현실화되고 있다. 오마에 겐이치의 주장은 전체적으로 크리스텐슨 교수가 주장한 온라인 강좌를 인한 고등교육의 파괴적 혁신과 직접 연결된다.

대학은 네트워크의 관점에서 바라볼 수도 있다. 사회 연결망 이론(소셜 네트워크 이론)은 개인, 집단, 사회의 현상을 연결망(네트워크)으로 파악하는 개념이다. 개인 또는 집단이 네트워크상의 하나의 노드(node)이며, 사회 연결망은 이 각 노드들 간의 상호 의존적인 관계(link)에 의해 만들어지는 사회의 관계 구조를 의미한다. 모든 노드들은 네트워크 안에 존재하는 개별적인 주체들이고, 링크(link)는 각 노드들 간의 관계를 뜻한다. 대학은 교수, 학생, 교직원이라는 노드들로 구성되어 있다. 교수라는 노드는 교내의 학생 및 교직원과 연결되어 있으며, 동시에 소속 학교를 벗어난 외부 기관의 다양한 노드들과 연결되어 있다. 예를 들면, 외부 대학의 교수들과 출판, 학회 활동, 연구 협력, 논문 심사 등으로 연결되어 있고, 연구 기관의 연구원들과도 유사한 관계로 연결되어 있다. 산업계의 연구 개발 담당자들과도 연결되며, 정부와 공공 기관의 해당 분야 담당자들과 연결된다. 일반 대중과도 느슨하지만 강연, 출판, 기고 등으로 연결되어 있다. 학생은 교내 동료 학생들 및 교수들과 연결되고, 졸업 후 대학 외부로 나가는 노드로 졸업생이라는 노드가 되어 대학 안에 위치한 교수와 재학생들이 연결하는 대학 외부 노드들 중 매우 중요한 역할을 담당한다. 교직원은 상대적으로 변화가 적은 노드이며, 대학 내부 구성원들의 연결을 강화하고 지원하는 역할을 담당하고 있다. 바꾸어 말하면, 대학이라는 조직을 구성하는 단단한 외피 역할을 하는 노드이다. 플랫폼과 네트워크의 관점에서 바라보면, 대학은 지식과 사상을 매개하는 네트워크를 담아내는 플랫폼인 것이다.

플랫폼 비즈니스 전략 전문가인 히라노 아쓰시 칼과 안드레이 학주는 2011년 '플랫폼 전략'에서 플랫폼의 다섯 가지 기능을 다음과 같이 정리했다. 첫째, '연결 기능'으로 참여 주체의 관심을 끌 주제를 중심으로 교류를 촉진하고, 참여자들이 편리하게 연결될 수 있는 '장'을 제공한다. 둘째, '비용 감소 기능'으로 개별 주체가 해당 활동을 개별적으로 수행할 때 드는 비용을 플랫폼을 통해 지불하며, 그 비용을 크게 낮추어 준다. 셋째, '브랜딩 기능'으로 플랫폼이 제공하는 브랜드가 참여자에게 신뢰와 안정감을 제공하며, 이를 위해 플랫폼에서 유통되는 서비스나 재화에 대해 일정 수준의 질을 보장한다. 넷째, '커뮤니티 형성과 네트워크 효과'로 플랫폼 위에 공동체가 생겨나며, 참여 주체 간의 교류가 활발해지고 이를 통한 신뢰 관계가 형성되어, 플랫폼에 대한 애착이 증가한다. 다섯째, '삼각 프리즘 기능'으로 직접적으로 관련이 없어 보이는 여러 그룹을 연결해 줄 수 있다.

대학의 기능은 위에서 언급한 플랫폼의 다섯 가지 기능에 바로 매핑(Mapping)이 가능하다. 첫째, 대학은 교육, 연구, 사회 기여라는 주제를 중심으로 교수와 학생 그리고 대학 밖의 다양한 주체들이 편리하게 연결할 수 있는 대학 강의실 공간과 같은 물리적 '장'과 인터넷 학습 공간과 같은 사이버 '장', 교육, 연구 활동을 지원하고 촉진하는 행정조직 그리고 도서관과 같은 유형무형의 인프라를 제공한다. 둘째, 학습자가 교수를 직접 접촉해서 개별적인 가르침을 받는 것보다 대학의 조직화된 체계를 통해 적은 비용에 대학으로부터 교육 서비스를 받을 수 있고, 직접 연구 조직을 구성하는 것보다 저렴한 비용으로 대학원의 다양한 연구팀의 연구 서비스를 받을 수도 있다. 셋째, 대학은 자체 브랜드를 갖고 있으며, 브랜드 평판을 유지하기 위해 자체적으로 품질관리를 시행한다. 예를 들면 집중적인 인터뷰, 연구 역량 검증 등을 통해 우수한 교수 인력 채용에 심혈을 기울이고, 강의 평가와 같은 수단을 통해 강의 수준을 모니터링하며, 졸업 학점 규정과 학사관리를 통해 졸업생들의 역량의 질을 담보한다. 넷째, 대학 내의 교수, 학생, 교직원은 단위 학과와 같은 공식적인 공동체 만 아니라 학생들의 동아리 및 스포츠 활동, 교수들의 연구 센터 및 포럼과 같은 자발적인 공동체를 만들고 이를 기반으로 애착관계를 형성하며, 대학 당국은 이런 애착이 대학에 대한 충성심으로 발전하도록 지원한다. 미국 대학들의 대학 스포츠에 대한 막대한 투자가 대표적 사례이다. 다섯째, 대학은 학문적 관심사, 출신지역, 연령 및 세대, 경제적 배경, 정치적 입장이 다른 참여자들로 구성되며, 대학이 아니면 만나기 어려운 여러 계층과 그룹이 서로 연결되고 상호작용을 일으키는 기회를 제공한다. 플랫폼의 기능을 완벽하게 수행하는 것이 대학이며, 대학은 플랫폼의 대표적인 사례 중에 하나이다.

일반적인 플랫폼 기업은 충분한 참여자를 확보하는 것이 성공의 첫 번째 관건이다. 상거래 플랫폼 기업이라면 판매자가 많을수록 거래 품목이 다양해지게되고, 이는 구매자가 더 많이 모이게 하는 요인이 된다. 구매자가 많아지면 다른 판매자의 참여를 다시 촉진하는 선순환의 단계에 들어설 수 있다. 플랫폼으로서 대학이 일반적인 플랫폼 기업과 다른 점은 단순히 많은 참여자가 대학의 성공을 결정하지 않는다는 점이다. 하버드 대학, 프린스턴 대학, 예일 대학, 컬럼비아 대학, 스탠포드 대학에는 매년 2,000명에도 못 미치는 학생들이 입학하고 있다. 이들 대학은 미래의 리더가 될 자질을 가진 소수의 학생들과 탁월한 능력이 검증된 교수를 임용하는 명품화 방식의 플랫폼 전략을 유지해 왔다. 매우 까다로운 입학 사정을 통해 선택된 학생들은 선민의식을 갖게 되고, 학교 당국은 등록금 이상의 재원을 투입해 최상의 학부 교육을 제공하고 재학생들 간의 연결과 교류를 촉진하면서, 모교에 대한 애착과 충성심을 발전시켜 왔다. 학생들을 영향력이 강한 노드로 성장시켜, 비록 플랫폼에 소속된 노드 수는 적더라도 매우 단단한 연결을 가진 영향력이 두드러진 노드들로 구성된 플랫폼을 만들어 왔다. 다른 반대쪽 극단에는 피닉스 대학과 같은 영리 목적 대학들이 위치하는데, 이들은 가능한 한 많은 학생들을 조건 없이 받아들여 이익을 극대화하고 졸업생 규모를 확대하는 플랫폼 전략을 사용해 왔다. 비록 개별 노드의 연결은 약하더라도 노드 수의 증가를 통해 영향력을 강화해 온 것이다.

히라노 아쓰시 칼과 안드레이 학주는 하버드 비즈니스 스쿨을 플랫폼 전략의 성공 사례로 제시했다. 비즈니스 스쿨의 핵심 참여자는 교수와 학생으로, 상거래 플랫폼의 판매자와 구매자 같은 순환 구조를 갖는다. 우수한 교수가 있어야 매년 우수한 학생이 입학하고, 우수한 학생은 우수한 교수를 유인

한다. 하버드 비즈니스 스쿨은 선순환 구조를 만들기 위해 먼저, 동문회와 기업과의 네트워크를 강화했다. 기업 간부를 위한 학위 과정을 개발해서 추가적인 수입원을 확보하고 동시에 동문회 네트워크를 강화했다. 이렇게 확보한 재정으로 우수 교직원을 적극 유치했으며, 동문 네트워크를 이용해 졸업 예정 학생들과 주요 기업의 인사 담당자들을 연결해 취업을 지원했다. 또한 관련 기업의 지원으로 풍부한 사례 학습(Case Study)을 구축하고, 이를 이용해 학생들에게 실질적인 경영 교육을 실시했다. 재학생, 교수, 동문, 기업 등 참여 주체를 모두 만족시키는 플랫폼을 구축했기 때문에 하버드 비즈니스 스쿨은 세계 최정상의 비즈니스 스쿨이 될 수 있었다는 것이다.

독일의 대학은 주정부가 재정을 책임지고 지역별로 입학생을 받는 방식으로 지역 분할의 고등교육 플랫폼을 구축해 왔다. 교육과 연구가 분리되었고, 대학은 지역별로 고등교육의 중심지 역할을 담당하고 지역별로 대학 진학 수요를 책임지는 구조가 되었다. 지역 중심의 대학 평준화와 지역별 대학 간의 동형화는 모든 국민들에게 고등교육 기회의 평등을 제공했고 분권화된 민주주의의 가치를 담아낼 수 있었다. 그러나 연구와 분리된 교육 중심의 평준화와 동형화는 학문적 '연결'의 중요성에 대해 무심하게 되었고, 독일 대학들은 지역의 중심지 역할에 매몰되어 전 세계 학문 네트워크의 변방으로 밀려나는 결과를 낳게 되었다. 19세기부터 20세기 초반까지 전 세계 학문의 중심지였던 독일은 대학 평준화와 동형화의 폐해를 인식하고, 과거의 위상을 되찾기 위해 2006년부터 연방 정부의 주도로 '대학원 육성 사업', '우수 클러스터 지원 사업', '엘리트 대학 육성 사업'을 시작했다.

이를 통해 대학 간의 연결, 대학과 산업체의 연결, 대학과 연구 기관의 연결을 강화하고 대학의 다양성을 증진하며, 소수의 대학들에 대한 집중적인 재정 지원을 통해 세계적인 연구 중심 대학 육성을 추진하고 있다.

플랫폼과 네트워크의 개념이 중요한 것은 대학의 모든 기능이 이 두 가지 관점에서 설명되기 때문이다. 대학이라는 플랫폼은 교수와 학생 간의 교육이라는 연결과 교수, 교직원, 학생 간의 행정 업무를 통한 연결, 학술 활동을 통해 연구 결과를 관련 분야 학자들과 공유하는 연결, 산업계에 필요한 기술 제공과 인력 공급을 통한 연결, 정부와 공공 기관에 대한 자문과 인력 공급을 통한 연결, 대중 서적 출판과 미디어 활동을 통해 일반인들에게 지식과 사상을 전달하는 연결과 같은 활동을 담당하고, 이를 촉진하는 플랫폼이다. 대학이 발전해서 명문 대학이나 역량 있는 대학이 된다는 것은, 네트워크로 구성된 인간 세상에서 대학을 구성하고 있는 학생, 교수, 그리고 대학의 생산품이라고 할 수 있는 졸업생들이 대학 외부의 더 많은 개인 및 기관들과 연결되고, 더 강한 연결 강도를 갖는 것이라고 바꾸어 설명할 수 있다. 대학을 구성하고 있는 개별 노드가 가지고 있는 외부 노드와의 연결 개수와 개별 연결의 강도의 함수로 표현할 수 있는 영향력의 크기가 그 대학의 역량인 것이다.

학술 논문이 중요한 이유는 이런 관점에서 보면 쉽게 설명이 가능하다. 학자로서 교수들은 학술 논문의 상호 인용을 통해 전 세계 학자들과 연결된다. 특히 훌륭한 학술 논문은 다른 학자들의 논문에서 더 많이 인용된다.

피인용이 많은 논문을 쓴 교수는 전 세계 많은 학자들과 연결되고, 피인용이라는 강력한 학문적 연결을 통해 연결의 중심이 된다. 세계적인 연구 중심 대학은 피인용 수가 높은 논문을 출판한 교수가 많이 재직하고 있는 대학인 것이다. 대학 본연의 기능인 교육도 마찬가지이다. MIT 길버트 스트랭 교수의 OCW '선형대수학'을 수강한 학생이 300만 명이 넘었다는 것은, 교육이라는 목적으로 스트랭 교수와 전 세계의 300만 명의 학생들이 연결된 것을 의미한다. 면대면 강의만큼 단단한 연결은 아니지만, 이 압도적인 연결 수를 통해 스트랭 교수는 '선형대수학'이라는 교육적 연결의 중심 노드가 되는 것이다. OCW를 통한 MIT 강좌의 무료 공개가 궁극적으로 MIT에게 도움이 된다는 것은, 플랫폼과 연결의 관점에서 바라보면 MIT가 연결의 중심이 되고, 그 연결을 담아 내는 플랫폼이 된다는 측면에서 설명이 가능하다. 전통적인 대학의 면대면 강의를 고려하면, 스트랭 교수의 '선형대수학'을 수강한 MIT의 수천 명의 학생들이 스트랭 교수와 연결되고, 이들이 졸업해서 '선형대수학'을 사용하는 다양한 분야에서 연결의 중심 역할을 하고 있다면, 스트랭 교수는 졸업생들의 연결을 통해 2차적인 연결의 중심지가 된다. 전통적인 교육이 즉각적인 연결의 중심을 만들어 주지 못한다는 사실, 즉 교육의 효과는 연구 출판의 효과보다 긴 시간을 두고 나타난다는 것도 네트워크 관점에서 바라보면 설명이 가능하다.

연결의 중심이 되는 노드를 많이 보유한 플랫폼이 뛰어난 플랫폼이라는 사실을 고려하면, 대학은 교육과 연구 이외의 다양한 연결을 만들어 내는 활동도 중요하게 고려해야 한다. 교수들의 저술과 기고, 외부 강연, 자문 활동, 사회단체 활동, 지역 봉사, 기술 이전, 창업 등도 새로운 연결을 만들어 내는 활동들이다. 특히, 인문사회학 연구는 많은 경우 엄밀한 학술적 논문 출판이 아닌 일반 대중을 대상으로 한 저술 작업을 통해 새로운 지식과 사상을 전파한다. 학술 논문처럼 피인용이라는 정량적인 지표로 그 파급 효과를 파악하기 어렵고, 학술적 연결만큼 본질적인 기능은 아니지만 수많은 일반 대중들에게 지식과 사상을 전달한다는 점에서 대학이 담당해야 할 중요한 연결 활동이다. 교육과 연구 이외에도 지식과 사상을 매개하는 모든 활동은 연결을 통해 전파되며, 매개체가 무엇이든 대학의 중요한 기능이기 때문이다. 최근 강조되는 대학의 연구 개발과 이를 기반으로 한 기술 이전 및 기술 기반 창업은 교수와 대학원생이라는 대학 내의 노드들로 구성된 연구팀이 기술(지식)을 개발하고, 외부 노드들과 새롭게 개발한 기술을 대상으로 가치를 교환하는 연결 활동으로 바라볼 수 있다.

시장 권력의 대학 포획을 거부하는 순수 학문 옹호자들의 입장도 플랫폼과 네트워크의 관점에서 설명이 가능하다. 학문의 순수성을 지키고, 효용성 평가와 가치 교환을 거부하는 학문 활동도 지식과 사상을 전파하고, 이 전파를 통해 공감하는 사람들 또는 비판하는 사람들과 연결되는 활동이기 때문이다. 효용성 평가와 가치 교환에서 자유로운 지식과 사상의 전파는 학문의 순수성을 주장하는 학자들이 지향하는 대학의 기능이다. 막스 베버는 "대학은 여러 신들의 경연장이다."라고 말했다. 다양한 교리, 사상, 이데올로기, 학파가 서로 만나고, 대립하고, 경쟁하면서, 서로 소통하는 연결의 플랫폼이라는 설명이다. 소스타인 베블런은 그의 저서 『미국의 고등교육』에서 이상적인 대학은

"고등교육에 내재하여, 이를 이끌어 가는 온갖 견해와 사상들의 피난처이며, 이들 만남, 합일, 전파의 장소"라고 명시하면서, 학습은 금전적 목적을 추구하지 않은 활동 형식으로 규정했다. 사상의 연결을 지원하는 플랫폼이며, 연결을 통한 사상을 전파하는 것이 대학의 본질이라는 주장이다. 자크 데리다는 그의 저서『조건 없는 대학』에서 미래 대학의 역할에 대해 "경제적 목적성과 이해관계에 봉사하는 다른 연구 기관과 구별하기 위해서, 대학은 조건 없고 전제 없는 논의의 장이 되어야 하며, 무언가를 검토하고 재고하는 공간"이라고 주장했다. 이해관계로부터 자유롭게 다양한 사상이 서로 연결되는 플랫폼이 대학이라는 주장이다. 이와 같이, 대학의 모든 활동은 네트워크와 플랫폼의 관점에서 효과적으로 설명할 수 있다.

대학이 만들어 내는 연결의 성격은 전술한 바와 같이 다양하다. 대학의 전통적인 기능인 교육과 연구, 교환 가치를 갖는 기술의 개발과 산업체에 전파를 통한 부가가치 생산, 조건 없는 지식과 사상의 전파 등과 같은 연결의 다양성에 덧붙여, 연결은 공간적 범위와 연결 대상에 따라 또 다른 다양성을 고려할 수 있다. 연결의 공간적 범위에 따라 전 세계, 국가, 지역 등으로 나누어 볼 수 있다. 연결 대상에 따라서 교육은 신입생들을 위한 교양 교육, 졸업생들의 취업을 위한 직업교육, 재직자를 대상으로 한 직무 교육, 관리자들을 위한 리더 교육, 지역 주민들을 위한 평생교육 등으로 나누어 볼 수 있다. 연구는 국가 연구, 지역 연구, 국제 협력 연구, 산업체 연구로 나누어 볼 수 있고, 기술 개발을 통한 부가가치 생산은 특허 기반 기술이전, 노하우 이전, 창업 등으로 나누어 볼 수 있다. 대학 이사회와 집행부의 역할은 각 대학이 처한 상황, 환경, 장단점을 분석해서 이런 다양한 연결 활동들의 우선 순위를 설정하여 제한된 재원과 인력을 최적화해서 배치하고, 해당 연결 활동을 촉진하는 행정적 수단을 실행하며, 네트워크 활동이 원활하도록 지원 시스템이 구비된 플랫폼을 만들어 주는 것이다.

대학들의 경쟁을 플랫폼 경쟁으로 바라보면, 대학을 운영하는 이사회와 집행부는 1990년대 후반 닷컴 시대 이후 플랫폼 기업들의 명멸을 참고할 만하다. AOL, Excite, Infoseek, Lycos, Netscape, Fashion.com, Food.com, Cyworld, Iloveschool, Goldbank, Myspace 등 어느 순간 사라져 간 기업들부터, 현재까지 살아남은 Google, Amazon, Facebook, Youtube, Instagram, Snapchat, Pinterest, Uber, 네이버, 카카오 등이 그 예들이다. 이들은 순식간에 수억 달러의 투자를 유치하기도 하고, 시가총액이 수십억 달러에서 수백억 달러에 이르렀다 사라졌던 기업들, 그리고 현재 시가총액이 수천억 달러에 달하고 있는 소위 플랫폼 기업들이다. 살아남는 기업과 살아남지 못하는 기업은, 어떤 사용자 그룹을 주요 타겟으로 설정했는지 그리고 어떤 가치를 매개했고, 어떻게 참여자를 늘려갔는지, 이를 위해 어떤 편의와 어떤 기능을 제공했고, 어떻게 연결을 촉진했는지 등의 차이로 결정되었다. 바꾸어 말하면 사소해 보이는 플랫폼 비즈니스 전략의 차이로 성패가 결정되었다. 위기가 다가오고 있는 우리나라 대학의 미래에 대학 이사회와 집행부의 플랫폼 전략이 중요한 이유이다.

대학을 플랫폼과 네트워크에서 바라보는 관점은 미래 인재들의 역량에 대한 재정립도 가능하다. 4차 산업혁명으로 변화하는 미래에 필요한 인재 역량에 대해서는 수많은 연구와 의견이 있다. 그중 가장 많이 인용되는 연구 보고서는 세계경제포럼(WEF)이 2015년 출판한 '교육의 새로운 비전'이다. 이 보고서는 4차 산업혁명 시대에 가장 급속한 변화가 필요한 분야 중 하나가 교육이라고 명시했으며, 변화된 교육을 통해 미래 인재들이 육성해야 할 16가지 능력을 제시했다. 2020년 이후 요구되는 이 능력들을 기본 지식(Foundational Literacy), 역량(Competency) 그리고 인성(Character Quality)의 세 가지로 분류했다. 기본 지식은 읽고 쓰는 문해 능력(Literacy), 수리 능력(Numeracy), 과학 지식(Scientific Literacy), 컴퓨터/정보처리 능력(ICT Literacy), 재정 지식(Finance Literacy), 인문 문화 지식(Civic and Cultural Literacy)의 6가지로 구성되며, 역량은 비판적 사고와 복잡한 문제 해결(Critical Thinking/Problem Solving), 창의력(Creativity), 의사소통(Communication), 협업 능력(Collaboration)으로 총 4가지로 구성된다. 인성은 모두 6가지로, 호기심(Curiosity), 주도성(Initiative), 일관성(Persistence/Grit), 적응력(Adaptability), 리더십(Leadership), 사회 · 문화적 감수성(Social and Cultural Awareness)으로 구성[63]된다.

문해 능력과 수리 능력 등 기본적인 지식은 전통적인 대학에서 가르쳐 왔던 학습 주제들로, 다음 단계의 능력을 키우는 출발점이다. 전통적으로 한두 분야의 지식을 강조했던 과거와 달리 기본 지식의 범위가 컴퓨터/정보

63 World Economic Forum, 2015, "New Vision for Education Unlocking the Potential of Technology"

처리 지식, 재정 지식, 인문 문화 지식 등 학문의 전 분야로 확대되고 다양화되었다는 점이 과거와 다른 점이다. 이는 미래의 대학이 기본 지식을 더 넓고 깊게 가르쳐야 한다는 사실을 의미하며, 동시에 문과와 이과 구분, 개별 학과 중심의 우리나라 학부 교육의 개선 필요성을 지적한다. 역량은 복잡한 도전을 해결하는 능력으로 정의했다. 비판적 사고는 모든 학문의 출발점으로 학문의 역사와 함께해 온 기본 소양이며, 창의력은 문제를 정의하고 해답을 구하는 데 새로운 접근 방법을 찾는 능력이다. 교육을 통해 비판적 사고와 창의력을 육성한다는 것은, 기본적인 지식의 깊이 있는 학습과 이들의 연결을 통해 다양한 관점을 갖추는 것으로 해석 가능하다. 의사소통과 협업 능력은 개인이 갖출 수 있는 지식과 관점의 다양성을 보완하기 위해 타인과의 연결을 원활하게 하는 능력으로 정의할 수 있다. 인성은 급격하게 변화하는 환경과 상황에 대응하는 능력으로 정의된다. 호기심과 주도성은 새로운 상황과 문제에 대해 해결 방법을 찾아내는 출발점이며, 일관성과 적응력은 예상치 못한 역경이나 새로운 문제에 봉착했을 때 흔들림 없이 탄력적으로 대응하는 능력을 의미한다. 리더십과 사회 문화적 감수성은 다양한 타인들과 사회적, 도덕적, 문화적으로 적절하게 소통하고 공감하는 능력이다. 변화하는 환경과 상황에 대응하는 6가지 능력들은 변화 대응력, 회복 탄력성이라고 해석되는 '리질리언스(Resilience)'라는 개념으로 묶을 수 있다. 세계경제포럼에서 정의한 미래 인재의 6가지 기본 지식은 '다양성', 4가지 역량은 '연결', 6가지 인성은 '리질리언스', 이렇게 셋으로 요약이 가능하며, 이를 모두 관통하는 한 가지 키워드는 '연결'로 정리할 수 있다.

대학은 학생들이 삶의 의미와 목적을 탐색하고 더 나은 인간이 되도록 인도해야 한다는 통합 학습(Integrated Learning)에서 강조하는 키워드가 '연결'이기도 하다. 통합 학습에 대한 연구를 수행한 미국 대학협회는 통합 교육은 여러 원천과 경험에서 나온 기술과 지식을 서로 연결시켜 보는 것이며, 학문 이론을 다양한 실제 상황에 적용해 보는 것이고, 여러 관점들-심지어 상반되는 관점들을-적절히 융합하고 활용해 보는 것이며, 서로 다른 논점을 맥락에 맞게 이해하는 것을 포함하는 것이라고 설명[64]했다. 4차 산업혁명 시대 미래 인재에게 필요한 능력들이다. 그 뿌리가 중세 대학의 자유교양 7과까지 거슬러 올라가는 통합 교육의 핵심이 '연결'이라는 점이 흥미롭다. 4차 산업혁명을 통해 변화할 대학이 역설적으로 인문학자들이 주장하는 교육기관으로서 본령을 회복할 수 있을 것이라는 기대도 가능하다.

소나무와 같은 단일 품종이 적절한 간격으로 열을 맞추어 같은 높이로 자라고 있는 잘 관리된 플랜테이션과, 바닥에는 다양한 초목, 하층에는 여러 종의 관목, 중층과 상층에는 여러 종의 교목들이 섞여서 자라고 있는 자연림을 상상해 보자. 플랜테이션은 목재 생산과 같은 직접적인 목적에 최적화된 산림이다. 한편, 자연림은 다양한 생물종을 담아내고 있으며, 여러 생물체가 물질 교환과 에너지 전달을 통해 단단하게 연결되어 있다. 자연림은 목재 생산과 같은 직접적인 경제 효과는 기대하기 어렵지만, 다양한 생물들의 상호작용 속에서 새로운 물질의 발견, 이에 기반한 신약 개발처럼

64 Mary Huber and Pat Hutchings, 2004, "Integrated Learning: Mapping the Terrain", Association of American Colleges and Universities

간접적이지만 훨씬 큰 부가가치를 만들어 내는 경제 효과가 가능하다. 자연림의 또 다른 장점은 회복 탄력성, 즉 리질리언스이다. 종의 다양성과 이들의 단단한 연결은 예기치 못한 어떤 재난 상황에서도 새로운 정상 상태로 되돌아오는 회복 능력을 제공한다. 대규모 산불 발생하면, 플랜테이션은 회복 불가능하게 초토화되지만, 자연림은 짧은 시간 안에 원래의 모습으로 회복된다. 병충해와 같은 특정 생물종에 영향을 미치는 재해 상황에 플랜테이션은 매우 취약하지만, 다양한 생물종의 단단한 연결로 구성된 자연림은 거의 영향을 받지 않는다. 플랜테이션이 표준화되고 전문화된 2차 산업혁명 시대의 인재상을 상징한다면, 자연림은 다양성과 연결 그리고 리질리언스를 특징으로 하는 4차 산업혁명 시대의 인재상을 상징한다.

대학 내부와 대학 외부의 다양한 지식과 사상을 매개하는 연결을 담아 내는 플랫폼이 대학인 것처럼, 개인 내부에 다양한 지식과 사상을 축적하고 이들을 연결 조합할 수 있으며, 타인과 소통하고 공감하는 능력을 통해 타인의 다양한 지식과 사상을 공유 활용할 수 있고, 이런 다양성과 연결 능력을 통해 어떤 상황에서도 흔들리지 않고 탄력적으로 해결책을 찾는 리질리언스를 갖고 있는 인재, 바꾸어 말하면, 네트워크와 플랫폼으로 설명 가능한 명문 대학의 모습을 개인 안에 내재화한 학생이 미래 대학이 키워 낼 인재의 모습이다.

02

만들어 가는 대학의 미래

21세기 대학의 미래에 대한 여러 가지 연구들이 있었다. 마이클 피터스와 티나 비슬리는 대학이 경제적 성장과 문화적 발전을 위한 지식 자본과 혁신의 중심이 되어야 한다는 '창조적 대학'의 개념을 제시[1] 했고, 미래의 대학은 새로운 지식의 생산, 새로운 미적 양식의 구성, 독창적인 예술과 문화 작품 생산, 과학적 발명과 기술적 혁신을 담당해야 한다고 주장했다. 니콜라스 스탠덜트는 국가 주도 근대 대학이 등장한 19세기 이래 유지된 대학의 관료적인 상하 조직 체계를 해체하고 느슨하고 수평적인 네트워크 관계로 구성된 '네트워크 대학'을 미래의 대학 모델로 제시[2] 했다. 구성원들 간의 경계 없는 상호작용이 가능한 '네트워크 대학'에는 이질적인 학문 분야가 만날 수 있는 불확실하고, 이해하기 어렵고, 통제 불가능한 실제 공간을 만들어 내는 것이 가장 중요한 과제라고 주장했다. 마이클 트위데일과 데

---

1 Michael Peters and Tina Besley, 2013, 『The Creative University』

2 Nicholas Standaert, 2012, "Towards a Networked University", In Ronald Barnett(eds) 『The Future University: Ideas and Possibilities』

이비드 니콜라스는 21세기 대학이 직면하고 있는 다양한 변화와 예측하기 어려운 위기에 신속하고 유연하게 대응할 수 있는 민첩한 조직 구조로 대학을 재설계해야 한다고 주장했다. 교육과 연구의 내용과 방법을 가볍고 바쁘게 혁신하는 '민첩한 대학'이 미래의 대학 모델[3]이라고 주장했다. 한편, 캐빈 캐리는 MOOC의 광풍이 정점에 있던 2015년 온라인 학습을 기반으로 한 '전 세계에 어디서나 닿을 수 있는 대학' 이 미래 고등교육이 이루어지는 곳이 될 것이라 예측했고, 이 교육기관은 우리가 알고 있는 대학과 매우 다르며, 강의실, 도서관, 학과 사무실이 없고 학기, 학점, 학위도 없을 것이며, 개인화된 학습경험을 제공하는 새로운 면모를 가질 것이라고 주장[4]했다.

미래의 대학에 대한 수많은 제안과 예측이 있지만, 이들은 대부분 개념적인 설계와 구상에 그칠 뿐, 현재의 대학이 어떻게 그런 변화된 모습으로 나아가야 할지에 대해서는 방법을 제시하지 못하고 있다. 이 글에서는 이상적인 미래 대학의 모델에 대한 제안이 아닌, 대학의 현실에 기반한 구체적인 변화 방법을 제시하고자 한다. 대학의 미래는 주어지는 것이 아니고, 함께 만들어 가는 것이다. 그렇다면 대학의 미래는 대학이 직면한 사회, 정치, 경제, 산업, 과학기술의 변화를 분석하고, 개별 대학이 처한 현황과 장단점을 고려하여 지식과 사상의 연결을 담아 내는 플랫폼으로 변신하기 위한 차별화된 혁신 방안을 수립하고, 그것을 수행해 가는 과정이다. 한편, 정부는 대학 혁신이 원

3 Michael Twidale and David Nichols, 2013, "Agile Methods for Agile Universities". In: Tina Besley and Michael Peters(eds) 『Re-imagining the Creative University for the 21st Century』

4 캐빈 캐리, 2016, 『미래의 대학』

활하게 이루어질 수 있도록 정책적, 재정적, 행정적 환경을 제공하는 중요한 이해 관계자이며 핵심적인 역할을 담당한다. 이번 장에서는 함께 만들어 가는 대학의 미래를 위한 10가지 혁신 방향을 제안한다. 우리나라 대학들이 앞에서 살펴본 미래의 변화에 조응하고, 미래 대학의 역할을 제대로 수행하기 위해 필요한 주요 혁신 방향과 그 실행 항목들을 제시하고자 한다. 10가지 방안 중 앞의 5가지 방안은 정부의 역할이 중요한 항목들이고, 뒤의 5가지는 개별 대학의 역할이 더욱 중요한 항목들이다.

대학의 미래에 대한 혁신 방안을 정리하고 구체적인 전략에 대해 논의하기 이전에 답변해야 할 두 가지 질문이 있다. 첫째, "대학은 중요한가?" 그리고 둘째, "대학은 누구에게 도움이 되는가?"이다. 이 두 가지 질문에 대한 답변은 서로 밀접하게 관련되어 있다.

2.1 대학은 중요한가, 대학은 누구에게 도움이 되는가

2000년 하버드 대학 행정대학원의 랜트 프리쳇은 "교육투자는 모두 어디로 갔는가(Where has all the education gone)?[5]"라는 논문에서 교육을 통한 인적자원에 대한 투자가 국가의 1인당 생산 증가, 즉 경제성장과 직접적인 관계가 없다는 사실을 여러 국가의 데이터 분석을 통해 입증한 바 있다. 바꾸어 말하면 교육투자 효과가 국가에 따라 크게 다르다는 것이다. 교육

5 Lant Pritchett, 2000, "Where has all the education gone?", The World Bank Economic Review

자 입장에서 불문율과 같은 "교육은 국가의 경제성장에 중요한 역할을 한다."라는 경구가 적용되는 나라도 있지만, 전 세계적으로 봤을 때 정확한 주장이 아니라는 사실이다. 개인이라는 미시적 측면에서 보면 고학력자가 될수록 임금수준이 높아지는 건 사실이지만, 국가라는 거시적인 측면에서 고학력자가 많아진다고 해서 그것이 국가의 1인당 생산 증가와 연결되지 않는다는 것이다.

프리쳇의 분석이 흥미로운 것은 그 이유를 제시했다는 점이다. 첫 번째 이유는 교육이 개인적으로는 이득이 되지만, 국가적으로는 생산적이지 못한 경우다. 정부와 공공 조직의 시스템이 조야해서, 고등교육을 받은 사람들이 독점 기회 추구나 정부 조직 참여를 통해 개인 이득 추구에 집중하기 때문으로, 저개발국가들을 그 예로 꼽는다. 프리쳇은 능력 있는 고학력자들이 생산 분야가 아닌 지대 추구 - 부동산 임대업에 집중하거나, 독점적인 지위 확보를 위해 공공 조직에 투신하는 경우 국가적으로 경제성장이 저해될 수 있다는 점을 실증했다. 정부가 고학력자 고용을 주도하는 경우 경제성장이 쇠퇴하는 사실을 몇몇 국가의 사례로 적시하기도 했다. 두 번째 이유는 고학력 인적자원이 필요한 분야의 수요가 존재하지 않아서 교육투자가 큰 효과를 볼 수 없는 경우이다. 세 번째 이유는 교육의 질이 높지 않아 학교를 오래 다닌다고 해서 실질적으로 높은 수준의 인적자원이 되지 못하는 경우라고 주장했다. 프리쳇은 1990년대 데이터를 활용해서 우리나라와 타이완은 교육투자 증가가 생산성 증가로 연결되는 국가군에 있다는 사실을 적시했고, 우리나라를 포함한 동아시아 국가들이 위에서 언급한 세 가지 이유에 해당되지 않는다는 통계들도 제시했다. 그렇다면 20여 년이 지난 현 시점에 최신 데이터로 다시 분석을 한다면 어떤 결과가 나올까? 우리나라는 여전히 교육투자가 경제성장으로 연결되는 국가일까? 이 질문들을 약간 바꾸면 "우리나라 대학은 경제성장에 중요할까?"라는 질문과 "어떻게 대학을 혁신해야 경제성장에 기여할까?"라는 질문이 된다.

대학이 경제에 기여하는 가장 중요한 두 가지 항목은 연구를 통해 생산되는 지식과 교육을 통해 생산되는 인적 자본이다. 대학의 중요성을 이 두 가지 측면에서 경제성장 이론과 함께 살펴보자. 한 국가의 경제성장을 견인하는 요인을 찾고 그 메커니즘을 설명하는 경제성장 이론은 경제학의 중요 연구 주제이다. 부유한 국가와 가난한 국가의 차이에 대한 질문과, 어떤 국가는 지속적으로 경제성장을 하고 어떤 국가는 그렇지 못하는가에 대한 질문은 국가 경제정책 결정에 매우 중요한 문제이기 때문이다. 이 질문에 대해 중요한 답변을 제공한 경제학자는 로버트 소로우였다. 그는 1인당 자본량이 증가할 때 1인당 생산량이 증가한다는 사실을 파악했고, 이 분석을 기반으로 자본 축적을 통한 1인당 자본량을 증가시키는 것이 경제성장을 유지하는 동력이라는 이론[6]을 제시했다. 이 이론은 자본량 증가를 위해 저축을 통해 물적 투자를 확대하고, 1인당 자본량 증가를 위해서 인구 증가를 억제해야 한다는 이론이다. 1960~70년대 우리나라에서 소비보다 저축을 장려하고, 산아제한 정책을 시행했던 것은 소로우의 경제성장 이론을 충실

6 Robert Solow, 1956, "A contribution to the theory of economic growth", The Quarterly Journal of Economics

히 반영했던 사례이다. 소로우의 모델은 대체로 국가의 경제성장과 침체를 적절하게 설명할 수 있었지만, 두 가지 약점을 갖고 있었다. 첫째는 당연해 보이는 가정인 생산량의 증가분은 투입 자본량이 커질수록 감소한다는 생산함수의 체감 법칙이었다. 선진국에 도달한 국가의 자본축적 수준에 따른 경제성장률만 보면 적절한 가정[7]이지만, 저개발 국가의 경우 자본축적 수준과 경제성장률 사이에 음의 상관 관계가 관측되지 않았고, 각 시대별 세계 경제 주도 국가들의 경제성장률을 비교하면 틀린 가정이었다. 예를 들어 19세기 영국의 성장률이 자본축적량이 훨씬 큰 20세기 미국의 성장률보다 훨씬 낮다는 사실은 이 가정에 대한 의심 갖게 했다. 둘째, 1인당 생산량 증가는 자본량 증가와 생산성 증가의 합으로 표현할 수 있는데, 생산성 증가를 결정하는 기술 진보가 모든 국가에서 동일하다는 가정을 했다는 점이다. 생산성 증가가 모든 국가에서 똑같기 때문에 자본량 증가만을 가지고 생산량 증가를 결정할 수 있다는 단순한 모형이 가능했던 것이다. 소로우는 기술은 공공재이므로 기술진보는 외생적으로 주어진다는 현실과 맞지 않는 가정을 했다. 소로우의 이런 가정을 의심하는 일단의 경제학자들은 내생적 성장 모델을 제안했다.

내생적 성장 모델의 핵심은 지식과 인적 자본은 외생적으로 주어지는 것이 아니라 내생적으로 진보하며 국가별로 큰 차이가 생기게 되고, 지식과 인적 자본 축적으로 인한 생산량 증가는 체감하지 않고 선형으로 증가하거

7 우리나라의 1970년대 경제성장률과 2010년대 경제성장률 비교, 미국의 20세기 초반,의 경제성장률과 20세기 후반의 경제성장률 비교, 일본, 중국 등 선진국으로 진입한 대부분 국가의 사례에서는 합리적인 가정이다

나 체증한다는 가정이다. 소로우 모델의 두 가지 가정을 정반대 가정으로 바꾼 것이다. 이를 주도한 두 학자가 폴 로모와 로버트 루카스 였고, 이들은 1986년[8]과 1988년[9], 각각의 논문을 통해 연구 개발과 지식 전파를 통한 지식의 축적과, 교육과 직무 과정을 통한 인적 자본의 축적이 국가별로 격차가 있고, 이로 인한 기술 격차가 경제성장의 차이를 만든다는 이론을 제시했다. 지식과 인적 자본을 충분히 보유한 국가는 생산성 증가를 통해 경제성장을 지속적으로 높게 유지할 수 있다는 주장이었다. 내생적 성장 모델은 소로우의 모델과 결정적으로 차이가 나는 정책적 함의를 담고 있다. 첫째, 대학에 대한 정부 지원의 당위성이다. 지식의 생산과 전파, 인적자원의 생산과 전승은 경제 주체 중 교육기관, 특히 대학이 담당하는 기능이다. 대학의 기능을 강화해서 지식과 인적자원을 증가시키고, 지식과 인적자원이 '연결'을 통해 사회 전반으로 잘 확산되도록 지원하는 것이 경제성장에 중요하므로 대학에 대한 지원은 경제정책에서 우선 순위에 놓여야 한다. 둘째, 정부 개입의 중요성이다. 소로우의 모델은 저축 증대와 산아제한 정책이라는 구체적인 방향을 제시하는 장점이 있지만, 이런 정책의 효과가 물적 자본 축적 초기 단계에만 나타난다는 한계를 갖는다. 어떤 노력을 기울이건 생산함수의 체감으로 성장률은 결국 정체될 것이기 때문이다. 그러나 내생적 성장 모델은 정부의 역할에 따라 생산함수가 선형적으로 증가할 수도 있고 심지어 체증할 수 있다는 것을 의미한다. 정책 효과로 국가의 경제체질이 바뀔 수 있기 때문에 정부의 역할이 훨씬 중요하다는 것이다. 내생

8 Paul Romer, 1986, "Increasing returns and long-run growth", Journal of Political Economy

9 Robert Lucas, 1988, "On the mechanics of economic development", Journal of Monetary Economics

적 성장 모델도 소로우 모델의 문제점에 대한 답변을 제공하기는 했지만, 여전히 몇 가지 문제점을 가진다. 첫째, 기업의 기술 개발과 인적자원 생산과 계승의 특징을 반영하지 못한다는 점이다. 기업은 연구 개발을 통해 기술을 개발하고, 그 성과를 독점함으로서 이윤을 극대화한다. 기업 내부에서 개발된 기술은 외부에서 사용되기 어려우며, 특허권을 통해 보호된다는 사실이 내생적 성장 모델에 반영되지 않았다. 기업 내부의 인적자원 역시 기업 내부에서 계승될 뿐 외부로 계승되기 어렵다. 둘째, 기업 간의 경쟁을 통한 생산성 향상이라는 시장의 역동성이 내생적 성장 모델에는 반영되지 않았다. 여러 경제학자들이 이런 한계를 극복하는 새로운 모델들을 제안했는데, 이를 '신성장 모델'이라고 부른다.

신성장 모델들 중 가장 널리 알려진 모델이 전 세계에 '슘페터' 열풍과 '혁신 성장' 열풍을 이끌어 낸 필립 아기온과 피터 호위트의 신성장 모델[10]이다. 내생적 성장 모델의 문제점을 극복하기 위해 아기온과 호위트는 기업 연구 개발의 독점적인 특징과 기업 간 경쟁을 통한 혁신 상품의 등장을 경제성장 모델에 반영했다. 이 모델에서 경제구조는 세 부문으로 구성된다. 지식을 창출해 내는 연구 부문, 연구 부문에서 지식을 구매해서 더 나은 품질의 부품을 만들어 내는 중간재 부문, 중간재 부문에서 부품을 구매해 최종 상품을 만들어 내는 최종재 부문이 그것이다. 중간재 부문의 기업들은 살아남기 위해 품질이 우수한 중간재를 만들어 내기 위한 경쟁을 하게 되

10 Philippe Aghion and Peter Howitt, 1992, "A model of growth through creative destruction", Econometrics

고, 이런 경쟁은 생산성 향상을 위한 연구 부문에 투자를 유도하게 된다. 더 나은 품질을 가진 혁신 상품의 등장은 이전 상품을 시장에서 퇴출시키는 '창조적 파괴' 과정을 거치게 되며, 창조적 파괴가 반복되면서 생산성이 지속적으로 성장하게 된다. 조세프 슘페터가 1940년대에 언급했던 경쟁을 통한 '창조적 파괴[11]'가 지속적으로 일어나는 국가는 높은 경제성장을 유지할 수 있다는 주장과 연결된다. 아기온과 호위트는 대학의 역할에 주목해서, 2006년 논문[12]을 통해 양질의 대학 교육을 받아 지식과 교양 수준이 높은 졸업생 수가 많아야 그 국가의 생산함수가 좋은 모양, 즉 같은 생산요소 투입에 더 높은 생산이 창출될 수 있다고 주장하기도 했다.

내생적 성장 모델과 신성장 모델은 연구와 기술 축적을 통해 생산성을 향상시키는 지식이 경제성장의 핵심이라는 공통점을 갖는다. 인적 자본도 지식의 총량으로 변환할 수 있으며, 국가의 지식 총량이 많으면 생산성이 높아진다고 할 수 있다. 기업의 지식은 내부에서만 공유되는 특징이 있어 지식 총량의 확대에 한계가 있지만, 일반에게 공개되는 지식은 이론적으로는 인구 수만큼 지식의 총량을 증가시킬 수 있다. 지식은 다른 물적 생산요소와 달리, 사용한다고 사라지거나 다른 조직에서 사용이 제한되지 않기 때문이다. 여기서 '연료를 아끼는 화물차 운전법'이라는 지식을 다시 생각해

---

11 슘페터는 1942년 그의 저서 『자본주의 사회주의 민주주의』에서 다음과 같이 언급했다. "자본주의 엔진을 가동시키고 그 가동을 지속시키는 기본적 추진력은 자본주의 기업이 창조하는 새로운 소비재, 새로운 생산방법 또는 새로운 운송 방법, 새로운 시장들, 산업 조직의 새로운 형태들에서 유래한다. (중략) 이러한 창조적 파괴 과정은 자본주의에 대해서는 본질적인 사실이다."

12 Philippe Aghion and Peter Howitt, 2006, "Joseph Schumpeter lecture: Appropriate growth policy: A unifying framework", Journal of the European Economic Association

보자. 화물 수송 생산성을 향상시키는 이 지식은 많은 화물차 운전사들이 공유할 수 있고, 그 방법을 사용한 운전사가 늘어도 소모되지 않으며, 사용이 제한되지도 않는다. 오히려 공유될 때마다 지식의 총량은 증가하며, 똑같은 생산성 향상이 일어나게 된다. 이런 공유 가능한 지식의 특징을 비경합성이라고 하는데, 지속적인 성장을 가능하게 하는 힘이 된다. 폴 로모는 사람들이 모여서 많은 접촉이 가능한 도시가 지식 교류를 통한 지식의 확산이 용이하기 때문에 도시화가 경제성장에 중요하다고 주장하기도 했다. 지식의 총량을 늘리는 방법은 지식을 국가 내부에서 생산하고 공유하는 방법도 있지만, 기술 수준이 앞서 있는 국가와의 교류를 통해서도 가능하다. 다국적 기업의 유치를 통해 단번에 지식의 총량을 늘릴 수도 있으며, 다양한 인적 교류를 통해 지식의 총량을 늘릴 수도 있는 것이다.

이와 같은 지식의 총량 증가에 대학의 역할이 중요하다. 프리쳇이 분석한 교육투자가 경제성장과 연결되지 않는 국가들은 교육기관이 생산성 향상에 도움이 되는 지식의 생산과 확산에 기여하지 못하는 경우들로 정리가 가능[13]하다. 경제성장에 대한 대학의 중요성에 대해서는 신성장 이론을 제안했던 필립 아기온이 일련의 논문을 통해 실증하기도 했다.[14] 대학이 연구 개발 역량을 갖고 있고 충분히 넓은 네트워크를 갖고 있다면, 지식 총량의 증가에 기업보다 더 큰 기여를 할 수도 있다. 대학은 지식과 사상을 생산

---

13 대학 교육이 경제성장에 큰 도움이 되지 않는다는 다양한 주장도 있다. 장하준은 그의 저서 『그들이 말하지 않는 23가지』에서 대학 교육의 확장, 즉 대학 진학률 증가가 경제성장에 도움이 되지 않는다고 주장했다.

14 Philippe Aghion et. al. 2009. "The governance and performance of research universities: Evidence from Europe and the U.S.", NBER Working Paper Series No. 14851

할 뿐 아니라 이를 매개하는 연결을 담아 내는 플랫폼이기 때문이다. 대학이 생산한 지식은 대부분 출판과 공개 발표 등을 통해 일반에게 조건 없이 공개되므로 비경합적일 뿐 아니라 비배제적이며, 기업이 생산한 지식보다 훨씬 쉽게 확산될 수 있다. 대학은 도시보다 훨씬 원활하게 지식의 교류가 가능한 플랫폼을 제공하며, 삼각프리즘 기능으로 직접 관련이 없어 보이는 그룹들을 연결해서 새로운 지식 창출을 촉진할 수도 있다. 교수들은 전공 분야의 전문가로 해외의 가치 있는 지식을 유치해서 국가의 지식 총량을 늘리는 데 쉽게 기여할 수도 있다. 앞서 언급했던, 정부의 대학에 대한 지원의 당위성을 다시 한번 강조할 수 있는 근거들이다. 이런 대학의 역할을 통해 지식의 총량이 증가할 때 생산성 향상이라는 직접적인 수혜를 받는 경제 주체가 기업이라는 사실 역시 중요하다.

"대학은 중요한가?"라는 질문에 대한 답변은 다양한 관점에서 제시할 수 있다. '4차 산업혁명 - 과학기술과 산업의 변화'에서 언급한 바와 같이 학습 자체가 인간에게 존재 의미를 줄 것이라는 예측은 대학의 중요성에 대한 존재론적 관점에서 답변이 될 수 있을 것이다. 대학 교육을 통해 세상에 대한 이해의 깊이를 늘리고 잠재력을 발휘해서, 인간다운 주체적 삶을 꾸려 나갈 수 있도록 도와준다는 전통적인 주장도 가능하다. 대학 교육의 변하지 않는 주제인 '비판적 사고력'은 지식 생산에서 가장 중요한 역량으로, 대학 교육이 비판적 사고력을 키워 줘, 결과적으로 사회 전반에 지식이 늘어날 수 있는 토대를 마련한다는 논증도 가능하다. 대학의 중요성을 지역 사회와 지역경제를 유지하는 핵심 구조라는 지역 분권적 관점에서 답변할 수도 있을 것이다. 이 절에서는 그 답변을 경제성장 - 1인당 생산성 향상이라는 계량 가능한 관점에서 바라보았다. "대학은 중요한가?"에 대한 답변은 조건문을 달고 있다. 대학이 생산성 향상에 도움이 되는 지식 창출 능력과 연결을 통한 지식 확산 능력을 갖고 있다면, 대학은 경제성장에 어느 경제 주체 못지 않은 중요성을 가진다. 경제성장의 관점에서 "대학은 누구에게 도움이 되는가?"라는 질문에 대한 답변은 간단하다. 대학은 정부와 기업에게 도움이 되는 경제 주체이다. 이는 정부와 기업이 대학에 대한 재정지원을 담당해야 한다는 당위성의 근거이다.

2.2 우리나라 대학의 혁신 방향

(1) 혁신의 시작은 철학의 정립부터

21세기 현재, 미국이 세계 최고의 국력을 유지하는 이유는 뭘까? 여러 가지 이유가 있겠지만 20세기 후반 가장 결정적인 사건들을 꼽자면 1964년 인종, 피부색, 종교, 출신 국가의 차별을 금지한 민권법 제정, 이를 적극적으로 반영한 1965년 고등교육법 제정과 소수계 우대 정책을 명문화한 존슨 대통령의 행정명령, 그리고 1965년 이민법 개정안이라고 생각한다.

2차 세계대전 이후 1950년대 절정의 국력을 자랑하던 미국은 1960년대에 접어들면서 제조업 기반의 군산복합체가 갖는 자기 모순을 노출하며 쇠락의 길로 접어들었다. 과거에 잘 작동하던 질서 속에서 번영한 조직은 그

질서가 작동하지 않는 새로운 환경이 도래하면 쇠락의 길에 빠져든다. 시대를 대표하던 기업의 명멸이 그런 사례이며, 국가도 마찬가지이다. 서서히 쇠락하던 미국은 공산 진영의 몰락과 두 차례의 걸프전과 같은 전쟁의 특수로 어렵게 패권을 유지하는 듯 보였고, 2008년의 금융 위기로 인해 세계 최강 국가라는 명칭이 무색한 위기 상황에 몰리기도 했다. 2010년대 들어서면서 오바마 행정부는 통합과 균형, 국제 제도의 회복, 다자적 접근 강조와 같은 유연한 외교 정책과 교육 예산 확대, 균등한 교육 기회 제공, 이주민들에 대한 유화책과 같이 미국 사회의 다양성 확대와 수용성 증가를 최우선 과제로 다양한 정책들을 실행했다. 2019년 현재, 트럼프 행정부의 폭주에도 불구하고 미국은 여전히 세계 최강의 국력을 자랑하고 있으며, 특히 경제적인 측면에서 건강해 보인다. 2008년 경제위기를 거치며 중앙은행이 공급한 유동성이 착시 효과를 나타내는 것일 수도 있고, 미국이 가장 안전하다는 믿음으로 몰려온 전 세계 자본이 미국 경제를 떠받치는 것일 수도 있다. 다른 설득력 있는 이론은 미국은 혁신 경제, 즉 생산성 향상이 지속적으로 이루어는 경제에 진입했다는 분석이다.

2000년대 초반까지 존재조차 희미했던 구글, 아마존, 페이스북의 시가총액이 2019년 2700조 원에 달한다. 한동안 위기를 겪었던 마이크로소프트와 최근 10년간 최고의 IT 기업이었던 애플까지 합치면, 이들 5개 기업의 시가총액은 4800조 원에 이른다. 우리나라 2019년 예산의 10배에 달하는 금액이다. 테슬라, 우버, 넷플릭스 같은 신생기업들도 생산성 향상을 넘어, 과거에 없던 새로운 상품과 서비스를 통해 미국 경제를 역동적으로 견인하고 있다. 이런 혁신 기업들의 질주는 전 세계에서 몰려든 최고 인재들의 뒷받침이 있었기에 가능했다. 이들 인재들이 미국을 선택한 것은 앞서 언급한 민권법, 고등교육법, 소수자 우대 행정명령, 이민법 등, 법령의 제·개정을 통해 지난 50여 년간 미국 사회가 전 세계 어느 국가보다 다양성과 수용성이 높은 사회로 변모했기 때문에 가능한 일이었다.

로마의 전성기에 비견되는 1950년대 미국 내부의 가장 큰 문제는 인종차별이었다. 세계 최강 국가로 군림하고 있었지만, 남부 여러 주에서는 유색 인종에 대한 분리 정책이 유지되었고, 공공연한 차별이 존재하고 있었다. 노예제도에 대한 입장 차이로 남북전쟁을 야기했던 지역 간 갈등의 조짐이 보였으며, 미국을 무너뜨릴 문제로 인식되면서 결국 연방 정부가 개입하게 되었다. 1954년 브라운 대 토피카 교육위원회 재판에서 피부색으로 인해 학생들의 교육을 분리하거나 차별할 수 없다는 연방 대법원의 판결[15]이 나왔으나, 남부의 여러 주에서는 여전히 흑백 분리 교육을 시행하고 있었다. 1957년 아칸소주 리틀록의 백인 학교였던 센트럴 고등학교에 입학을 허가받은 9명의 흑인 학생들의 등교를 주방위군이 봉쇄하는 사건이 일어나자, 아이젠하워 대통령은 노르망디 상륙작전에 함께 했던 101공수사단을 투입해 흑백 분리 교육의 철폐 의지를 보여 주었다. 1962년에는 제임스 메러디스가 백인만 다니던 미시시피 대학에 입학하는 과정에서 미시시피 주지사와 케네디 정부 간의 대립이 있었다. 1963년에는 흑인인 제임스 후드와 비

15 1898년 플래시 대 퍼거슨 재판의 연방 대법원 판결이었던, 분리하되 평등한 교육을 제공한다는 교육 분리 정책을 폐기하는 역사적 판결이었다.

비안 말론이 앨러바마 대학에 입학하는 과정에서 앨러바마 주지사였던 조지 월래스가 두 학생들의 등교를 직접 막는 사건이 벌어지기도 했다. 이 사건에 케네디 대통령은 연방군 투입이라는 조치로 대응[16]했다. 1963년 마틴 루터 킹 목사가 주도한 버밍햄 집회와 워싱턴 DC 집회를 통해 미국의 흑백 분리 정책은 전 세계적인 이슈가 되었고, 케네디 대통령이 제안한 차별 금지 법안을 미 의회에서 논의하기 시작했다. 같은 해 11월에 케네디 대통령이 암살되자 그 뒤를 이은 린든 존슨 대통령이 이 법의 제정을 적극적으로 추진했다. 그 결과 1964년, 마침내 민권법이 제정되었다. 민권법의 내용은 인종, 피부색, 종교, 성별, 출신 국가에 따른 차별 철폐를 내용으로 하며, 구체적으로 선거권 행사 차별 금지, 공공장소에서의 차별 금지, 공립학교의 차별 금지, 연방 정부 지원 프로그램에서의 차별 금지, 고용 차별 금지 등으로 구성되어 있었다. 차별을 금지한 민권법의 정신은 1965년 고등교육법 제정에도 반영되어 제2장 일반 조항의 첫 번째 항목에 차별 금지 조항이 삽입되었다. 이어 존슨 대통령은 소수계 우대 정책에 대한 행정명령을 시행했고, 같은 해 이민법을 개정해 백인 중심의 미국 사회에 아시아와 히스패닉 인구가 유입될 수 있는 법적 토대를 제공했다.

미국의 대학은 1960년대 이후 소수계 우대 정책[17]을 자발적으로 도입해 다양성을 확대하는 첨병 역할을 담당했다. 피부색, 인종, 모국어, 경제 계층

---

16 https://www.jfklibrary.org/asset-viewer/archives/JFKPOF/045/JFKPOF-045-005

17 50여 년간 유지된 소수계 우대 정책이 그 역할을 다했다는 주장도 있고, 대학 입시에 새로운 불평등을 야기하고 있으며, 특히 동양계 미국인들에게 큰 불평등을 야기한다는 주장도 있다.

을 고려한 입학 목표치와 달성 시간표를 설정하고 달성 현황을 정부의 재정 지원금을 받을 때마다 제출하고 있다. 또한 교수와 교직원 채용에 관련해서도 소수계 채용 목표치와 달성 시간표, 달성 현황을 제출하고 있다. 그 결과 대학은 다양성과 수용성이 가장 높은 공공 조직이 되었고, 해외의 우수한 인재들이 미국으로 들어오는 유입구 역할을 담당할 수 있었다. '대학의 역사'에서 살펴본 바와 같이 미국 내 유학생 규모는 1950년 이후 10년마다 약 2배씩 증가하여, 2016~17년 현재 110만 명의 유학생이 미국에서 수학하고 있다. 2014년 기준 124,900 여 명의 유학생 출신 대학 교수가 재직하고 있으며, MIT, 캘리포니아 버클리 대학, 카네기 멜론 대학, 남가주 대학 등 연구 중심 대학에서 유학생 출신 총장이 재직했거나 재직하고 있다. 유학생 출신 인재들은 기업에서도 큰 역할을 담당하고 있다. 가장 영향력 있는 여성 CEO로 존경받던 펩시코의 인드라 누이는 인도 마드라스 대학 출신으로 예일 대학으로 유학을 와 펩시코의 CEO에 올랐고, 후임인 라몬 라구아타는 스페인 출신으로 애리조나 대학에 유학을 와 펩시코의 CEO에 올랐다. IT 분야에는 셀 수 없이 많은 유학생 출신 최고 경영자들이 있다. 구글의 CEO 선다 피차이는 인도 공과대학 출신으로 스탠포드 대학 금속공학과로 유학을 왔으며, 마이크로소프트의 CEO 사티아 나델라는 인도의 맹갈로어 대학을 졸업하고 위스콘신 밀워키 대학으로 유학왔다. 구글의 창업자 중 한 명인 세르게이 브린은 러시아 출생으로, 아버지가 미국 메릴랜드 대학 수학과 교수로 부임하면서 미국에 오게 된 경우이다.

생산성을 향상시키는 지식이 경제성장의 핵심이라면, 미국은 그런 지식을 생산할 수 있는 최고의 인재들을 대학을 통해 수입하는 방식으로 경제성장을 유지하고 있는 셈이다. 기억해야 할 점은 이런 효과가 인재 유입을 목표로 한 정책이나 경제 발전을 위한 정책이 아니라, 인간에 대한 기본적인 존중과 불평등 해소, 다양성 존중이라는 인류 보편의 가치를 대학이 적극적으로 담아내면서 달성한 부수적인 결과라는 점이다. 대학의 혁신은 기능의 변화가 아니라 철학의 정립에서부터 시작해야 한다는 사실을 증명하는 사례이다.

우리나라 고등교육법에는 대학이 담아내야 할 가치가 명시되어 있지 않다. 상위법인 교육기본법 1장 2조에 우리나라 교육이 담아내야 할 이념이 다음과 같이 정의되어 있다. "교육은 홍익인간의 이념 아래 모든 국민으로 하여금 인격을 도야하고 자주적 생활 능력과 민주 시민으로서 필요한 자질을 갖추게 함으로서 인간다운 삶을 영위하게 하고 민주국가의 발전과 인류 공영의 이상을 실현하는 데에 이바지하게 함을 목적으로 한다." 3조는 학습권을 국민의 권리로 정의하고 있고, 4조는 교육의 기회균등으로 미국의 차별 금지법과 유사한 내용이 정리되어 있으며 5조는 교육의 자주성과 학교의 자율성이, 6조에는 교육의 정치적, 종교적 중립성이 언급되어 있다. 의미 있는 내용들이지만 구체적인 방안을 담기에는 추상적이다. 3장은 교육의 진흥으로 5가지 항목으로 구성되어 있으며, 우리 교육이 담아내야 할 내용들이 구체적으로 언급되어 있다. 17조의 2항는 남녀평등교육의 증진을 구체적으로 언급하고 있으며, 17조 3항은 학습 윤리, 17조 4항은 건전한 성의식의 함양, 17조 5항은 안전사고 예방, 17조 6항은 평화통일 지향이 교육을 통해 진흥되어야 하는 항목으로 규정되어 있다.

미국에서 1950년대 가장 큰 문제가 인종차별이었고, 이에 대한 해결책이 대학이 담아내야 할 가치였던 것처럼 우리나라 대학이 담아내야 할 가치는 우리나라가 직면하고 있는 가장 큰 문제에 대한 치유책이 되어야 할 것이다. 우리나라가 당면한 여러 가지 문제 중 대학이 담당해야 할 문제는 '분열'이 아닐까? 오마에 겐이치는 한국은 '분열된 사회'라고 일갈[18]한 바 있다. 지역감정으로 표현되는 지역 간 분열, 청년 세대와 장년 세대 간의 분열, 여성과 남성 간의 분열, 진보와 보수의 분열, 종교 간의 분열 등, '다름'을 의미하는 분열을 넘어 반목이라는 표현이 적절한 진영 간의 극심한 대립은 내가 속하지 않은 진영에 대한 증오로 발전하고 있다. 공공연한 성차별과 증오 범죄, 성소수자에 대한 왜곡된 시각, 외국인 노동자들에 대한 차별과 같은 인권에 무지한 행태도 나와 '다름'을 '틀림'으로 인식하는 우리 사회의 문제를 투영하는 사례들이다. "빵은 길을 만들고, 밥은 마을을 만든다.[19]"라는 표현이 있다. 수천 년 동안 같은 지역의 비슷한 사람들과 마을을 만들어 평생을 살아온 조상을 가진 우리는 다른 것은 나쁜 것이며 틀린 것이라고 생각하는 획득형질을 갖고 있을지도 모르는 일이다. 미국의 인종차별 문제가 50여 년이 지난 지금까지 개선은 되었지만 치유되지 않은 것처럼, 우리나라의 분열상은 50년이 지난 미래에도 치유되지 않을 수 있다. 그러나 확실한 것은 이 문제는 교육이 해결할 문제이며, 미국의 인종차별 문제처럼 대학이 적극적으로 담당해야 할 문제라는 점이다. 대학은 대부분의 학생들이 처음으로 많이 '다른' 동료 학생들을 만나는 장이며, 일반적으로 마지막 공

18 매일경제, 2010.1.15, "경영의 구루(Guru) 오마에 겐이치 인터뷰"

19 권상윤, 『빵은 길을 만들고 밥은 마을을 만든다』

공 교육의 장이기 때문이다. 언론의 자유가 철저히 보장되는 미국이지만 인종차별적인 공식 발언은 용납되지 않는다. 50여 년에 걸친 교육의 효과이다. '다름'을 그대로 인정하고, 오히려 '다름'이 가치 있다는 것을 대학이 교육해야 하며, 대학의 운영에 반영해야 한다. 고등교육법에 다양성 존중과 '다름'을 인정하는 인권 감수성 증진이 교육목표로 명시되어야 하며, 인권에 대한 다른 시각을 담아낼 수 있는 교육 방법의 대원칙도 만들어져야 한다. 분단 국가로 이념 갈등이 심했던 1976년 독일에서 정치교육에 대한 대원칙으로 합의된 보이텔스바흐 합의[20]가 참조할 만한 사례이다.

다양성 존중과 인권 감수성 증진을 경제 효과 측면에서 살펴본다면, 이 책에서 수차례 언급한 바와 같이 다양성은 비판적 사고와 창의력의 토대가 되며, 예상치 못한 새로운 문제에 대응하는 리질리언스를 제공한다. 다른 관점과 다른 경험을 가진 사람들이 함께 일하는 조직이 비슷한 사람들이 일하는 조직보다 훨씬 경쟁력이 있으며, 수익성이 높다는 연구 결과[21]도 있고, 학교에서 다양한 경험을 한 학생이 자기 사업을 시작할 확률이 높다는 연구 결과[22]도 있다. 대학에서 다양성을 증진하고, '다름'을 수용하는 자세를 가르치는 것은 경제성장에 기여하는 창의적인 지식을 창출하는 데에도 도움이 된다. 이것은 이질적인 유전형질 간의 교배가 우수한 유전형질의 자손을 생산한다는 과학적 사실과도 연결된다.

---

20 심성보, 이동기 장은주, 케르스틴 폴, 『보이텔스바흐 합의와 민주시민교육』

21 Robert Card, 2005, "Making sense of the diversity-based legal argument for affirmative action", Public Affairs Quarterly

22 Edward Lazear, 2005, "Entrepreneurship", Journal of Labor Economics

(2) 대학은 누구의 것인가 - 지배 구조의 다양화와 공공성 회복

우리나라 고등교육은 사립대학이 주도하고 있다. 2015년 기준으로 전체 대학생의 80%가 사립대학을 다니고 있으며, 학교 수는 일반대학의 81%, 전문대학의 93%가 사립대학이다. 자유주의 경제의 본산이라 할 수 있는 미국에서는 약 25%의 학생이 사립대학을 다니고 있으며, 영국에는 정부의 재정 지원을 받지 않는 사립대학이 버킹검 대학 등 4개에 불과하다. OECD 국가들 중에서는 우리나라와 유사한 사례를 찾기 어려우며, 최근 대학생 수요가 급증한 브라질만이 유일하게 비슷한 구조로 알려져 있다. 전 세계 기준과 큰 차이가 있다고 해도, 사립대학 주도의 고등교육 그 자체가 잘못된 것은 아니다. 문제는 우리나라 사립대학의 성격이 법적으로는 비영리법인이지만, 학교 발전이라는 명분 아래 자산 확대, 수익 창출과 같은 영리 목적에 집착해 교육을 통한 인재 양성과 연구를 통한 지식 창출과 확산이라는 공익적 목적을 등한시하는 사례가 많다는 점이다. World University News는 미국의 영리 목적 대학을 비판하는 기사에서 영리 목적 대학이 고등교육을 지배하는 나라로 브라질, 폴란드, 한국을 적시[23]하기도 했다. 미국의 영리 목적 대학과 유사한 모습을 보이는 사립대학이 많은 이유는, 설립자 가족이 지배하는 이사회가 대학을 공익 기관이 아니라 가족의 재산으로 인식하는, 법리와 일치하지 않는 지배 구조에 기인한다. 이와 같은 비정상적인 현상의 원인을 살펴보는 것은 그 해법을 찾는데 도움이 될 수 있다.

---

23 University World News 2012.7.15, "The rise of for-profit universities and colleges"

해방 이후 시작된 미군정은 1946년 6월, 고등교육기관에 대한 임시 조치를 발표해 일제에 의해 대학 승격이 봉쇄되었던 사립 전문학교들이 대학으로 승격할 수 있는 제도적 기반을 마련하였다. 해방 이후 대학 승격을 준비해 왔던 주요 전문학교들이 적극적으로 움직였고, 같은 해 8월 연희대, 고려대, 이화여대가 처음으로 종합대학으로 승격됐다. 1948년 정부 수립까지 2년의 기간 동안 공립대학 10개교, 사립대학 27개가 설립 또는 승격[24]되었다. 사립대학 수가 전체 대학의 73%에 달했는데, 여기에는 두 가지 이유가 있었다. 첫째는 민립대학 설립에 대한 여망의 발현이다. 1920년대 시도되었다가 무산되었던 민립대학 설립 의지가 1930년대 여러 사립 전문학교 설립으로 이어졌으며, 이들이 대부분 대학으로 승격되었다는 점이다. 성균관대, 동국대, 중앙대, 숙명여대 등이 그 예들이다. 또한, 일제 강점기 관공립학교에 대한 거부감으로 해방 후에도 자발적인 민립대학 설립운동이 대학 설립으로 이어졌다는 점이다. 7만 2천 명의 성금으로 설립된 조선대와 임시정부 요인들이 주도했던 국민대가 그 사례들이다.

둘째는 부의 보존과 확장을 위해 대학을 설립한 지주와 일제 강점기 기업 및 교육 관계자들 때문이다. 해방 후 수많은 대학 설립 기성회가 조직되었는데 이들이 집중한 것은 일제가 남기고 간 적산[25]을 입수하는 것이었다. 미

24 김정인, 『대학과 권력: 한국 대학 100년의 역사』

25 일본 자본에 의해 세워진 산업 시설과 토지 등 남겨진 자산을 의미하며, 1947년부터 한국전쟁 이후까지 민간에 불하되었다. 이들 적산의 민간불하에는 명확한 규정이 있었던 것이 아니며, 적산의 불하는 해당 자산을 소유했던 기관과의 관계가 고려되었다. 한국경제 2015.8.12 "적산기업 - 한국 대기업 탄생 토양으로"에 따르면 적산을 인수해 최근까지 유지된 기업으로 기린맥주를 불하받았던 두산, 삿포로맥주를 불하받은 조선맥주, 조선유지 인천공장을 불하받은 한화그룹, 선경직물을 불하받은 SK그룹과, 기타 해태제과, 동양시멘트, 신세계 등이 있다.

군정은 난립하는 대학 설립 기성회와 이들의 대학 설립 인가 요청에 대한 조치로 재단법인 설립을 규정하고, 기존 기관은 5000만 원, 신규 기관은 1억 200만 원의 기본 자금이 있어야 대학 설립이 가능하다고 명시[26]했다. 이때 대학 설립 기성회가 결탁한 세력은 토지개혁으로 토지 몰수를 염려하는 지주들이었다. 토지개혁이 시작되어도 학교 소유의 농지는 수용하지 않을 것이라는 풍문은 대지주들이 사립대학 설립에 적극 뛰어드는 동기가 되었다. 1949년 토지개혁이 이루어진 후에도 1951년 이승만 정부는 '문교재단소유농지특별보상법'을 공포해 사립대학이 소유했던 농지에 대해서는 휴지 조각 같은 지가증권을 현금 같은 특별보상증권으로 바꾸어 주는 특혜를 제공했다. 지주들은 사립대학 설립을 통해 지가증권을 현금화하는 방식을 사용했다. 토지개혁과 관계있는 관료, 지주, 자본가들이 정부 수립을 전후해서 대학을 설립했던 이유이다. 교육 목표를 가지고 설립된 것이 아니라, 애초에 재산 유지와 확장을 목표로 설립된 기업형 사립대학들의 경우 설립자들은 대학을 사유재산처럼 생각하며 등록금과 기부금 전용을 넘어, 부정입학, 정실 입학, 심지어 학위 장사를 서슴지 않는 불법과 탈법을 일삼게 되었다. 정부의 재정 지원이 없는 상황에서 빈약한 재단 전입금과 학생 등록금으로 운영해야 하는 사립대학들은 정원 확장과 학생 증원에 사활을 걸고 매달릴 수 밖에 없었고, 다양한 방식으로 학생을 늘려 갔다. 한국전쟁 기간 동안 이들 기업형 사립대학들의 생존에 날개를 달아 준 조치가 있었는데, 1951년 5월 공포된 '대학 교육에 관한 전시특별조치령'이 그것이다. 3, 4학

26 김정인, 앞의 책

점의 군사훈련을 이수하는 조건으로 대학생이 입대를 연기할 수 있게 했으며, 이공계는 징집을 전면 보류하도록 했다. 대학에 대한 이런 특혜는 전시 중에도 대학 설립이 계속되고, 병역기피를 목적으로 대학생 수가 급증하는 기현상을 낳게 되었다. 그 결과 전쟁이 끝난 1953년, 대학 수는 1948년 37개에서 57개로 늘어났고, 대학생 수는 2만 9천 명에서 6만 7천 명으로 늘어났다. 같은 해 인문계 고등학교 졸업자 수가 1만 7천 명 수준인데, 대학 입학자 수는 1만 8천 명으로 대학 정원이 더 많은 상황[27]이 되었다. 1996년 대학설립 준칙주의와 정원 자율화가 시작된 이후, 사립대학 설립과 대학 정원이 급증하여 2021년 대학 정원이 진학 연령 인구보다 많아지는 상황을 압축적으로 보는 듯하다.

1950년대 사립대학들의 역량이 전반적으로 부실하고, 특히 신설된 기업형 사립대학들의 문제가 심각했지만, 교육을 통한 신분 상승이라는 유교적 전통 가치는 대학 진학과 학위 취득에 대한 열기가 식지 않는 바탕이 되었다. 이런 열기는 기업형 사립대학이 불법과 탈법을 통해 부를 축적하고 확장하는 토대가 되었다. 고려대 총장을 역임한 유진오는 자서전『양호기』에 당시 부패상을 다음과 같이 증언[28]했다.

"동란 중 재정적 기초도 없이 새 대학들이 학생 등록금을 받아들이는 것을 목표로 해서 쏟아져 나오고 보니 대학은 영리 사업화하고 학생 정원은

---

27 김정인, 앞의 책

28 유진오, 2019,『양호기: 보전 고대 35년의 회고』

이권화하며 …(중략) … 그 시기의 대학들 중에는 기백 장 기천 장의 학사증을 팔아먹는 대학, 전임교원 한 명도 없이(전임학장까지도 두지 않고) 시간강사로만 강의 시간을 채우는 대학, 수십 명 정원에 수백 명 학생을 입학시키는 학과 등, 상식적으로는 생각도 할 수 없는 난행을 자행하는 대학들이 허다하였는데 …(중략) … 그때 '전국대학협의회'라는 것이 조직된 일이 있었다. 명목상 백낙준 씨가 회장, 내가 부회장으로 되어 있었으나, 한두 차례 나가 보니 교육자인지 아닌지 알 수도 없는 젊은 사람들이 잔뜩 나와 시장판같이 떠들어 대서 나중에는 백 박사도 나도 참석지 않았다. 입으로는 '교육의 자유', '대학의 자율'을 내걸고 떠들었지만 실속은 나와 백 박사를 방패막이로 내세워 놓고 '대학 기업의 자유'를 관철하려는 것으로밖에 생각되지 않았기 때문이다."

'대학 망국론'이 회자될 만큼 사립대학의 난맥상은 공공연한 사실이었고, 이에 대한 정부 규제 정책도 뒤따랐다. 1955년 '대학설치 기준령'을 공포해 대학 난립, 학과 증설, 학생 증원 억제를 시도했으나 실패했다. 정통성이 약한 군사정권의 정풍운동하에 1963년 규제와 통제를 핵심 내용으로 하는 '사립학교법'이 공포되면서 사립대학 정비가 시작되었다. 초중고 대학을 아우르는 사립학교에 대한 규제를 담고 있는 '사립학교법'은 사립학교가 감독청의 지휘 감독을 받는 조항, 정부가 인사에 개입할 수 있는 조항, 정부가 재정 운용 규칙을 정할 수 있는 조항 등, 전방위적인 통제를 담고 있었다. 특히, 규정을 위반하면, 징역과 벌금 등 실형을 받을 수 있다는 조항을 포함하고 있었다. 1981년 전두환 정권은 사립학교법을 개정해 사학 재단과 학교의 관계를 분리했다. 사학 재단은 학교 운영 지원만을 담당하고, 총장과 학장이 학사 운영, 인사, 예산 편성과 집행 등 모든 운영을 담당하며, 교수들이 참여하는 재무위원회를 설치하도록 했다. 특히, 사학 설립자[29], 설립자의 배우자, 설립자의 직계비속, 직계존속 및 그 배우자가 총장과 학장에 임명될 수 없도록 했다. 원래 목적이 어떤 것이었든 군사정권 30년간 사립대학에 대한 규제는 사립대학의 정비로 이어졌다. 그러나 이면에는 대학 입학을 중시하는 유교적 전통, 1955년에 이미 90만 명을 넘는 출생아 수와 진학 인구의 지속적인 증가, 높은 입시 경쟁률, 물가 상승률의 5, 6배에 달하는 등록금 상승률, 사립대학에 대한 정부의 재정 지원 시작, 부동산 가치의 폭등 등의 요인으로, 이 30년의 기간 동안 기업형 사립대학은 재산 유지와 확장이라는 목표를 달성하며 부와 권력을 축적할 수 있었다.

사학 재단이 축적한 부와 권력의 효과는 노태우 정권 때 만개했다. 1990년 거대 여당인 민자당이 단독으로 처리한 '사립학교법' 개정안은 사립학교에 대한 규제와 감독권을 축소했고, 사학 재단의 권한을 대폭 강화했다. 재정권과 인사권이 재단으로 복귀되고, 재단 이사장이 다른 학교 재단 이사장을 겸할 수 있게 되었으며, 이사장의 배우자, 이사장의 직계비속, 직계존속 및 그 배우자가 총장과 학장이 될 수 있도록 하였다. 총장이나 학장이 면직 사유에 해당하는 부정을 저질렀을 경우 정부가 임명 승인을 직접 취소할 수 있었던 것을 재단에 해임을 요구할 수 있는 것으로 바꾸어, 인사권에

29 1986년 사립학교법 개정에서 설립자는 이사장으로 바뀌었는데, 이는 설립자 이사장이 줄어드는 추세를 반영한 것이다.

대한 개입을 제한했다. 사학 재단의 기본 재산을 임대할 때에는 담당 기관의 허가를 받아야 한다는 절차도 폐지했다. 이 개정안의 가장 큰 문제는 교수의 임면권이 총장과 학장에서 재단으로 넘어간 것이며, 사립대학의 자율적인 운영을 강화한다는 명분 뒤에서 사학 재단은 권한을 강화하고, 정권은 대학의 구성원들이 학내 민주화 문제에 집중함으로서 정치적 부담을 덜어내는 효과를 얻게 되었다. 이후 대학의 왜곡된 지배 구조는 대학의 핵심 가치인 자율성을 무너뜨릴 수 있다는 교훈을 얻게 되는, 상지대 사태로 대표되는 수많은 학원 민주화 사태를 겪게 되었다.

기업형 사학 재단이 많은 권한을 갖고 있는 상황 속에서 김영삼 정부는 1995년 '5.31 교육개혁안'을 발표하고, 1996년부터 대학설립 준칙주의와 대학 정원 자율화를 추진했다. 정원 확대가 대학 운영 수지의 핵심임을 알고 있는 기존의 사학 재단은 정원 확대에 몰두했고, 사학 재단이 누릴 수 있는 학교 사업의 혜택을 알고 있는 자산가 또는 기업가적 교육자들이 사립대학을 새로 설립했다. 앞서 살펴본 바와 같이 이 정책은 부실 대학 양산, 대학 정원의 수도권 집중, 지방대학의 침체라는 상처만 남기고 2003년 중단되었다. 김영삼 정부의 설익은 세계화 정책이 IMF 사태로 표현되는 외환 위기를 일으켰던 것처럼, 대학의 정원 자율화를 통한 대학 역량 제고라는 어설픈 대학 정책은 수도권과 비수도권 대학의 양극화 문제 그리고 2014년에 시작된 정부 주도의 대학 구조 조정을 야기하는 상처를 남겼다. 또한 사학 재단이 많은 권한을 갖고 있는 상황에서 양산된 부실 대학들은 사학 재단의 탈법과 불법의 온상이 되었고, 서남대 사태[30]와 같은 사학 재단의 타락상을 낳았다.

기업형 사학 재단의 비리가 지속적으로 문제시되자 2005년 노무현 정부는 사립학교법을 개정했다. 주요 내용은 개방형 이사와 감사제를 도입하며, 이사 정수의 1/4을 개방 이사로 충원하며, 이사회 회의록의 공개 의무화, 이사 임원 승인 취소 규정 명확화, 임원 겸직 금지 확대, 친족의 학교장 임명 제한, 대학 교육기관에 대학평의원회 설치 의무화 등이 주요 내용이었다. 이 법령은 자율적으로 건전하게 운영되고 있는 대다수 사학 재단과 비리 사학 재단을 구분하지 않고 일률적으로 적용된다는 점에서 반대를 불러일으켰고, 특히 전체 사립학교의 1/4을 차지하고 있는 종교 사학 재단의 극심한 반대에 직면했다. 2007년 재개정을 통해 개방이사추천위원회 설치, 사학분쟁조정위원회 설치를 도입해 학교운영위원회와 대학평의원회의 추천 권한을 제한했고, 교육부의 통제권도 일정 부분 제한했으며, 사학 재단 이사장 겸직과 친족의 학교장 금지도 삭제되었다. 2019년 7월 사학혁신위원회는 개방형 이사의 실효성을 높이기 위해 개방형 이사의 친족 선임 금지를 주요 내용으로 하는 10개의 권고안을 제시했다.

30 시사인, 2017.10.2, "서남대 사례로 본 비리 사학 '흑역사"에 따르면 서남대의 설립자인 이홍하는 1991년 서남대 설립을 시작으로 6개의 대학을 설립했다. 사학 재단의 재정과 인사에 대한 권한으로 첫 번째 대학에서 생긴 등록금 수익을 횡령해 두 번째 대학을 설립하고, 이런 방식으로 6번째 대학까지 설립했으며, 장부 조작과 전북과 전남 지역에 구축한 권력을 통해 의대를 유치하고 병원을 2개나 소유하는 사학 재벌로 군림했다. 2012년 내부 핵심 가담자가 장부를 검찰에 신고함으로서 1000억 원의 횡령이 드러났지만, 영영 감춰질 수 있는 비리였다. 1990년 개정 '사립학교법' 과 1996년 시작된 대학설립 준칙주의가 낳은 사태였다. 2018년 12월 이홍하법으로 불리는 사립학교법이 개정되어 비리 사학 재단의 잔여 재산은, 해산 법인과 특수 관계에 있는 법인 등 또는 다른 비리 법인 등에게는 귀속시킬 수 없게 되었다.

해방 이후 교육 수요가 급증하는 시기에, 재정이 부족한 정부는 경제적 유인책을 제공해 민간 자본을 교육에 끌어들였다. 이렇게 설립된 기업형 사학 재단들은 재산 유지와 확장에 관심을 가질 수 밖에 없었고, 법령이 정비되지 않았던 1980년대까지 탈법과 불법을 넘나들며 부와 권력을 확장해 왔다. 2000년대까지 진학 인구의 꾸준한 증가와 뜨거운 교육열은 기업형 사학 재단이 큰 어려움 없이 성장할 수 있는 토대가 되었다. 2000년까지 청산을 통해 폐교한 사립대학이 하나도 없다는 점[31]이 이를 증명한다. 1990년 사학 재단의 로비로 통과된 사립학교법과 1995년 시작된 대학설립 준칙주의와 정원 자율화는 기업형 사학 재단이 부를 확장하고, 학내의 영향력을 강화하는 계기가 되었다. 그러나 사학 재단 친화적인 이 정책들은 역설적으로 2021년부터 시작되는 진학 인구의 급격한 감소 속에서 대학의 공공성을 회복할 수 있는 기회를 제공할 것으로 예상된다. 대학의 공공성 회복은 교육을 통한 인재 양성과 연구를 통한 지식 창출이라는 대학의 원래 목적이 다른 이해관계에 우선함을 의미한다. 사립대학의 공공성 회복이라는 비정상의 정상화를 이루기 위해서는 지배 구조의 개선이 중요하며, 이 과정에 가장 중요한 사항은 '기업형 비리 사학 재단'과 '건전한 사학 재단'에 대한 분리 대응이다. 사재를 투입해 인재 양성이라는 공익에 헌신한 설립자와 그 가족에 대한 존중과 지원도 기업형 비리 사학의 규제만큼 중요하기 때문이다. 이런 사항을 고려하여, 다음과 같은 사립대학 지배 구조 개선책을 제안한다.

---

31 2000년 이홍하가 설립한 광주예술대학이 해방 이후 처음으로 청산된 대학이었으며, 이 학교의 재산은 이홍하가 설립한 광남고등학교에 귀속되었다. 이와 같은 폐해를 막고자 2018년 12월 사립학교법이 개정되었다.

첫째, 사립대학 문제를 다루는 독립적인 법령이 필요하다. 현재 우리나라 사립대학과 관련 법령 구조는 '고등교육법'과 '사립학교법'의 두 개의 법률을 중심으로 '고등교육법 시행령', '사립학교법 시행령', '대학설립·운영 규정 시행령', '사학기관 재무·회계 규칙', '사립학교 보조와 원조에 관한 건' 등이 있지만 사립대학만을 대상으로 한 법령은 없다. 사이버대학과 기술대학이 설립·운영 관련 시행령이 있는 것과 비교된다. 사립학교에 속하는 사립 초중고교에도 개선할 문제가 있지만, 사립대학의 자산 규모, 인적 규모, 조직 구성, 예산 규모, 예산 운용, 규제 내용만큼 복잡하지 않다. 2005년 '사립학교법' 개정이 실패한 이유는 '비리 사학 재단 규제'라는 원래 목적이 '대다수 건전한 사학 재단의 강탈'이라는 프레임에 갇혔기 때문이다. 많은 비리가 알려진 '기업형 사립대학의 규제'라는 초점이 명확한 혁신을 위해서는 재단 전입금 강제 규정, 잔여 재산 청산과 같은 규제 내용과 기본 조건을 만족한 사립대학의 경우 자율성을 확대해 주는 지원 내용이 포함된 사립대학 관련 법령의 신설이 필요하다.

둘째, 지배 구조의 개선은 국가 장학금과 연계해야 하며, 진학 인구가 감소되는 2021년을 전후로 빠르게 진행되어야 한다. 우리나라 기업형 사립대학에 비교되는 미국의 영리 목적 대학의 쇠락에는 미국 정부의 학자금 융자 규제와 진학 인구의 감소 추세가 결정적인 역할을 했다. 영리 목적 대학 기업이며 8,000명의 직원을 고용하던 ITT Education Service가 미국 정부의 제재를 받고, 2016년 9월 한 달만에 청산되기도 했다. 기업형 사립대학의 청산을 포함한 지배 구조 변화를 빠르게 진행하기 위한 관련법 개정과 관련규정 정비가 시급하다. 특히 기업형 사학 재단의 잔여 재산 처리 문제는 공론화를 통해 사학 재단이 누려 온 특혜에 대한 국민의 이해를 높이는 과정을 거쳐야 한다. 국민적 합의에 기반한 합리적인 방안이 도출되어야 할 문제이기 때문이다.

셋째, 사립대학의 지배 구조 개선에는 다양한 선택지가 제공되어야 하며, 일률적인 규제보다 사학 재단의 비리를 방지하고 지배 구조의 다양성이 대학 교육의 다양성으로 연계될 수 있도록 설계되어야 한다. 미국의 주요 사립대학처럼 학외자들이 지배하는 사학 재단들에 대해서는 그들의 전통을 존중해 줄 필요가 있다. 종교 사학 재단이 소유한 사립대학의 경우 해당 종교인이 개방 이사로 선임될 수 있는 배려도 필요하다. 동시에 모든 사립대학들은 학생 1인당 재단 전입금[32]의 수준에 따라, 지배 구조에 대한 차등화된 규제를 적용해야 한다. 법정 재단 전입금을 충실히 지원해 온 사학 재단과, 정부의 지원금과 학생들의 등록금을 이용해 기업처럼 대학을 운영해 온 사학 재단은 구별되어야 하며, 지배 구조에 대한 견제 수준을 차등화해서 적용할 수 있도록 법령을 정교하게 다듬어야 할 것이다. 사학 재단 회계에 대한 규정을 명확히 해 교비가 재단 전입금으로 둔갑하는 사례를 막는 것도 필요하다. 재단 전입금이 기준 금액을 넘는 소규모 사립대학의 경우

32 재단 전입금 - 공식적으로는 법인 전입금 - 은 사립대학 법인이 대학에 지원하는 경비로 법정 부담 전입금, 자산 전입금, 경상비 전입금으로 구성된다. 대학교육 연구소의 통계 자료를 보면, 2016년 사립대학 수입 총액 대비 법인 전입금 비율은 4.3%이며, 학생 1인당 59.6만 원으로 1인당 등록금 737만 원의 8.1%였다. 문제는 그 편차가 매우 크다는 것이며, 법인 전입금 비율이 1%에도 못 미치는 대학이 71개교로 전체 154개교 중 46.1%에 달했고, 법정 부담 전입금이 0원인 학교가 29개교로 조사되었다. 전체 재단 전입금의 규모와 구조는 사학 재단의 성격을 판단하는 근거가 될 수 있다.

는 지배 구조를 포함한 운영의 자율성을 적극 보장해 줄 필요가 있다. 미국의 경우 강소사립대학들은 미국 대학 교육 혁신을 주도해 왔다. 대학의 역사에서 언급했던 올린 공대, 미네르바 학교, 록펠러 대학, 쿠퍼 유니온, 하비머드 대학, 뱁슨 대학 등이 그 예들이다. 우리나라 현행법을 따르면 기본 시설이 전무한 미네르바 학교는 인가조차 받을 수 없다. 우리나라에도 포항공대, 설립 예정인 한전공대와 같은 재정적으로 탄탄한 강소사립대학이 많아지는 것이 대학 생태계 다양성과 혁신성에 도움이 될 수 있다.

넷째, 이미 많은 논의가 진행된 국립대학 통합 네트워크와 공영형 사립대학의 조속한 시행이다. 1996년 대학설립 준칙주의와 정원 자율화가 야기한 부실 대학 양산, 대학 정원의 수도권 집중, 지방대학의 침체를 해결하는 명확한 목적을 가지고 새로운 형태의 대학 구성을 진행해야 한다. 특히, 공영형 사립대는 국공립대학과 사립대학의 중간에 있는 새로운 지배 구조를 갖게 되며, 대학의 지배 구조를 다양화 하는 데 기여할 수 있다. 지역의 소중한 자산이 될 수 있도록 옥스포드 대학, 케임브리지 대학과 같이 1,000명이 넘는 인원으로 구성된 통치 기구와 실제 운영에 참여하는 대표 위원회를 구성하는 것이 바람직하다. 공영형 사립대는 지방의 주요 거점 사립대를 중심으로 전환해야 하며, 수도권과 비수도권 대학의 불균형 해소에 기여해야 한다. 공영형 사립대들 간의 네트워크 대학 구축 등을 통해 대학 교육의 다양성에도 기여할 수 있도록 설계해야 하며, 궁극적으로 대학의 공공성 회복에 기여해야 한다.

(3) 유럽 대학의 실패에서 배우는 교훈 - 재정 확보는 중요하다

2차 세계대전 이전까지 전 세계의 학문을 주도하던 곳은 유럽의 대학들이었다. 특히 독일 대학들은 19세기 이후 학문의 중심지라는 위상을 갖고 있었다. 히틀러의 집권 이후, 유태계 석학들이 독일을 탈출하면서 시작된 독일 대학의 몰락은 2차 세계대전의 패전과 동서독 분할로 가장 밑바닥까지 떨어지기도 했다. 과거의 영광을 뒤로하고 새로 시작된 전후 독일의 고등교육은 지방정부가 대학 재정을 책임지며, 누구나 대학에 입학해서 무료로 학습할 수 있는 고등교육 기회의 균등과 대학의 평준화라는 이상을 구현해 왔다. 프랑스의 고등교육은 1968년 5월 혁명 이후 포르 개혁을 통해 '자율', '참여', '다학제'의 원칙 아래 혁신적으로 대학을 변화시켰다. 정부 기관인 대학의 운영을 교수, 교직원, 학생으로 구성된 위원회에게 맡겼고, 대학을 평준화해서 대학 입학시험을 통과한 학생들은 자기 지역의 대학에 진학하는 체계를 유지해 왔다. 독일과 프랑스의 대학들은 정부 기관으로 교수들은 국가공무원 신분이며, 공공성에 기반한 정부의 강력한 통제를 받지만 상당한 자율성을 갖고 있다. 대학에 대한 단단한 철학, 건전한 지배 구조와 공공성 확보, 대학의 핵심 가치인 자율성이 보장되었지만, 독일과 프랑스 대학은 학문의 중심지로서의 위상을 회복하지 못하고 있다. 반면, 영국의 주요 대학들은 19세기 후반까지 중세적 모습을 간직한 구습의 상징과 같았다. 그러나 19세기 말부터 정부의 집중적인 지원과 건전한 지배 구조 구축, 대학의 자율성을 기반으로, 옥스포드 대학, 케임브리지 대학, 임페리얼 칼리지, 런던 대학, 에딘버러 대학, 맨체스터 대학 등 세계 최고의 대학들을 육성해 냈다. 영국 대학들이 독일, 프랑스 대학들을 앞선 이유는 여러 가지가 있었다. 영국은 2차 세계대전 승전국이며, 전쟁에 휩싸이지 않아 대학 인프라를 그대로 보존할 수 있었던 점이 차이의 시작일 수 있겠고, 대학 간의 경쟁 도입, 대학원 육성과 연구 강화, 민간과 공공의 적절한 재정 지원, 프랑스와 독일에 비해 훨씬 유연하고 자율적인 지배 구조, 영어와 영연방을 기반으로 한 국제적 네트워크와 이를 활용한 인재 확보가 그 이유들이다. 이중 가장 결정적인 차이는 영국 대학들은 학생 증가로 야기되는 대학 재정 문제를 기회균등과 같은 정치적 신념에 얽매이지 않고, 유연하고 효과적으로 대처했다는 점이다. '대학의 과거'에서 살펴본 내용이다. 2012년 GDP 대비 고등교육 비용 지출 규모를 보면 영국은 유럽 국가들 중 핀란드 다음으로 2위이며, 특히 공공 지출은 유럽 국가들과 큰 차이가 없으나 민간 지출에서 다른 국가들을 압도하고 있다. 중세 유럽의 대학이 시작된 프랑스, 이탈리아, 독일, 스페인 등 주요 국가들은 OECD 평균에도 못 미치는 지출 규모[33]를 갖고 있다.

수많은 학자들이 대학의 재정 확보가 대학의 역량을 결정하는 첫 번째 요소임을 밝히고 있다. 특히 유럽 대학의 쇠퇴에 대한 연구는 한결같이 재정 부족을 그 원인으로 지목하고 있다. 토마 피게티는 프랑스 대학의 침체가 학생 1인당 재정 지원 감소 때문이라는 사실을 지적했다. 필립 아기온은 유럽 대학과 미국 대학의 연구력이 크게 차이가 나는 이유를 분석했으며, 그

33 OECD, "State of Higher Education 2015~16"

첫 번째 이유가 대학에 사용되는 지출 규모의 차이임을 확인했다. 2001년을 기준으로 유럽연합 25개국이 대학에 사용하는 지출이 GDP 대비 1.3%인데, 미국은 3.3%이며, 대학생 1인당 지출은 유럽은 8,700유로이고 미국은 36,500유로로 더욱 큰 차이가 난다는 사실을 근거로 제시[34]했다. 요 리츤은 유럽 대학의 모태가 되었던 독일, 프랑스, 이탈리아, 스페인의 대학들이 2차 세계대전 이후 쇠퇴한 사실을 설명하며, 1960년대 이후 학생 수가 급격히 늘어나는 상황에서 대학의 예산이 실질적으로 전혀 증가하지 않아 학생 1인당 재정 지원이 줄었다는 점이 문제였다고 명시[35]했다. 유럽 대학들의 현황에서 배울 수 있는 교훈은 명확하다. 대학의 철학과 지배 구조가 건강하고 공공성이 확립되어 있으며 사회 전반적인 학문 수준이 높다고 하더라도, 충분한 재정 지원 없이는 우수한 대학을 육성할 수 없다는 사실이다. 세계 최고의 대학으로 평가되는 하버드 대학의 경우 2018년 예산이 52억 달러(약 6조 2천억 원)이며, 이중 재단 전입금은 35%로 18억 달러(약 2조 1천억 원), 당해 연도 기부금이 9%로 5억 달러(약 6천억 원)이며, 재단 적립금은 470억 달러(약 56조 원)을 보유[36]하고 있다.

우리나라의 고등교육 비용 지출은 매우 독특한 구조를 갖고 있다. 2012년 GDP 대비 고등교육 비용 지출 규모를 보면 2.34%로 OCED 회원국들 중 상위 4위에 해당하는데, 이중 공공 지출은 0.69%에 불과하며, 민간 지출이

---

34 Philippe Aghion, Mathias Dewatripont, Caroline Hoxby, Andreu Mas-Colell and André Sapir, 2007, "Why reform Europe's universities?", Bruegel Policy Brief

35 요 리츤, 『유럽의 대학: 어디로 갈 것인가』

36 Harvard University, 2018.10, Financial Report: Fiscal Year 2018

1.65%를 담당하고 있다. 민간 지출만 평가하면 우리나라는 상위 3위, 공공 지출만 평가하면 하위 4위에 해당된다. OECD의 공공 지출 평균이 67%인데, 우리나라는 29%에 불과하다. GDP 대비 전체 지출 규모는 평균 이상이지만, 80%에 달하는 대학 진학률로 인해 2012년 대학생 1인당 지출 비용은 11,300달러로 OCED 평균 13,700달러의 83% 수준[37]이다. 대학의 위기를 염려하는 유럽의 주요 국가들보다도 뒤에 위치한다. 초등교육과 중등교육은 학생 1인당 지출 비용이 OECD 평균을 크게 상회하는 것과 대비된다. 요약하면, 우리나라 대학은 경제 규모 대비 고등교육에 많은 비용을 지출하고 있지만, 대부분 민간 비용을 통해 고등교육을 유지하고 있다. 기부금이나 사학 재단 전입금 규모가 작은 것을 감안하면, 결국 등록금을 통해 고등교육을 유지하고 있으며, 그나마 대학생 1인당 비용 지출은 유럽보다도 열악한 상황이다.

앞에서 언급한 바와 같이, 투자를 통해 대학의 연구 역량이 발전하고, 규모가 확대되어 대학의 연결 기능이 강화된다면, 대학은 신성장 이론의 핵심인 지식의 총량 증가에 기여할 수 있을 것이다. 여기서 한 가지 가정은 프리쳇이 언급한 교육투자가 생산성 향상으로 연결되지 않는 사례에 속하지 않아야 한다. 이 조건을 만족한다면 기업은 생산성 증대로 직접적으로 수혜를 받고, 경제성장은 세수 증대로 연결되어 정부 재정 운용에 도움을 줄 수 있다. 대학에 대한 투자 수익을 기업과 정부가 나누어 갖는 것이다. 유럽이 2000년 리스본 조약을 통해 유럽의 대학 진학률을 50%까지 올리겠다는 목표를 세웠던 것

37 OECD, https://data.oecd.org/eduresource/education-spending.htm#indicator-chart

처럼 여러 국가가 대학 진학률을 높이기 위한 다양한 정책을 시행하는 이유이다. 그러나 대학을 구성하는 이해 관계자들을 살펴보면 흥미로운 현상이 관찰된다. 대학의 발전과 확대는 학생들에게 좀 더 나은 교육 서비스를 제공하는 장점이 있지만, 이런 투자는 대학 진학률을 상승시키고 대학 졸업생의 공급 증가를 야기해서, 학생 개인의 교육투자 수익률을 감소[38]시키는 문제가 생긴다. 대학 졸업생 수가 증가하는 것이 국가와 기업에는 도움이 되더라도 학생 개인에게는 투자 측면에서 바람직한 상황이 아니라는 것이다. 우리나라 대학 진학률[39]은 1981년 30%를 넘었고, 1994년 40%, 1995년 50%, 1997년 60%, 2001년 70%, 2004년 80%를 넘었다. 이와 같이 투자 가치가 급속하게 떨어진 대학 진학에 대해 2014년 기준으로 공공 지출은 34%에 불과하며, 민간 지출은 66%에 달한다. 공공 지출 규모가 증가하는 추세이기는 하지만 최소한 50% 이상 수준이 되어야 한다. 이를 달성할 수 있는 최선의 기회는 진학 인구가 급감해서 대학 사회에 큰 변화가 예상되는 2021년 이후이다. 궁극적으로 OECD 평균인 67% 수준에 도달해야 한다. 추가로 필요한 재원은 대학 교육 개선의 수혜 주체인 기업들의 법인세에서 충당되어야 하며, 법인세 세수의 5% 정도를 고등교육에 사용되도록 법제화할 필요가 있다. 2018년 법인세 세수 규모가 70조인데, 3조 5천억이 추가로 고등교육에 투입된다면 대학생 1인당 지출비용이 OECD 평균에 근접할 수 있다. 또한 급감하는 초등교육 수요를 고려한 교육 예산 재배정도 필요하다.

---

38 요 리츤, 같은 책

39 대학 진학률 =(해당 년도 대학 진학자 수/해당 년도 고등학교 졸업자 수) × 100 이며, OECD에서는 순입학률을 사용하며, 대학 진학률과 비교하면 10%정도 낮게 나온다. OECD 자료를 보면, 우리나라 고등교육 입학률이 70% 정도 나오는 이유이다.

공공 지출의 확대는 우리나라 대학 사회의 문제를 해결하고, 한계를 뛰어넘는 방향으로 이루어져야 한다. 수도권과 비수도권 대학의 양극화 문제 해결, 왜곡된 사립대학 지배 구조의 다양화, 대학의 공공성 회복, 대학의 연결 능력 강화 등이 그 주요 방향들이다. 첫째, 지방 국립대학이 대학 구조 혁신의 첨병 역할을 담당할 수 있도록 재정 지원이 확대되어야 하며, 무엇보다도 국립대학 통합 네트워크를 실현해야 한다. 국립대학 통합 네트워크의 유인 체계로 등록금 면제 같은 파격적인 지원과 참여 대학들에 대한 초기 투자 지원이 이루어져야 한다. 국립대학이 책무성과 수월성이라는 두 가지 목적을 달성할 수 있는 토대를 제공해서 대학 입시 경쟁에서 낭비되는 국가적 비용을 절감해야 한다. 국립대학 통합 네트워크에 속한 대학들은 우수한 학생의 확보라는 장점, 규모의 경제가 제공하는 편익, 한국의 대표 대학에 해당하는 'National University of Korea' 명칭 부여, 이에 따른 세계적인 인지도 향상과 같은 혜택들을 누릴 수 있도록 배려해야 한다. 나아가 실제로 한국을 대표하는 대학 중 하나가 되도록 지원해야 한다.

둘째, 지방 주요 사립대학을 공영형 사립대학으로 전환하는 데 정부 재정을 시급히 투입해야 한다. 더 나아가 공영형 사립대학 네트워크를 구축하는 유인 체계로 등록금을 현재의 절반으로 낮추어 주는 지원도 고려할 만하다. 공영형 사립대학 네트워크를 특색 있게 발전시키기 위한 프로그램 개발과 운영에도 투자해야 한다. 앞서 언급한 3조 5천 원이 추가로 지원된다면 20만 명 정도의 재학생으로 구성된 국립대학 통합 네트워크의 재학생 등록금 면제와 10만 명 정도의 재학생으로 구성된 공영형 사립대학 재학생에게 반값 장학금 지원이 가능하다. 국립대학 통합 네트워크와 공영형 사립대학 학생들 중 국가 장학금 수혜자들에게는 해당 금액을 생활비로 지원해서 우수 학생들이 모일 수 있는 환경을 조성해야 한다.

셋째, 대학이 다양한 연결의 중심이 될 수 있는 사업에 대한 재정 지원이 필요하다. 국립대학 통합 네트워크와 공영형 사립대학 네트워크를 강화하기 위한 인적자원 교환 프로그램, 한국형 에라스무스 프로그램을 설립해 학생들의 연결 능력과 리질리언스를 키워 주는 사업에 대한 지원이 이루어진다면 가치 있는 투자가 될 수 있다. 성공적이지 못했던 세계 수준 연구 중심 대학 육성 사업을 재시도하는 것도 고려해야 한다. 세계적인 명문 대학이 된다는 것은 학문적 연결의 중심이 되는 것이다. 이를 위한 첫 번째 조건이 충분한 재정 투입이라는 것은 수많은 연구를 통해 입증된 사실이다. 스위스, 덴마크, 벨기에, 네덜란드, 스웨덴, 노르웨이 등, 유럽의 강소국들은 소수의 거점 대학에 집중적인 행정적 재정적 지원을 제공하고 있고, 그 결과 세계적인 학문적 성과를 도출하고 있다. 아시아에서는 싱가포르 국립대학과 난양공과대학을 세계적인 대학으로 육성한 싱가포르, 홍콩 대학과 중문 대학, 홍콩 과학기술대학을 세계적인 대학으로 육성한 홍콩이 참고할 만한 사례들이다. 이들 국가들과 같이 3, 4개 연구 중심 대학에 집중적으로 재정을 투입해 세계적인 명문 대학으로 육성하는 것도 가치 있는 재정 투자이다.

(4) 플랫폼의 다양성과 차별화 - 대학이 다양해져야 한다

기업의 세계를 보면, 중소기업이 급속히 성장하여 오랜 역사를 자랑하던 대기업을 무너뜨리고 새로운 대기업이 되기도 하고, 중소기업이 이전에 없던 새로운 분야를 개척해 세계 최대의 기업이 되기도 하며, 같은 분야의 기업들 중 어떤 기업은 성장하고, 어떤 기업은 사라지기도 한다. 이런 기업의 흥망성쇠는 경영학자들에게 매력적이며 중요한 연구 주제였다. 따라서 많은 연구가 수행된 분야이며, 많은 스타 학자를 배출한 분야이기도 하다. 기업의 흥망성쇠는 과학기술의 발전, 대중의 기호 변화, 새로운 수요의 창출, 제도의 변화와 같은 미세한 변화의 흐름을 먼저 파악하고 선제적으로 대응했는지 여부에 달려 있다는 것이 여러 연구의 공통적인 발견이다. 벤처기업으로 통칭되는 신진 중소기업들은 이런 혁신을 빠르고 과감하게 시도해 볼 수 있다. 반면에 대기업들은 그런 새로운 시도들을 주의 깊게 살펴보며, 지분 투자, 인수 등을 통해 혁신 에너지를 수혈받기도 하고, 때로는 적절한 대응에 실패하여 벤처기업들에게 최고의 자리를 내주기도 했다. 마이크로소프트가 SNS 사업에 뛰어들기 위해 페이스북에 전략적인 투자를 하고, 더 나아가 링크드인을 인수한 것이 전자의 사례이고, 1980년대 IBM이 당시 신생 기업이었던 마이크로소프트에게 PC 분야의 패권을 빼앗긴 것은 후자의 예였다.

비즈니스 분야와 마찬가지로 대학 교육의 혁신을 주도하고 있는 대학들은 대규모 대학들이 아니라 적은 학생들을 갖고 있으면서도 재정적으로 탄탄한 소규모 대학들이다. 대학의 역사에서 살펴봤던 미네르바 학교와 올린 공대가 그런 대학들이며, 그 밖에도 수많은 강소대학들이 대학의 혁신을 이끌어 왔다. 예를 들면, 록펠러 대학은 생명과학과 의학 연구에 집중하는 대학원 대학이다. 90여 명의 교수진으로 구성된 매우 작은 학교이지만, 록펠러 가문의 지원으로 21억 달러의 기금을 보유하고 있다. 현재까지 13명의 교수가 노벨상을 수상했으며, 록펠러 대학에서 학생, 연구원, 방문 연구자로서의 경력을 갖고 있는 학자들을 포함하면, 노벨상 수상자가 30명이 넘는 것으로 알려져 있다. 록펠러 대학은 2019년 US News 대학 평가에서 전 세계 연구 중심 대학 중 66위로 평가되기도 했다.

뉴욕의 쿠퍼 유니온(Cooper Union)은 건축학, 예술, 공학의 세 가지 전공만 개설하고 있으며, 약 900명의 재학생들에게 전액 장학금을 제공해 왔다. 19세기 중반, 기차 엔진, 철도회사, 전신회사, 부동산 사업으로 미국 최대 거부 중 한 명이 된 피터 쿠퍼가 1859년 설립했으며, 당시에는 너무나 혁신적인 목표, "최고의 기술 교육은 인종, 성별, 종교, 사회계층에 상관없이, 준비된 모두에게 제공되어야 한다."를 실현하고자 설립했다. 2010년 뉴스위크지는 쿠퍼 유니온을 최고의 소규모 대학으로 선정[40]하기도 했다.

캘리포니아의 작은 사립대학인 하비머드 대학(Harvey Mudd College)은 약 800여 명의 학생들이 학교에서 생활하는 기숙학교로, 클레어몬트 대학

40 Newsweek, 2010.9.10, "The 25 Most Desirable Small School'

을 구성하고 있는 5개 대학 중 하나이다. 광산업자였던 하비 머드가 설립했으며, 대학 간의 연합을 통해 도서관과 같은 기반 시설과 기초 교양 수업을 공유한다. 수학, 자연과학, 컴퓨터 전공만을 개설하고 있으며, 수리생물학과 같은 연계 전공 과정도 제공한다. 학부 입학생들의 박사 취득률이 미국 내 대학들 중 칼텍 다음으로 2위이며, 등록금 투자 대비 평생 예상 총수입의 비율로 계산되는 등록금 투자 수익률도 스탠포드 대학 다음인 2위에 선정되기도 했다.

매사추세스의 뱁슨 대학(Babson College)은 경영학으로 특화된 소규모 사립대학이다. 강의보다 경영과 관련된 실무 경험을 강조하며, 교수진도 경험이 풍부한 기업가 출신들로 구성되어 있다. 설립자인 로저 뱁슨은 준비된 기업 경영진 배출을 뱁슨 대학의 교육목표로 설정했고, 이를 위한 준비 과정으로 교육 내용을 구성했다. 학습 환경을 실제 기업 환경과 유사하게 설계했으며, 모든 학생은 비즈니스 정장을 입고 사무실처럼 생긴 공간에서 학습한다. 공학 실무를 캠퍼스로 끌어온 대학이 올린 공대라면, 비즈니스 실무를 캠퍼스로 끌어온 대학이 뱁슨 대학이라고 평할 수 있다. 주변에 위치한 올린 공대, 여자 자유 교양 대학으로 유명한 웰슬리 대학과 BOW라고 불리는 연합 대학을 이루고 있다.

한편, 프랑스 대학 체계의 정점에는 1530년 설립된 콜레쥬 드 프랑스(Collège de France)가 있다. 프랑스에서 가장 권위 있는 고등교육기관으로 2019년 현재, 57명의 교수들로 구성된 연구 중심 기관이다. 학위를 수여하지는 않지만, 프랑스최고 석학들인 교수들이 전공 분야의 새로운 강좌와 세미나를 지속적으로 개설하며, 원하는 사람은 누구나 강의와 세미나를 수강할 수 있다. 일반인들뿐 아니라 해당 분야의 전문가, 연구원, 대학원생들이 주요 수강자들이며, 자연과학보다 인문학과 사회과학을 좀 더 중시하며, 프랑스 지성의 확산을 책임지고 있다. 흥미로운 사실은 모든 강좌들을 온라인으로도 제공하고 있으며, 2019년 현재, 7,700여 개의 비디오 강의, 5,000여 개의 오디오 강의를 제공하고 있다. 설립된 지 500년에 가까운 대학이 프랑스의 어느 대학보다 많은 온라인 강좌를 제공하며, 대학의 혁신을 주도하고 있다.

소규모 대학이 빠르고 가벼운 변화를 통해 대학 사회에 혁신의 활력을 불어넣고 있다면, 반대편에는 여러 대학들의 연합체로 구성된 연합 대학, 또는 단일 캠퍼스에 5만 명이 넘는 학생들이 수학하는 대규모 대학들이 마치 대기업처럼 규모의 경제를 이루며 효율적인 고등교육을 제공하고 있다. 미국 공립대학의 전형을 제시했던 캘리포니아 공립대학 시스템은 세 개의 계층으로 구성되어 있다. 연구 중심의 캘리포니아 대학 체계에 캘리포니아 버클리 대학을 비롯한 10개의 캠퍼스에 학부생 20만여 명, 대학원생 5만여 명이 수학하고 있으며, 교육 중심의 캘리포니아 주립대학 체계에는 23개의 캠퍼스에 학부생 42만여 명, 대학원생 6만여 명이 수학하고 있다. 모든 캘리포니아 주민에게 열린 고등교육 기회를 제공하는 캘리포니아 전문대학 체계에는 114개의 지역별 캠퍼스에 210만 명 이상의 학생들이 수학하고 있다. 최근 115번째 캘리포니아 전문대학이 온라인 대학으로 설립되기도 했다. 미국 대부분의 주립대학은 이와 유사한 계층구조로 구성되어 있다. 캘리포니아 주립대학 입학에는 거주지가 중요한 평가 요소이고, 캘리포니아 전문대학은 전문대학 학군에 학생을 배정하는 방식을 따른다. 마치 파리 대학이 13개의 대학으로 구성되어 있고, 거주 지역에 따라 대학을 배정하는 방식과 유사하다. 이들 연합 대학들은 강좌를 공유하고, 학점 교환, 학생 편입, 도서관을 비롯한 시설, 장비 공유를 통해 비용을 절감하면서 교육 효과를 높이고 있으며, 결과적으로 생산성 높은 고등교육을 실현하고 있다. 미국 주립대학들 중 단일 캠퍼스의 대규모 대학을 살펴보면, 등록 학생 수 기준으로 애리조나 주립대학의 경우 온라인 강좌 수강생을 포함해 10만 명, Texas A&M 대학이 6만 9천 명, 오하이오 주립대학 6만 8천 명, Central Florida 대학 6만 8천 명, Florida International 대학 5만 7천 명 등, 많은 주립대학들이 5만 명이 넘는 규모를 유지하고 있다. 이들 주립대학 역시 규모의 경제를 통해 좀 더 많은 주민들에게 경제적인 비용으로 양질의 교육을 제공하기 위해 노력 하고 있다.

대학의 지배 구조가 다양해지는 변화는 대학 규모와 구조의 다양성으로 이어져야 하며, 궁극적으로 교육 내용의 다양성으로 귀결되어야 한다. 우리나라는 정원을 정부에서 관리하는 문제에서 기인하지만, 대학들의 규모와 구조가 너무 단조롭다. 해외 사례와 우리나라의 현황을 고려하면 대학 규모와 구조의 다양성 확대는 다음 네 가지 방향으로 진행되어야 한다. 첫째, 민간 재정으로 교육 이념을 구현하는 사립 강소대학의 설립을 지원해야 한다. 세계적인 강소대학인 포항공대와 같은 사례가 많아져야 한다. 우리나라 주요 기업들은 사학 재단을 직접 설립하거나 인수해 대학을 소유하고 있으나, 대부분은 사학 재단이 갖는 여러 혜택을 활용하려는 목적으로 대학을 운영하는 것으로 판단된다. 기업을 통해 큰 부를 일군 기업가들이 특화된 분야에서 교육 이념을 실현할 수 있는 소규모 대학을 설립할 수 있도록 파격적인 법적, 행정적 지원과 더불어, 대학 설립을 통한 부의 사회 환원이 존경받을 수 있는 사회 분위기 조성이 필요하다.

둘째, 전문대학을 혁신해 실무형 교육 프로그램을 더욱 강화하고, 특화된 취업 분야의 플랫폼 역할을 담당하도록 지원해야 한다. 전문대학은 일반적으로 학생 규모가 작으며, 학위 기간이 2, 3년으로 짧다. 아울러 90%가 사립대학이며, 실무 교육과 취업이라는 명확한 목적을 갖고 있다. 따라서 벤처기업처럼 가볍고 빠르게 변신하면서 민첩한 교육 혁신을 담아낼 수 있다. 즉 트위데일과 니콜라스가 제시한 미래 대학 모델인 '민첩한 대학'의 성격을 갖고 있다. 미국의 통합형 모델을 그대로 차용하고 있는 4년제 일반대학들은 너무 무거운 조직 구조를 갖고 있다. 전문대학의 민첩한 혁신을 통해 취업률의 명확한 우위가 실현된다면, 대학 생태계에 긍정적인 변화를 야기할 수 있다. 취업을 중심으로 탁월한 성과를 보여 주는 사례로 원예 · 축산 분야의 연암대학, 자동차·기계 분야의 아주자동차대학, 농협에 취업이 보장되는 농협대학, 국립 전문대학인 한국농수산대학 등이 있다. 지속적인 취업 수요가 있는 간호, 보건, 유아교육, 제조 분야 학과는 취업률이 일반대학을 앞서는 것으로 알려져 있다. 전문 산업체, 지방정부와 협력하여 전문대학이 산업 인력 육성 플랫폼 역할을 성공적으로 수행하고 있는 경남 거창의 한국승강기대학도 주목[41] 할 만하다. 전문대학은 실무 교육 중심의 평생교육 플랫폼 역할도 담당해야 한다. 특히, 2년의 짧은 수학 기간은 직무 재교육에 적절하다. 상시 수요가 존재하는 '컴퓨터 코딩'을 2년간 집중 수련하는 프로그램을 전문대학이 담당할 수 있으며, 한국형 에콜 42[42]와 같은 프로그램도 지방정부와 기업체가 협력해서 전문대학이 시도하는 것을 고려할 만하다. 꾸준한 수요가 있는 평생교육 주제인 '귀농 교육', '집짓기 건축 교육' 등도 지방정부와 협력해서 전문대학이 시도할 만한 프로그램이 될 수 있다.

셋째, 여러 국가에서 운영되고 있는 연합 대학의 실현이다. 지식과 사상을 매개하는 연결을 담아 내는 플랫폼 역할을 수행하는 데 있어 연합 대학은 매우 적절한 구조이다. 현재 논의되고 있는 거점 국립대학들의 통합 네트워크를 조속히 실현해서, 학생 수가 20만 명 정도 되는 대규모 연합 대학을 구현해야 하며, 지역별로 설립되어 있는 교육대학의 통합 네트워크도 고려할 만한 사항이다. 공영형 사립대학도 지역별로 선정된 대학들을 하나의 통합 네트워크로 묶는 노력이 필요하다. 연합 대학에 속한 개별 대학들은 독립성을 갖는 조직으로 운영하되, 기초 교과목에 대한 온라인 학습 프로그램 공동 개발 및 활용과 같이 고등교육의 혁신 과제를 공동으로 추진하는 것을 고려해야 한다. 더 나아가 미래지향적인 개인화된 적응형 학습 프로그램 개발과 같이 대규모 학생 데이터가 필요한 과제도 함께 수행

41 2019년 2월, 교육부 감사 결과 기업형 사학 재단의 전형적인 비리가 적발되기도 했다.

42 에콜 42는 프랑스의 IT 사업가 자비에르 니엘이 2013년 설립한 컴퓨터 프로그래머 육성 기관이다. 교수자, 교재, 학비 없이 프로그래밍 문제 해결 중심으로 학생들이 스스로 학습하고, 소통하고, 협력하는 것으로 유명하다. 전 세계 프로그래밍 교육에 새로운 모델을 제시하고 있다.

해야 한다. 서로의 약점을 보완하는 소규모 사립대학들 간의 연합 대학도 추진해야 한다. 앞서 언급한 캘리포니아 클레어몬트 대학과 매사추체스의 BOW 같은 사례가 벤치마킹 대상이 될 수 있다.

넷째, 지역별 계층화된 대학 네트워크 구축이 필요하다. 거점 국립대학들 주변에 있는 소규모 국공립 대학에 대해서는 캘리포니아 공립대학 체계처럼 강좌 공유, 학점 교환, 학생 편입 지원, 도서관을 비롯한 시설, 장비 공유 등을 통해 지역 대학들과 연결을 강화해야 한다. 이와 같은 대학 규모와 구조의 다양성을 확보한다면, 서울대 같은 법인화된 국립대학, 카이스트 같은 국가 지원 강소 연구 중심 대학, 연세대, 고려대와 같은 사립 연구 중심 종합 대학, 포항공대, 한전공대와 같은 사립 강소 연구 중심 대학, 거점 국립대학 통합 네트워크, 공영형 사립대학 네트워크, 사립 특화 대학, 기타 사립 종합 대학, 기타 공립 대학, 직업교육과 취업에 특화된 다양한 전문대학, 방송통신대학과 사이버대학 등, 충분히 다양한 대학 생태계를 구축할 수 있을 것이다. 그 과정에서 대학 간의 협력과 경쟁의 조화를 통해 충분한 교육 서비스를 제공하지 못하는 기업형 사립대학들은 도태될 것이다. 결과적으로 대학의 교육 내용 다양성 확보를 통해 우리나라 대학 생태계에 건강과 활력을 불어넣고, 궁극적으로 미래 사회에서 요구하는 다양한 인재들과 새로운 지식을 생산해 내는 역할을 할 수 있을 것이다.

(5) 시장은 실패해도 시장의 방식은 실패하지 않는다
- 평가하지 말고 공개하라

1995년 '5.31 교육개혁'은 대학설립 준칙주의와 정원 자율화로 인해 대학사회에 큰 상처를 남겼다. 그러나 다른 주요 정책들을 살펴보면, 대학의 다양화와 특성화, 학술 연구의 일류화, 대학 교육의 국제화, 대학 평가와 대학 재정 지원의 연계 등, 대학 정책의 근간을 유지하는 개혁안들을 담고 있었다. '5.31 교육개혁'이 우리나라 고등교육의 새로운 이정표를 세운 것은 사실이다. 특히, 반세기 동안 자체적인 혁신을 시도해 본 적이 없는 대학들이 정부의 재정 지원을 받기 위해 혁신을 시도하도록 유도한 것이 가장 큰 성과였다. 1995년 이후 수많은 대학 재정 지원 사업들이 진행되었으며, 대학들은 정부가 유도한 방향에 맞춰 교육 방향과 운영 방식을 개편하며 변화를 시도해 왔다. 2018년 교육부가 운영했던 대학 재정 지원 사업은, 국립대학혁신사업(PoINT), 대학자율역량강화사업(ACE+), 대학특성화사업(CK), 산업연계교육활성화 선도대학사업(PRIME), 대학인문역량강화사업(CORE), 여성공학인재 양성사업(WE-UP), 산학협력선도대학육성(LINC+) 그리고 BK21플러스사업으로 구성되어 있다. 재정 지원 사업은 크게 특성화, 연구 중심, 산학 협력으로 분류할 수 있는데, 이중 가장 가시적인 성과를 만들어 낸 사업은 BK21 사업이다.

1999년 시작된 BK21(Brain Korea 21) 사업은 연구 중심 대학을 육성하고, 대학원생들을 지원하기 위해 시작되었다. 7년 단위로 3단계 사업이 진행되었으며, 2019년 21년째를 맞이했다. 2004년까지 QS 세계 대학 평가에서 100위권 안의 대학이 하나도 없던 상황에서 2018년 같은 평가에서 5개 대학이 100위 안의 대학으로 평가되었다. 또한 SCI논문 수도 1999년 세계 18위 9,400여 편에서 2016년 세계 12위 59,000여편으로 증가[43]했다. BK21 사업으로 대학이 시장 권력에 포획되었다는 비판과 정량 실적 중심의 평가로 인해 수준 낮은 논문 양산[44] 같은 문제를 야기했다는 지적이 있다. 그러나 BK21 사업은 우리나라 대학의 전반적인 연구력 강화에 기여했고, 대학이 국가의 지식 총량 증가에 기여하는 새로운 시대를 열었다고 평가된다. 이런 변화를 이끌어 낸 핵심 요인은 BK21 사업을 통해 연구 실적 평가에 '공개와 경쟁'이라는 시장의 방식이 적용되었기 때문이다. BK21 사업 이후 대학 교수들의 실질적인 연구 경쟁이 시작되었다. 다른 재정 지원 사업들이 대학 집행부의 제안서 잘 쓰기 경쟁이었다면, BK21 사업은 같은 분야 학과들 간의 경쟁, 대학 교수 개개인의 경쟁을 촉발했다. 타 대학의 같은 학과 교수들이 어떤 논문을 쓰는지 관심을 갖게 되었고, 논문 수준에 대해서도 관심을 기울이게 되었다. 교수 개인의 연구 관련 지표가 공개되기 시작했고, 연구를 통해 지식 생산이 가능한 교수인지 객관적인 평가가 가능해졌다. 연구 실적 공개는 거부할 수 없는 명분을 갖고 있었으며, 위신을 중시하는 교수들 개개인을 움직이게 만들었다. 연구 '경쟁'은 연구 실적 '공개'에 따른 결과의 성격이 강하다. 결국 대학의 변화를 이끌어 낸 힘은 '공개'였던 것이다.

---

43 KOSTEP, "우리나라 과학기술논문(SCI) 발표 현황", KISTEP 통계브리프, 2017년 제25호

44 2016년 분석을 기준으로 우리나라 논문 수는 세계 12위이지만, 논문 1편당 5년 인용 횟수는 세계 33위에 불과하다.

미국에는 '가족의 교육권 및 프라이버시법(FERPA: Family & Educational Rights and Privacy Act)'라는 법령이 있다. 부모와 학생들의 개인 정보 보호에 대한 광범위한 권리를 보장해 주는 법령이지만, 그 핵심 내용은 오히려 교육기관이 학생들의 정보를 당사자 동의 없이 사용할 수 있는 경우를 명확하게 정의해 주는 데 있다. 교육 개선 목적, 교육기관의 감사 또는 평가 목적, 재정 지원과 관련된 목적 등의 경우가 여기에 해당된다. 교육을 더 잘하기 위한 목적에 대해서는 학생들의 정보를 자유롭게 사용할 수 있다는 것이다. 이런 법적 토대를 기반으로 개별 학생들의 가족 내력, 인종 정보, 진학 기록, 학업 성취, 취업, 임금 수준의 관계에 대한 전 생애 주기 분석이 가능하고, 이와 같은 정보 공개와 분석을 통해 국가와 민간의 합리적인 의사 결정을 뒷받침하게 된다. 예를 들면, 정부의 재정 지원 규모 결정에 대한 근거 자료로 사용 가능하다. 개인의 경우에는 대학별, 전공별 졸업생의 평균 소득을 기초로 한 30년 간의 등록금 투자 대비 임금을 순수익으로 계산하여 가장 투자 효과가 높은 대학 진학을 선택할 수도 있는 것이다. 유사한 분석 서비스를 제공하는 페이스케일(Payscale.com)에 따르면 졸업생들의 임금 수준을 고려한 최고의 투자 가치 대학은 스탠포드 대학이고, 2위는 캘리포니아의 소규모 사립대학인 하비머드 대학, 공동 3위는 칼텍과 MIT, 5위는 프린스턴 대학, 6위는 뉴욕주 해양대학, 7위는 육군사관학교, 8위는 다트머스 대학, 9위는 경영학과로 특화된 뱁슨 대학, 10위는 해군사관학교이다. 1위에서 5위까지 모두 1년 등록금만 5만 달러에 달하는 사립대학들이라는 점과 한국에 잘 알려지지 않은 소규모 대학들이 10위 안에 들어 있다는 점, 취업이 확실하게 보장되는 해양대학과 사관학교들이 포함된 점 그리고 평등성과 수월성이라는 양립하기 어려운 목표를 동시에 추구해야 하는 일반 주립대학이 10위 안에 하나도 없는 점이 흥미롭다.

2019년 정부는 대학 재정 지원 사업을 획기적으로 변화시켰다. 2018년에 진행된 ACE, CK, PRIME, CORE, WE-UP을 대학혁신지원사업으로 통합해 대학기본역량진단을 통과한 모든 대학들에게 포뮬러 펀딩 방식으로 예산을 지원하기 시작했다. 변화의 핵심은 개별 대학이 자율적으로 작성한 중장기 발전 계획과 이를 위한 종합재정투자계획과 투자우선순위를 존중해서 평가없이 지원을 시작한다는 점과, 사업 예산 책정을 영국의 대학 재정 지원과 유사하게 재학생 수, 교육비 환원율, 전임교원 확보율 등 여러 지표로 구성된 계산식(포뮬러)을 통해 결정한다는 점이다. 전체 지원 금액이 일반대학과 전문대학을 합쳐 약 8,500억 원[45] 정도에 불과해 대학별 지원 금액이 평균 40억 원이 못 된다는 한계를 갖고 있다. 그러나 대학들이 자율적으로 설정한 교육 목표와 이를 달성하기 위해 정부의 재정을 사용하는 방식은 대학 재정 지원의 새로운 시작임에 틀림없다. 문제는 이런 자율적인 혁신 체계를 어떻게 관리하고 유지할 것인가이다. 정부는 개별 대학들이 중장기 발전계획에 설정한 성과 지표의 달성 여부를 기준으로 성과를 관리한다는 기본 방침을 제시했다. 그렇다면 이 방법이 최선의 방법일까?

일반 재정 지원 방식의 대학혁신지원사업은 교육 개선을 위한 재정 지원

45 2019년 대학혁신지원사업으로 143개 대학에 5,646억을 지원하며, 전문대학혁신지원사업으로 112개 전문대학에 2,860억을 지원했다.

이다. 연구력 강화를 위한 BK 사업 운영에서 배워야 할 점은 대학의 변화, 더 구체적으로는 대학 교수들의 변화가 '공개'라는 원칙의 적용을 통해 달성될 수 있다는 사실이다. 대학의 변화를 정부와 대학 간의 계약 관계에서 보지 말고, 실제 수혜자가 되어야 할 국민과 기업이 대학의 교육 현황을 상세하게 들여다볼 수 있는 체계를 갖추는 것이 핵심이다. 연구 성과인 논문과 연구 보고서가 공개되듯이, 교육 혁신의 성과인 개별 강좌 내용과 해당 강좌들에 대한 학생들의 평가를 공개하는 것이 어떤 방식보다 효과적으로 대학 교육의 변화를 이끌 수 있다. 대학 강좌 공개의 장인 KOCW를 활용한다면 이런 목적을 손쉽게 달성할 수 있다. 학생 1인당 수십만 원에 불과한 재정 지원이 대학 교육을 바꿀 수 있는 것이 아니라, 재정 지원을 조건으로 대학 교육을 '공개'하는 것이 변화를 이끄는 동력이 될 것이다. 또한, 대학 교육의 평가는 졸업생들에 대한 정확한 정보를 제공하는 것도 포함해야 한다. 중장기 발전 계획과 재정 투입은 학교의 발전이 아니라 학생들의 발전에 초점이 맞추어져야 한다. 졸업생들의 대학 교육 만족도가 핵심 지표가 되어야 하며, 졸업 후 취업과 진로에 대한 정확한 정보가 제공되어야 한다.

대학 본연의 역할은 교육이지만, 지금까지는 개별 대학과 학과가 얼마나 잘 가르치는지 평가해 오지 않았다. 대학이 생산해 내는 가장 중요한 결과물인 졸업생들에 대한 분석도 없었다. 대학 진학을 앞둔 고등학생들은 제한된 정보만으로 대학과 학과를 결정해 왔다. 지원하는 대학과 학과의 졸업 후 진로에 대해 신뢰할 만한 정보도 제공되지 않았다. 이런 불투명한 정보 환경에서 국가의 재원이 불합리하게 사용되는 것이고, 사교육 시장이 비정상적으로 팽창하는 것이며, 대학의 서열화와 같은 병폐가 공고해지는 것이다. 대학 혁신의 중요한 방향 중 하나는 정보를 '공개'하는 것이다. 교육 관련 정보의 투명한 공개와 이에 기반한 대학들의 공정한 경쟁 여건 조성이 필요하며, 이를 위한 첫걸음은 교육 관련 개인 정보 활용 규제 개선이다. 이를 위해서는 법 개정이 필요하다. 미국의 FERPA에 해당하는 우리나라 법령은 '교육 관련기관의 정보공개에 관한 특례법'이다. 이 법령에 명시되어 있는 개인 정보 공개 금지를 변경해, 대학 평가기관에 한해서는 접근이 가능하도록 허용하고, 고용노동부의 4대 보험 가입 정보와 연계해 졸업생들의 취업 현황을 확인할 수 있게 해야 한다. 또한, 강의계획서와 동영상 강의를 비롯한 교육 내용, 강의 평가 결과와 같은 강좌에 대한 학생들의 평가, 졸업생들을 대상으로 한 교육 만족도 조사 등을 표준화하고 공개하도록 명문화할 필요가 있다. 대학의 교육과 관련된 모든 정보는 공개되어야 한다.

(6) 온라인 강좌와 적응형 학습은 피할 수 없는 대세다

고등교육의 비효율과 낮은 생산성에 대한 비난은 오랜 역사를 갖고 있다. '대학의 과거'에서 살펴본 바와 같이 20세기 초반, 미국의 산업자본가들은 대학 교육의 비실용성에 대해 노골적인 비판을 가했고, 1912년 대통령 선거에 이슈가 되기도 했다. 고등교육의 비효율을 해결할 온라인 학습의 뿌리는 런던 대학이 우편물을 이용해 원격 교육을 시작한 1858년까지 거슬러 올라간다. 150여 년의 시간 동안 여러 변화를 거쳤으며, 이제 온라인 학습은 대학이 피할 수 없는 흐름이 되었다. 온라인 학습은 과거 원격 교육이 갖고 있던 '대안 교육', '2류', '비주류'의 성격에서 벗어났으며, 전 세계의 주요 대학들이 적극적으로 활용하는 교육 방법이 되었다. 경영학 석사와 컴퓨터과학 석사와 같은 대표적인 전문교육에서는 이미 대세가 되었고, 학부 교육에 있어서도 교육의 효율을 제고하는 대표적인 방법으로 사용되고 있다. 2015년 기준으로 미국 대학생의 15%는 온라인 강좌를 하나 이상 들어 본 것으로 조사되었으며, 2019년 캘리포니아 주립대학 시스템과 캘리포니아 전문대학 시스템은 10,000여 개의 온라인 강좌를 제공하고 있다. 남가주 대학은 2015년에 이미 1,000여 개의 온라인 강좌를 대학원에서 제공하고 있었다. 또한, 한 강좌 안에 온라인 학습과 면대면 강의를 함께 제공하는 혼합형 학습이 각각의 방법보다 교육 성과가 높은 것으로 판명되면서, 비용 절감과 교육 성과를 동시에 추구하는 방법으로 각광받고 있다. 싱가포르의 난양 공대는 동영상으로 사전 학습을 하고 수업에서는 교수와 토론 및 질의응답, 학생 간 협력 활동을 하는 거꾸로 학습(Flipped Learning)을 채택하고 있다. 2020년까지 7,500만 달러를 투자해 강좌의 절반을 이와 같은 거꾸로 학습 방식으로 개편할 예정[46]이다. 동시에 기초수학 과목은 개인화된 온라인 학습 시스템을 이용해 스스로 학습하는 환경을 제공하고 있다. 2013년 제니 포우키 공대 학장은 난양 공대의 수학 강좌 혁신의 성과를 설명하며, 학생들은 개인화된 반복 학습을 통해 효과적으로 실력을 키울 수 있으며, 교수들에게는 연구에 집중할 수 있는 추가 시간을 제공할 수 있다고 강조하기도 했다.

---

46 https://govinsider.asia/innovation/singapore-spends-75-million-to-flip-classrooms/

온라인 학습과 이를 통해 생산되는 학습 데이터의 활용은 4차 산업혁명을 이끄는 인재를 키우기 위한 새로운 교육에 필요하며, 동시에 4차 산업혁명의 기술을 활용한다는 점에서 대학이 4차 산업혁명이라는 이름으로 표현되는 미래 변화에 적응 여부를 판가름할 평가 기준이 될 것이다. '미래의 변화상과 혁신의 개요'에서 살펴보았듯이 미래의 대학은 학생들에게 더 많은 것을 학습시켜야 하며, 획일화되지 않은 다양한 역량을 갖고 있는 학생들을 배출해야 한다. 문해 능력, 수리 능력, 비판적 사고 능력과 같은 전통적인 학습 주제와 역량에 더해, 컴퓨터 정보처리 능력, 재정 지식 등 새로운 지식과 서로 다른 다양한 관점을 학습시켜야 한다. 이를 위해 개인에게 맞는 차별화된 교육이 제공되어야 하고, 지식을 가르치는 것을 넘어 문제를 정의하고, 문제를 해결하는 능력을 육성해야 한다. 대학이 기존의 교수진으로 학생들에게 더 넓은 주제들에 대해, 더 깊은 학습을 제공하기 위해서는 확장 가능한 온라인 학습은 필수적이다. 온라인 학습이 갖고 있는 제한된 상호작용과 같은 한계는 4차 산업혁명의 핵심 기술들을 통해 해결해야 한다. 4차 산업혁명의 핵심 기술들인 가상현실과 증강현실, 디지털 트윈 기술은 가까운 미래에 상호작용의 수준을 획기적으로 높일 수 있을 것으로 예상된다. 무엇보다도 측정, 자료 축적, 분석, 자율적 대응을 특징으로 하는 스마트 시스템이 교육에 적용된 적응형 학습(Adaptive Learning)은 교수자와 학습자 간 상호작용의 새로운 지평을 열 것이다. 학습 생산성을 비약적으로 향상시킬 수 있으며 4차 산업혁명의 시대에 필요한, 넓고 깊은 교육을 제공하는 중요한 토대가 될 것이다.

우리나라 대학들은 온라인 학습과 학습 데이터 분석에 기반한 교육 혁신에 적극적으로 대처하지 못하고 있다. 그 이유는 다음과 같다. 첫째, 교육 혁신에 필요한 재정 확보와 인력 확보가 여의치 않은 현실이 가장 큰 이유로 꼽힌다. 재정적인 위기로 존립을 걱정해야 하는 대부분의 사립대학들은 장기적으로 도움이 된다고 해도, 큰 초기 비용이 필요한 교육 혁신에 주저할 수 밖에 없다. 상대적으로 재정 확보가 여유로운 국립대학들과 연구 중심 대학들이 교육 혁신을 주도해야 한다고 판단되는 이유이기도 하다. 동시에 급여 수준이 높은 외부의 데이터 과학자들을 대학의 교육 혁신 업무에 투입하기 어려운 점도 문제점으로 여겨진다.

둘째, 국내 대학의 평가 기준과 교수 승진 규정에 있어 논문 출판과 같이 정량화 가능한 연구력이 가장 중요한 항목이며, 교육 항목은 상대적으로 등한시되고 있기 때문이다. 1983년 US News and World Report의 대학 평가가 미국 대학들의 동형화를 촉발했듯이, 1995년 정부의 재정 지원 사업 이후 대학 평가의 핵심 지표인 연구력을 강화하는 것이 국내 주요 대학들의 가장 중요한 관심사가 되었다. 아울러 주요 대학에 속하고자 하는 평균적인 대학들도 연구력 강화에 집중하는 한국형 동형화가 시작되었다. 앞서 언급한 바와 같이 열악한 재정 상황에서 비교적 짧은 시간에 좋은 평가를 받기 위해서는 연구력 강화에 역량을 집중하는 것이 사실상 합리적인 결정이다. Science, Nature, Cell과 같은 세계적인 학술지에 논문을 발표하는 경우 수억 원의 인센티브를 지급[47]하는 대학들이 있을 만큼, 연구력 강화에 집중하면서 교육 혁신에 인력과 자본을 투자를 할 여력이 없는 것이 국내 대학의 현실이다.

셋째, 교육 혁신이 필연적으로 수반하는 변화에 대한 대학 사회의 거부감 때문이다. 대학 교수들은 국가 권력에 대한 묵시적인 동의하에 학문의 자유와 사회적 지위를 보장받아 왔고, 대학 운영에 있어 과두제적인 권력을 유지할 수 있었다. 기득권 계층이라 할 수 있는 교수들은 변화를 받아들일 동기가 미약하다. 내부에서 시작한 대학의 혁신이 대부분 실패로 귀결되는 이유이기도 하다. 19세기 초 하버드 대학의 교육 방식을 변화시키려 했던 커크랜드 총장의 실패, 20세기 초 프린스턴 대학의 교육을 혁신하려 했던 우드로 윌슨 총장의 실패는 변화를 거부하는 기존 교수들의 반발 때문이었다. 교육 혁신은 인력 감축과 연결된다는 불안감도 장애물이다. 예를 들면 대학 수학의 적응형 학습은 단기적으로 대학원생 조교의 수요를 감소시킬 수 있고, 장기적으로 수학 교수직의 감소를 야기할 것이라는 불안감이 그런 예이다. 노동계는 온라인 학습이 야기할 것으로 예상되는 대학의 고용 기능 감소에 대해 강한 거부감을 갖고 있다. 교육 혁신에 대한 부정적 인식의 증거들이다.

넷째, 고등교육의 변화를 제한하고 규제하는 관련 법령 때문이다. 2018

47 한겨레신문, 2007.10.15, "경원대, 3대 과학저널 논문 싣는 교수에 5억 준다"

년 10월에 시행된 '일반대학의 원격수업 운영기준'은 상당히 진전된 자율성을 담고 있다. 교양과 전공에 구분 없이 모든 학부 교과목에 온라인 강좌[48]의 적용이 가능하다. 대면 강의 50분에 해당하는 온라인 강좌는 재생 시간이 25분이 넘어야 한다는 규정이 있지만, 토론과 프로젝트 기반인 경우에는 강의 콘텐츠 재생 시간이 25분이하여도 된다는 부칙을 함께 제공하고 있다. 출석 관리에 대한 규정이 엄격하고, 전체 개설 강좌 중 온라인 강좌를 20% 이하로 제한한다는 규정이 있으나, 비정상적인 학사 운영을 방지하고, 100% 온라인 강좌로 구성된 사이버대학의 존재를 고려하면 합리적인 수준의 규제라고 판단된다. K-MOOC의 경우 이런 규제에서도 제외되는 특혜를 받기도 한다. 오히려 고등교육 혁신에 있어 가장 큰 규제는 학생에 대한 식별 가능한 정보를 구축할 수 없게 하는 개인 정보보호법이다. 개인화된 적응형 학습을 제공하려면, 학생들의 학습 데이터 구축과 분석이 출발점인데, 현행법에서 이런 분석은 모두 불법이다. 외국의 학생 데이터를 분석해 적응형 학습 시스템을 구축한 해외 상업 솔루션을 사용하는 것이 현 상황에서는 유일한 대안인 셈이다. 온라인 학습이라는 파괴적 기술을 통한 대학 교육 혁신이 우리나라에서 시작되기 어려운 이유이다.

우리나라의 온라인 강좌와, 적응형 학습 방법의 개발과 활용은 다음과 같은 방향으로 진행되어야 한다. 재정적으로 여유가 있고, 내부 인력의 역량을 활용할 수 있는 국립대학과 연구 중심 대학들의 경우는 개별적인 온

48 법령에서 사용되는 공식적인 명칭은 원격 수업이다.

라인 학습을 개발하고, 자체적으로 적응형 학습 방법을 구축해야 한다. 이를 위해 정부가 학생 데이터 활용을 지원해 주는 역할도 중요하다. 국내 학생들에게 최적화된 온라인 학습과 적응형 학습의 개발은 상호 경쟁과 협력을 통해 우리나라 고등교육의 수준 향상에 기여할 수 있을 것이다. 재정과 인력이 모두 부족한 일반대학들을 위해서는 정부가 온라인 강좌 개발과 활용을 지원하고, 적응형 학습 솔루션 보급을 지원할 필요가 있다. 정부의 지원은 공개와 경쟁의 기준을 적용하며, K-MOOC을 적극적으로 활용해야 한다. 미적분학, 공학수학, 경제학 입문, 회계학 입문, 컴퓨터 프로그래밍 입문, 재료공학 등과 같은 공통 기초 과목을 온라인 강좌로 개발해서 K-MOOC 플랫폼을 통해 강좌를 제공하되, 현재와 같이 강좌 개발 비용을 지원하기보다 강좌를 사용하는 대학에서 학생 수에 따라 강좌 개발 교수와 소속 대학에 사용료를 지불하는 방식으로 온라인 강좌의 개발과 활용을 유도할 필요가 있다. 정부의 재정 지원금 일부를 온라인 강좌 사용료로 이용하도록 권장한다면, 적절한 수준의 경쟁구조가 안착될 수 있다. 경쟁 환경 속에서 공통 기초 강좌들이 다양한 수준으로 개발될 수 있고, 사용자들의 선택을 받은 강좌들이 더 많은 사용료를 가져가는 방식으로 공개와 경쟁의 룰이 적용될 수 있다. 적응형 학습 솔루션도 연구 중심 대학들과 국내 기업들의 협력을 통해 온라인 강좌와 연결되고, 일반대학의 선택을 받기 위한 경쟁을 통해 발전될 수 있을 것이다. 일반대학에 제공되는 온라인 강좌와 적응형 학습 시스템의 보급은 K-MOOC을 통하는 것이 가장 이상적이다. K-MOOC가 활력 있는 플랫폼으로 살아남아, 해외 MOOC 플랫폼과 경쟁하는 로컬 MOOC 플랫폼이 되기 위해서는 마이클 크로우 총장이 언급했듯이 MOOC가 학위 과정과 연결되어야 한다. 그 방안으로 K-MOOC가 대학 교육을 혁신하는 온라인 강좌와 적응형 학습 시스템을 담아 내는 플랫폼이 되어야 한다.

앞서 살펴본 국내 상황을 고려하면 온라인 강좌와 적응형 학습 방법의 확대가 가져올 변화에 대한 거부감을 극복하고, 기존의 이해 당사자들을 설득하는 과정이 무엇보다 중요할 것이다. 그러나 시간은 많지 않다. 2018년 한 해, 에듀텍 기업에 투자된 금액이 163억 달러에 달할 만큼 민간 주도로 새로운 학습 방법 개발이 활발히 이루어지고 있으며, 이렇게 투자된 자본은 교육의 방식에 일대 변화를 이끌 것으로 예상된다. 전 세계 대학 교재 출판을 장악하고 있는 Wiley and Sons, Pearson, McGraw Hill은 이미 적응형 학습 솔루션인 Knewton, Rebel, Aleks를 시장에 내놓았다. 이 솔루션들은 학생들이 사용할수록 축적되는 학습 데이터를 통해 더욱 강력하고 효과적인 학습 시스템으로 발전할 것이다. 공통 기초 강좌의 경우, 대면 강좌보다 훨씬 효과적인 동영상 강좌와 적응형 학습 시스템의 등장이 시간 문제로 판단되는 이유이다. 해외 기업의 상업 솔루션에 의해 혁신당하는 대상이 되기보다, 피할 수 없는 변화라면 그 변화를 주도하는 것이 바람직한 전략이다.

(7) 교육 내용과 교육 방법의 다양화가 실현되어야 한다

19세기 출현한 근대 대학은 나폴레옹 군대에 복속된 독일이 국가 개조의 일환으로 새로운 대학의 모델을 제시하면서 시작되었다. 절대 왕정 국가 생성이 늦었던 독일은 17, 18세기까지 주요 도시들이 경쟁 관계를 유지했고, 개별 도시에 위치한 대학들은 자율성을 갖고 근대적인 변화를 시도하고 있었다. 독일 대학들의 내부적 혁신, 칸트의 대학론을 통해 준비된 철학적 토대, 실용적인 과학적 성취를 국가주의 인재 육성과 연결시키는 시도가 국가 주도 근대 대학 설립이었다. 독일의 국가 주도 근대 대학 모델은 네덜란드, 스위스, 오스트리아 등 유럽에서 확산되었고, 미국으로도 전파되어 토지허여(Land Grant) 주립대학 설립으로 실현되었다. 일본의 제국대학도 독일의 국가 주도 근대 대학 모델을 본떠 설립되었다. 국가 주도 근대 대학 모델은 절대왕정 아래에서 이미 기능을 상실한 중세 대학을 무너뜨렸고, 전문학교, 아카데미 등 유사 학문 기관을 평정하여 근대를 대표하는 고등교육기관으로 자리 잡았다. 국가 주도 근대 대학의 성공은 시대적 요청에 부응한 결과였다. 정치적으로 19세기는 제국주의 경쟁이 격화되는 시기였으며, 이런 정치 환경에서 국민국가를 이끌 인재 양성과 국민국가의 철학을 생산하고 전파하는 기관으로 근대 대학이 필요했다. 또한 19세기는 1차 산업혁명의 결과로 산업 자본 시대가 시작되는 시기였으며, 2차 산업혁명이 시작되어 대량생산의 시대로 접어드는 격변의 시기였다. 근대 대학은 19세기 후반, 미국의 실용주의와 결합하여 연구 개발을 강조하고 전문화된 학과 체계를 도입했으며, 표준화된 교육을 통해 특정 분야에 전문화된 인재들을 대량으로 양성해 산업 자본 시대의 시대적 요청에 부응해 왔다. 현재 우리가 알고 있는 우리나라 대학은 미국화된 근대 대학의 모델을 따르고 있다.

중세 대학이 근대의 정치, 경제, 사회의 변화 속에서 그 역할이 종료되었듯이, 4차 산업혁명으로 표현되는 인류사적 전환기에 근대 대학의 변화는 피할 수 없는 일이다. 대학이 담당해 온 연구와 교육의 두 가지 핵심 기능 중 교육에 더욱 큰 변화가 예상된다. 4차 산업혁명 시대에 요구되는 인재의 특징은 '다양성', '연결', '리질리언스'로 요약되며, 다양한 생물종이 뒤섞여 자라면서, 여러 생물체가 물질과 에너지를 교환하며 단단하게 연결되어 있는 자연림을 미래의 인재상을 상징하는 모습으로 제시했다. 미래의 인재상은 넓은 기본 지식과 다양한 관점을 갖고 있고, 타인과 원활하게 연결하고 협업할 수 있으며, 급격하게 변화하는 환경과 새로운 문제에 탄력적으로 대응할 수 있는 인재이다. 이런 인재를 육성하기 위해서 우리나라 대학은 큰 변화가 필요하다. 표준화와 전문화라는 근대 대학의 특징을 극단까지 끌고 나간 결과인 문과 이과의 구분과, 학과 중심의 학사 구조는 넓은 지식이나 다양한 관점과 반대되는 특정 분야에 대한 좁은 지식, 그리고 단순한 관점을 강요하고 있다. 또한, 우리나라 대학들은 부족한 재정 상황으로 강의라는 전통적인 지식 전달 방식 이외의 새로운 교육적 시도와 교과 과정 이외의 활동 지원에 인색할 수 밖에 없었다. 의사소통, 협업 능력과 같은 연결 능력, 적응력과 주도성 같은 리질리언스를 육성할 수 있는, 학과 외 활동의 기회도 매우 제한되어 있는 상황이다.

'다양성', '연결', '리질리언스'라는 미래 인재의 소양을 가장 잘 육성하고 있는 곳은 학생 1인당 교육 비용이 가장 높은 하버드 대학, 예일 대학, 프린스턴 대학, MIT 등 미국의 명문 사립대학들이다. 하버드 대학, 예일 대학,

프린스턴 대학은 인문 교양 대학과 유사하게 다양한 학문 분야를 접할 수 있는 기회를 제공하며, 동시에 한 분야에 대해 좀 더 깊은 지식을 습득할 수 있는 학사 구조를 갖고 있다. 모집 단위가 없거나 느슨하며, 입학생은 다양한 수업을 듣고 관심 분야를 선택해 일정 학점 이상을 수강하면 해당 분야에서 학사 학위를 취득하는 구조이다. 하버드 대학은 글쓰기, 데이터 분석, 외국어, 예술과 문화, 도덕과 윤리, 역사와 사회, 과학과 기술 분야를 핵심 이수 분야(Core Curriculum)로 정의한다. 핵심 이수 분야의 과목들을 수강하고, 50개의 집중[49](Concentration) 분야 중 하나를 선택하여 10여 개의 강좌를 수강하면, 학사 학위의 기본 조건을 만족하게 된다. 예일 대학은 인문학 분야를 좀 더 강조[50]하며, 분배 이수(Distributed Requirement) 제도를 통해 인문학, 과학, 사회과학, 외국어, 수리 추론, 글쓰기 분야에서 다양한 과목을 학생들이 자유롭게 선택해서 수강할 수 있다. 예일 대학은 2,000여 개의 학부 강좌를 제공하는 것으로 유명하며, 소규모 강좌가 많아 다양성 측면에서 가장 우수한 학습 기회를 제공하고 있다. MIT는 과학 중심의 학사 구조를 통해 다양성을 제공하는 역설을 보여 준다. 자연과학대학과 공과대학 학생들이 일반적으로 수강하는 기초 수학 2과목, 기초 물리 2과목, 기초 화학 1과목, 기초 생물 1과목을 과학 필수과목으로 선정해 모든 MIT 학생들이 수강해야 한다. MIT가 제공하는 전공 분야인 철학, 인류학, 정치학, 여성학, 음악 등 인문, 사회, 예술 분야의 학생들도 예외 없이 6개의 과

---

49 하버드 대학과 프린스턴 대학은 일반적으로 사용하는 전공(Major) 대신 집중(Concentration)이라는 용어를 사용한다.

50 예일 대학의 학부생들은 수학을 피할 수 있다는 점을 예일 대학을 선택한 이유로 언급하기도 한다.

학 필수과목을 수강해야 한다. 자연과학 중심의 차별화된 학습 기회를 제공하고 있으며, 미적분학을 학습한 음악가, 화학식을 이해하는 철학자, 물리학을 학습한 인류학과 졸업생을 배출하는 대학인 것이다.

연결과 리질리언스의 육성에는 정규 교과 과정보다 대학이라는 연결의 플랫폼이 제공하는 교과 외 활동이 더욱 중요한데, 이들 명문 사립대학들은 충분한 재원을 바탕으로 다양한 교과 외 활동을 지원한다. 예일 대학은 14개의 기숙 대학(Residential College)을 학부 교육의 중심축으로 운영한다. 주거 공간, 학습 공간, 강의 공간, 학과 외 활동 공간 등으로 구성된 이 공간에서 1학년에서 4학년까지 학생들은 함께 생활하고 학습하며, 공동 프로젝트를 수행한다. 학생들이 서로 만나는 시간을 극대화할 수 있도록 공용 공간을 통해야 각자의 방으로 들어갈 수 있도록 동선이 설계되어 있고, 이런 기숙 대학의 환경에서 협업, 소통, 적응력, 주도성 등 연결과 리질리언스 소양을 키우고 있다. 프린스턴 대학은 법학, 의학, 경영대학원이 없고 순수 학문과 학부 교육에 집중하고 있으며, 그 결과 학부 교육이 가장 우수한 것으로 평가[51]받고 있다. 프린스턴 대학의 학생들도 6개의 기숙 대학에서 생활하고 학습한다. 우드로 윌슨이 총장이었던 1905년부터 시작되어 현재까지 운영되는 교수와 학생 간의 토론 프로그램인 퍼셉토리얼(Perceptorial)을 통해 세계적인 교수들과 학생들이 친밀한 관계로 맺어지는 기회를 제공하고 있다. 프린스턴 대학은 '국가에 대한 봉사와 인류에 대

51 2019년 US News and World Report 대학 평가에서 프린스턴 대학은 Best Undergraduate Teaching에서 1위로 선정되었다.

한 봉사를 위한 프린스턴 대학'이라는 모토를 갖고, 봉사 활동에의 대한 제안, 봉사 그룹의 운영, 기본 봉사 그룹에 참여와 헌신을 대학에서 공식적으로 지원하는 학과 외 과정 프로그램으로 운영하고 있다.

명문 대학들에는 토론, 스포츠, 과학, 예술, 봉사, 국적, 인종 등과 관련된 수많은 클럽이 있으며, 학생들은 클럽 활동을 통해 교과과정에서 제공할 수 없는 학습 활동과 공동 작업을 경험하고 있다. 프린스턴 대학은 3, 4학년들이 참여하는 공동 식사와 사교 클럽인 Eating 클럽이 유명하다. 공동 학습, 튜터링, 교수 초대 토론회, 지역 봉사, 스포츠 시합 등 다양한 활동이 이루어진다. 여러 문제를 야기하기도 하지만, 미국의 독특한 클럽인 남학생 공동 생활 클럽(Fraternity)과 여학생 공동 생활 클럽(Sorority)도 연결과 리질리언스의 관점에서는 정규 교과 과정이 제공하지 못하는 경험을 제공할 수 있다. 또한 스포츠 클럽이 다양하고 활발하며, 충분한 스포츠 시설과 장비를 제공하여 스포츠가 대학 생활의 일부가 될 수 있는 환경을 제공한다. 하버드 대학은 1마일을 수영할 수 있어야 졸업이 가능했던 시기[52]가 있을 만큼 스포츠를 강조했다. 이들 명문 대학들은 대학 간 스포츠 교류에 엘리트 선수들이 아닌 아마추어 학생들이 직접 참여하는 기회를 제공한다. 스포츠를 통해 연결과 리질리언스를 머리가 아닌 몸과 가슴으로 채득하는 것이다. 이와 같은 사립 명문 대학의 정규·비정규 교육 프로그램을 최신 기술과 효율적인 전략으로 구현한 대학들이 미네르바 학교, 올린 공대, 하비머

52 https://ask.library.harvard.edu/faq/81791

드 대학 등 강소대학들이다. 국가 주도 근대 대학과 가장 다른 양식을 갖고 있는 전통적인 사립 명문 대학들과 이를 효율적으로 실현한 소규모 대학들이 미래 인재 육성에 가장 적절하게 설계되어 있는 것이다.

해외 명문 대학의 교육 과정을 살펴보면, 국가의 주도하에 표준화되고 전문화된 근대 대학의 모습을 극단까지 끌고 나간 우리나라 대학들의 변화가 피할 수 없다는 점을 확인할 수 있다. 그러나 이들 사립 명문 대학이 지향하는 인재상이 우리나라 모든 대학들이 벤치마킹할 수 있는 대상은 아니며, 이들의 훌륭한 교육 프로그램은 사실상 충분한 재정 지원 덕분이라는 사실도 인지해야 한다. 해외의 우수 사례에서 참고할 사항은 개별 대학이 지향하는 교육 목표, 교육 내용, 교육 방법이 다양하다는 점과 학생들에게 제공하고 지원해 줄 수 있는 학습 활동과 교과 외 활동이 다양하다는 점이다. 우리나라 개별 대학은 각각 처한 재정적 상황, 지역적 위치, 주변 산업 환경, 교수와 학생들의 특징 등을 고려하여, 교육 프로그램을 특화하고 교과 외 활동을 혁신할 때, 이런 사례들을 참조하는 것이 최선의 시나리오가 될 것이다. 국가 주도 근대 대학의 모습을 갖고 있으며, 제한된 재정 상황을 갖고 있는 미국의 주립대학들도 유사한 혁신을 시도하고 있다. 앞서 언급한 애리조나 주립대학은 온라인 교과과정을 통한 학습 효과 제고로 유명하며, 조지아 주립대학은 자퇴가 가장 많은 1학년 학생들에게 튜터링 같은 학습 지원을 통해 자퇴율을 낮추고 있다. 메릴랜드 볼티모어 주립대학은 자유교양 대학의 교과 프로그램을 도입하여 공립대학 교육의 변화를 시도하고 있다. 이들 주립대학들은 US News의 대학 평가에서 전통의 사립대학들과

학부 교육(Best Undergraduate Teaching) 분야에서 경쟁[53]하고 있다.

앞에서 대학의 지배 구조가 다양해지는 변화는 대학 규모와 구조의 다양성으로 이어져야 하며, 이를 통해 대학들의 생태계가 건강해질 수 있음을 살펴보았다. 대학들의 건강한 생태계는 궁극적으로 학생들에게 제공하는 교육 내용과 교육 방법의 다양성으로 귀결되어야 한다. 또한 대학은 미래 사회에 필요한 다양한 인재를 배출할 수 있는 토대가 되어야 한다. 우리나라 대부분의 대학들이 획일화된 교육 내용과 표준화된 교육 방식에 따라 대학에 상관없이 모두 비슷비슷한 졸업생을 배출해 왔던 점은 혁신되어야 한다. 법인화된 국립대학, 국가 지원 강소 연구 중심 대학, 사립 연구 중심 종합 대학, 강소 사립 연구 중심 대학, 거점 국립대학 통합 네트워크, 공영형 사립대학 네트워크, 사립 특화 대학, 기타 사립 종합 대학, 기타 공립대학, 실무 중심 전문대학 등, 다양하게 분화될 미래의 대학들은 개별 대학의 상황에 가장 알맞은 교육 내용과 교육 방법 그리고 교과 외 활동을 채택하고 지원할 때 가능할 것이다. 해외 우수 사례와 우리나라 대학의 현황을 고려하여 교육 내용과 교육 방법의 변화에 대한 좀 더 구체적인 방향을 다음과 같이 제안한다.

첫째, 많은 전문가들이 언급한 바와 같이 문과와 이과의 분리와 학과 중

53 2019년 US News and World Report의 Best Undergraduate Teaching 평가에서 프린스턴 대학이 1위, 조지아 주립대학이 2위, 메릴랜드 볼티모어 주립대학이 8위, 애리조나 주립대학이 11위로 평가되었다. https://www.usnews.com/best-colleges/rankings/national-universities/undergraduate-teaching

심의 학사 구조가 혁신되어야 한다. 대학은 다양한 학문을 접해 보며, 자신의 적성을 찾아가는 시간과 공간을 제공해야 한다. 고등학교 1학년 때 개인의 적성을 결정하는 우리나라의 문과 이과 분리는 시대착오적인 구습이다. 우리나라 고등학교 1학년의 문과 이과 결정은 수학에 대한 흥미 여부에 따라 단순하게 결정되는데, 이과 분야 학생은 수학을 잘해야 한다는 통념은 마치 "모든 공대생은 MIT 학생이다."라는 명제처럼 오류를 갖고 있다. 과거의 과학 기술자는 기본적으로 계산이 능해야 했다. 그러나 이제 빠르고 정확한 계산 능력이 우수한 과학 기술자의 충분조건이 아니다. 컴퓨터가 계산을 담당하는 현대에는 정확하고 빠른 계산 능력보다, 논리적 비판적 사고 능력과 컴퓨터 활용 능력을 기반으로 주어진 문제를 명확히 이해하고, 대안들을 찾아서 비교 검토하고, 최적의 방법을 찾아내는 문제 해결 능력이 더욱 중요하다. 이는 인문, 사회, 경영, 경제, 행정 분야의 문제 해결 방식과 크게 다르지 않다. 오히려 문과 분야 학생들은 수리 능력 향상을 통해 좀 더 논리적이고 정교한 문제 해결 능력을 배양할 수 있고, 이과 분야 학생들은 인문학적 상상력과 정치, 사회, 경제, 문화에 대한 학습을 통해 더욱 다양한 대안 창출과 최적의 방법을 찾아내는 능력을 강화할 수 있다. 문과와 이과의 구분 폐지가 어렵다면, 문과에 속한 학생들은 이과 관련 과목을, 이과에 속한 학생들은 문과 관련 과목을 더 많이 수강할 수 있도록 학사 구조를 개편해야 한다. 부전공, 이중 전공과 같이 추가 학점 이수가 필요한 프로그램이 아닌 학사 졸업 기본 조건을 바꿀 필요가 있다. 입시 제도의 변화 없이 개별 대학이 의지만 있다면 시행할 수 있는 사항이다.

둘째, 문과 이과 구분 그리고 전공 중심의 학사 구조 개편이 어렵다면, 필수 교양 및 기초 과목의 수강 이후 전공 기초 과목과 전공 심화 과목을 수강하는 구조를 개편할 필요가 있다. 해외 명문 대학들의 교양 강좌는 학생들이 어렵고 진지하게 수강한다. 개별 교양 강좌의 학습량이 과중할 뿐만 아니라, 전공이 결정되지 않은 상황에서 자신의 적성을 탐색하기 위해서, 또한 전공 선택에서 요구되는 역량을 입증하기 위해 최선을 다할 수 밖에 없는 구조이다. 다양한 학문 분야를 접하고 다양한 분야의 지식을 학습해서 미래 인재의 소양인 '다양성'을 내재화하는 시간이 될 수 있는 이유이다. 전공이 정해져 있는 우리나라 대학에서 기초 교양 강좌와 기초 핵심 강좌들로 1학년 학생들의 시간표를 채우는 것은 시간과 자원을 낭비하는 것이며, 학습 효과 측면에서 최선의 방법이 아니니다. 오히려 이미 정해진 전공 과목을 1, 2학년에 배치하고, 3, 4학년에는 전공 학습을 통해 필요성을 느끼게 된 다른 전공 분야, 기초 학문 분야, 융합 학문 분야 그리고 핵심 역량 강좌를 수강하게 하는 '거꾸로' 수강 구조를 고려해야 한다. 3, 4학년의 시간에 취업을 고려하는 학생들이라면, 다른 학문 분야를 진지하게 수강해 '다양성'을 충실하게 보강하고, 대학원 진학 및 전문직을 고려하는 학생이라면 부족한 기초 학문 역량을 보강해야 한다. 3, 4학년의 모든 학생들이 융합 학문을 경험해 보고, 팀 프로젝트를 수행해 볼 수 있도록 수강 구조를 개선할 필요가 있다. 또한 '글쓰기', '데이터 분석'처럼 졸업 이후 그 가치가 높은 핵심 역량 강좌를 3, 4학년에 수강할 수 있도록 수강 구조를 변경한다면 최고의 교육 효과를 이끌어 낼 수 있을 것으로 판단된다.

셋째, 우리나라 학생들은 대학 입시를 위해 중 · 고등학교 기간 동안 모두 비슷한 방식으로 학습하며, 과중한 입시 부담으로 협력 활동과 공동 작업을 충분히 경험하지 못하고 대학에 진학한다. 동료 학생들은 실질적으로 경쟁자이며, 동료 학생의 성취는 내게는 실패를 의미할 수 있다. 이런 극심한 경쟁 속에서 지극히 개인 중심적인 학생들이 대학에 진학하는 것이다. 미래 인재의 소양인 의사소통, 협업 능력, 적응력, 주도성 등을 키우기 위해서 우리나라 대학은 성적 평가 체계에 대한 혁신과 학과 외 활동에 대한 적극적인 지원을 시작해야 한다. 정규 교과 과정의 성적 평가에 공동 작업으로 수행하는 활동이 포함되어야 하며, 학생들의 협력 활동이 필요한 지역 사회 경험학습(Community-Based Learning), 교수자가 제시한 주제를 학생들이 협력을 통해 학습해 나가는 동료 간 학습(Peer Learning)과 같은 학습법을 채택하는 강좌들이 많아져야 한다. 교과 외 활동은 교과과정을 통해 육성하기 어려운 역량을 키울 수 있도록 모든 대학들이 적극적으로 설계하고 지원해야 한다. 큰 재정적 행정적 부담 없이 바로 시행할 수 있는 것은 학생들의 자생적인 클럽(동아리) 활동에 대한 적극적인 지원이다. 미국의 학부 교육 평가 내용을 살펴보면, 클럽 활동에 대한 지원 수준과 개별 대학에 있는 클럽의 개수를 중요한 평가 지표로 고려한다. 기숙 대학(RC: Residential College)도 기존의 대학 기숙사 인프라를 사용하면 부분적인 RC 프로그램 운영이 가능하다. 우리나라 대학의 기숙사 수용과 인원은 2017년 기준으로 국공립대학 23.9% 9만 3천 명, 사립대학은 20% 24만 8천 명[54]이다. 1,2학년 학생들을 모수로 하

54 대교연 통계, 2017-18년 13호(통권 76호)

면 40%를 넘는 수용률이지만, 기숙사를 교육 프로그램에 활용하는 대학은 극소수이다. 기숙 대학의 개념은 연세대 원주캠퍼스에서 2007년 처음 도입했으며, 2008년 포항공대가 도입해서 1,2학년 학생들이 참여하고 있으며, 한동대가 2011년부터 운영하고 있다. 연세대는 1학년을 대상으로 2013년부터 기숙 대학을 운영하고 있는데 12개의 RC 하우스에서 개별적인 활동이 진행되며, RC 교과과정, RC 학술, RC 문화 예술, RC 체육 프로그램 등이 운영되고 있다. 아시아에서 가장 우수한 대학으로 평가받는 싱가포르 국립대학은 RC에 적합한 학생들에게 선별적으로 RC 프로그램을 제공하고 있다. 기숙 대학의 운영도 재정 상황과 대학의 특징에 따라 다양한 프로그램으로 운영이 가능하다.

넷째, 교육 내용과 교육 방법의 다양화 속에서도 대학의 철학 정립에서 논의한 다양성 존중과 인권 감수성 관련 교과목은 모든 대학에서 핵심 기초 과목으로 포함되어야 한다. 국공립 대학들은 공동으로 교과목을 개발해 볼 수도 있고, 사립대학이라면 건학 이념의 틀 안에서 다양성과 인권 감수성에 대한 자체 교과목을 개발할 수도 있을 것이다. 이런 정규 과목을 통해 우리나라의 지역간의 분열, 세대간의 분열, 여성과 남성의 분열, 진보와 보수의 분열, 종교간의 분열에 대해 고민해 보는 시간을 가지고, 개인이 속하는 진영에 대해 고민해 보고 동시에 자신이 속하지 않은 진영의 입장을 학습해 보는 기회를 제공해야 한다. 더 나아가 장애인에 대한 차별, 성소수자에 대한 차별, 외국인 노동자에 대한 차별 그리고 앞서 언급한 진영에 대한 차별의 역사를 학습하고, 다름을 이유로 차별하고 배제하며 억압하고 심지어 증오하고 탄압하는 것은 인간의 역사 발전에 역행하는 행태라는 사실을 학생들이 학습할 기회를 제공해야 한다. 이와 같은 교육이 실현되기 위해서는 다양성과 인권 감수성을 바라보는 시각이 진영과 정파에 따라 다르다는 점을 고려한 교육 방법에 대한 타협이 선행되어야 한다. 독일은 1976년 좌파와 우파의 정치교육학자들이 모여 정치교육 방법에 대한 세 가지 원칙을 담은 보이텔스바흐 합의를 도출했다. 다양한 입장이 있는 사회 현안에 대해 교사의 주입식 교육을 금지하고, 논쟁적 사안에 대해서는 수업 안에서도 논쟁을 재현해야 하며, 학생 개인의 이해관계에 기반한 정치적 안목을 키워 주는 방식으로 교육이 진행되어 한다는 것이 그 세 가지 원칙[55]이다. 다양성 존중과 '다름'을 인정하는 인권 감수성 증진이 고등교육법의 교육 목표로 명시되고, 이와 같은 교육 방법을 기초로 모든 학생들이 다양성과 인권에 대한 식견을 갖게 될 때, 미래 인재의 역량인 다양성, 연결, 리질리언스의 향상도 함께 기대할 수 있다.

(8) 대학은 연결의 플랫폼이다 - 학생, 교수, 학과, 대학의 교내/국내/해외 연결 강화

대학은 지식과 사상을 매개하는 연결의 플랫폼이며, 미래 사회에 필요한 인재의 역량은 다양성, 연결, 리질리언스로 요약된다. '미래의 변화상과 혁신의 개요'에서 살펴본 내용이다. 미래의 대학 교육은 연결의 플랫폼 기능을

55 심성보, 이동기 장은주, 케르스틴 폴, 『보이텔스바흐 합의와 민주시민교육』

최대한 활용해 학생들에게 다양성, 연결, 리질리언스을 키워 주는 활동이 되어야 한다. 이중 연결은 다양성과 리질리언스를 아우를 수 있는 개념으로 새로운 환경과 변화하는 상황을 경험해 보고, 새로운 상황에 적응하면서 새로운 인적 네트워크를 구축하고, 소통과 협력을 통해 어려운 문제를 함께 해결해 보는 과정을 통해 육성이 가능하다. 이런 기회를 집약적으로 제공할 수 있는 교육 프로그램이 교환학생 제도이다. 유럽연합의 고등교육 혁신 노력 중 하나인 에라스무스 프로그램은 유럽 내 학생들이 다른 국가의 고등교육 기관에서 학업 또는 인턴십을 수행하는 인적자원 교환 프로그램이다. 2020년 유럽 전체 대학생의 20%가 에라스무스 프로그램에 참여하는 것을 목표로 하고 있으며, 2021~2027년 유럽연합이 300억 유로를 투자할 계획을 갖고 있을 만큼 그 중요성을 인정받고 있다. 명문 대학들은 해외 수학 프로그램 지원에도 적극적이다. 미네르바 학교의 가장 큰 차별성은 전 세계 7개 주요 도시에서 직접 생활하고 문화를 체험하는 경험을 제공한다는 점이다. 하버드 대학은 여름방학, 한 학기, 1년 과정 등 다양한 프로그램을 제공하며, 학생들의 60%는 어떤 형태이든 해외 수학 프로그램에 참여하는 것으로 알려져 있다. 싱가포르 국립대학은 매년 2,000여 명의 학생이 교환학생 프로그램을 통해 해외 대학으로 파견되고, 2,000여 명의 학생이 유입되는 것으로 알려져 있으며, 연세대는 2018년 2학기에 27개국 159개 대학으로 562명이 파견되었고, 33개국 380대학에서 1,285명이 유입되었다.

교환학생 프로그램을 통해 해외 파견 학생들의 수를 늘리는 것은 대학의 미래에 중요한 현안이다. 해외 대학들과 교환학생 프로그램 협약을 확대하고 미국에 치우친 지역적 편중을 해소하는 것도 중요한 이슈이다. 우리나라로 들어오는 인바운드 교환학생들이 학내의 다양성과 연결에 기여할 수 있는 기회를 만드는 것도 중요하다. 한국어 학습 기회를 제공하는 것도 인바운드 교환학생들이 한국과 연결을 장기적으로 유지하게 하는 실질적인 방안이 될 수 있다. 해외 교환학생 프로그램의 활성화를 위해서 제도적인 개선도 필요하다. 북반구의 여름방학 기간은 전 세계 대학생들이 대학 외부에서 새로운 경험을 쌓는 시기이다. 교환학생 프로그램을 확대하려는 대학들에게 봄 학기가 3월에 시작되는 것은 큰 걸림돌이다. 전세계 대부분의 대학들은 9월에 새 학년도가 시작되며, 짧은 겨울방학 후에 1월에 봄 학기가 시작되어 5월에 종료되고, 6월에서 8월까지 3개월간 방학으로 구성된 학사 일정을 갖고 있다. 단기 학생 교환 프로그램이 가장 활발한 여름방학은 대학을 플랫폼으로 전 세계 대학생들이 연결되고 교류하는 시간이지만, 7월에 시작하는 우리나라 여름방학은 그런 기회를 제한하고 있다. 여러 현실적인 어려움이 있지만, 학사 일정을 전 세계 표준에 맞추거나, 적어도 3월 개학을 한 달 정도 앞당긴다면, 여름방학을 이용한 학생들의 교류 프로그램이 더욱 활발해 질 것으로 판단된다.

대학의 연구 기능 강화를 위해서도 연결은 중요하다. 국내 대학들이 가장 시급하게 시행해야 할 사항은 학내 교수들 간의 연결을 활성화하는 것이다. 문과 이과 분리 및 학과 중심의 학사 운영의 또 다른 폐해는 타 학과 타 단과대학 교수들 간의 단절이다. 국내 대학 교수들은 단일 품목을 대량 생산하는 공장 같은 근대 대학에서 학부를 마치고, 같은 전공에서 박사 학위를 취득한 후 교수에 임용된 경우가 대부분이다. 또한 교수 임용 시, 학부 전공이 같은지를 검토할 만큼 학문 간 배타성이 강한 시기에 임용된 선임 교수들이 주요 의사 결정을 하는 구조가 유지되고 있다. 타 학문에 대한 이해가 일천할 수 밖에 없으며, 다양한 학문 분야를 융합한 새로운 연구 분야 창출이 어려운 이유이다. 거대한 과학 기술 체계 속에서 가속화되고 있는 연구 개발은 개별 분야의 발전을 지속시킬 것이다. 여기서 대학이 담당할 역할은 구획된 개별 분야의 새로운 지식 창출뿐만 아니라 경계를 넘어 이질적인 학문들을 넘나들며, 학문 간의 간극과 연결에서 새로운 가능성을 탐색하고, 궁극적으로 전통적인 학문 체계를 벗어난 새로운 지식 체계를 제시하는 것이다.

2017년 우리나라 정부연구 개발 예산을 살펴보면, OECD 국가들 중 미국, 일본, 독일에 이어 예산 규모가 4위이고, GDP 대비 비율은 1.13%로 세계 1위에 해당[56]한다. 이와 같은 투자에도 불구하고 세계적인 연구 개발 실적이 많지 않은 이유 중 하나는 대학에서 연구를 주도하는 교수들의 좁은 전문성과 부족한 융합 능력 때문이다. 미래를 대비하는 학생들보다 현재를 이끌고 있는 교수들이 다양한 학문 분야를 접해 보는 것이 더 시급한 이유이다. 학생들의 연결을 강조하고 다양한 교육 프로그램을 계획하는 대학들이 정작 교수들의 수평적 교류 활성화에는 인색한 상황이 시정되어야 한다. 데이비드 댐로쉬는 과거 대학에서 교수로 살아남기 위해서는 고독을 즐

56 한웅용, 김주일, 2019, "2019년도 정부연구 개발예산 분석", 한국과학기술기획평가원

기며 일할 수 있어야 했고, 고도의 개인주의적인 작업을 수행해야 했다고 지적하며, 이제는 이런 연구 방식이 바뀌어야 한다고 역설했다. 교수들은 협력해서 연구를 해야 하며, 다른 분야의 의견을 듣는 능력을 키워야 하며, 이를 위해 우의에 기반한 교수 공동체를 구성해야 한다고 제안[57]했다. 실리콘 밸리의 기업들은 직장 동료 간의 대화와 상호작용이 회사의 경쟁력이라고 주장하며 직원들의 만남을 극대화할 수 있게 업무 공간을 설계하고 있다[58]. 이처럼 다양한 분야의 교수들이 자주 만나고 상호작용 할 수 있는 기회를 제공하는 것은 큰 재원과 새로운 인력 투입 없이도 연구 기능 강화를 포함한 대학의 변화를 이끌 수 있는 효과적인 방법이다.

연구 기능 강화를 위해 필요한 또 다른 사항은 국제적인 연구 네트워크의 일원이 되는 것이다. 미래에 인류가 해결해야 할 중요한 문제는 대부분 국가의 경계를 초월해 있다. 우주, 생명, 기후, 환경, 에너지, 안전, 식량, 경제, 빈곤, 차별, 국제법 등 국제적인 협력을 통해야 연구가 가능한 문제들이다. 인류에 의미가 있는 학문적인 성취는 국제적인 네트워크의 일원이 될 때 가능한 이유이다. 2015년 아이슈타인이 예측했던 중력파를 처음 측정했던 라이고(LIGO - 레이저 간섭 중력파 관측소) 연구에 참여한 연구진은 전 세계 80여 개 기관에서 1,000명이 넘는다. Science, Nature 등 세계 최고의 연구 결과가 발표되는 논문집을 보면 수백 명의 저자가 작성한 논문들이 자주 발표되

57 David Damrosch, 1995, "We Scholars - Changing the Culture of the University"

58 Greg Lindsay, Jennifer Magnolfi, Ben Waber, 2014.10, "Workplaces that move people", Harvard Business Review

며, 다른 논문들도 데이터 크기와 분석 범위가 단일 연구팀이 수행하기 어려운 대규모 연구의 결과인 경우가 대부분이다. 이와 같은 국제적 협력에 기반한 메가사이언스 연구가 아니더라도, 개별 연구 분야의 국제적인 네트워크를 이용한 연구 협력이 필요하다. 상호 데이터를 통합해서 분석해 볼 수도 있고 각각의 장점이 융합되어 우수한 연구 결과 도출도 가능하며, 공동 논문 발표를 통해 연구의 영향력을 강화할 수 있다. 국제적 네트워크를 통해 참여한 학자들의 수만큼 피인용도 활발해서 영향력 있는 논문으로 인정되기 마련이다. 해외 주요 연구 그룹과 공동으로 수행한 연구의 공동 출판은 네트워크의 관점에서 살펴보면 단독 연구와 단독 출판보다 훨씬 단단하고 많은 연결이 만들어진다는 점에서도 효과적인 전략이다. 교수들이 해외 연구자들과 네트워크 구축에 적극적으로 나서야 하는 이유이다. 국내 대학의 국제 연구 네트워크 강화를 위한 정부 지원 사업으로 2008년에서 2012년 5년간 진행된 세계수준 연구중심대학 육성사업(World Class University, WCU 사업)이 있다. 이 사업은 해외 저명 학자를 겸임교원으로 초청해 국내 학자들과 직접적인 연결고리를 만들고, 이를 통해 국내 연구진들의 국제 연구 네트워크 진입을 목적으로 한 사업이었다. 투입된 예산 8,000억 원에 비해서는 그 효과가 크지 않았다고 평가되는데, 세계적 대학을 만든다는 목적과는 상이하게 33개 대학 140개 사업단을 선정했다는 점, 해외 학자들의 체류를 뒷받침할 인프라가 미비했다는 점, 교육과 연구의 두 가지 목적을 동시에 달성하려 시도한 점 등이 문제점으로 지적되었다.

싱가포르는 국제적인 연구 네트워크 구축을 위해 해외의 명문 고등교육기관을 성공적으로 유치해 왔다. 싱가포르 연구재단은 2007년 CREATE(Campus for Research Excellence and Technological Enterprise)를 설립해 세계 최고의 대학들과 싱가포르의 대학 간 협력 프로그램 운영을 지원하고 있다. 2007년 MIT가 해외에 유일한 연구 센터를 CREATE에 설립했고, SMART(Singapore - MIT Alliance for Research and Technology)라는 이름으로 운영되고 있다. 2010년에는 취리히 공대가 유일한 해외 연구 센터를 CREATE에 설립했고, SEC(Singapre - ETH Centre)라는 이름으로 미래 도시 연구를 수행하고 있으며, 이후 2011년 뮌헨 공대, 북경대학, 2012년에는 캘리포니아 버클리 대학, 2013년 케임브리지 대학 등이 CREATE에 연구 센터를 설립했다. 싱가포르는 아시아 고등교육의 중심지를 목적으로 1998년 세계수준대학유치 프로그램(WCUP - World Class University Programme)을 시작한 뒤, 이를 2002년 세계교육중심지(Global Schoolhouse) 사업으로 확대했다. 다양한 재정적 행정적 혜택을 제공하여, 2000년 유럽의 최고 경영대학원인 INSEAD의 분교를 유치했고, 시카고 경영대학원, 듀크 대학, 호주 명문 뉴사우스 웨일즈 대학 등의 분교를 유치했다. 아시아 최고의 명문 대학으로 자리 잡은 싱가포르 국립대학, 난양 공대, 싱가포르 경영대를 중심으로 해외 명문 대학과 공동 학위 프로그램을 운영하고 있으며, 최근에는 학교 공동 설립으로 까지 확장되었다. 싱가포르 국립대학은 자유 교양 대학을 설립하기 위해 예일 대학과 협력하여 NUS - Yale을 세웠고, 새로운 의과대학 모델을 만들기 위해 듀크 대학과 협력하여 NUS - Duke를 설립했다. NUS - Duke 대학은 2005년 설립된 신생 의과대학임에도 이미 세계적인 위상을 갖고 있다. 이와 같이 '연결'의 중심이 되어야 하는 대학의 새로운 역할을 실현한 싱가포르 대학들은 눈부신 약진을 하고 있다. 한편, 전통적인 대학의 역할에 매몰되어 '연결'에 적극적이지 않았던 일본 대학들은 뚜렷한 침체 경향을 보이고 있다. 아시아 지역 최고의 대학으로 인정받던 도쿄 대학, 교토 대학 등은 내부 출신 교수들이 다수를 유지하는 고립 속에서 그 위상을 잃어 가고 있다. 모두 '연결'의 중요성을 일깨우는 사례들이다.

교육과 연구에 있어 국제적인 연결이 중요한 만큼, 국내 대학 간의 연결도 매우 중요하다. 미국의 소규모 사립대학들은 연합체를 이루어 소규모 대학의 장점을 유지하면서 규모의 이점도 활용하고 있으며, 프랑스 대학들은 그랑제콜, 국립대학, 연구소 등이 연합 대학을 만들어 교육과 연구 역량을 극대화하고 있다. 파리-사클레 대학은 3개의 국립대학, 4개의 그랑제콜, 7개의 연구소가 연합한 대학이며, 에콜 폴리테크닉 등 5개의 그랑제콜이 연합한 파리 폴리테크닉 인스티튜트, 또 다른 연합 대학인 소르본-파리-시테 대학[59] 등도 그 대표적인 예이다. 우리나라도 국립대학 통합 네트워크와 공영형 사립대학 네트워크가 실현되면, 연구 실적 측면에서 개별 대학들보다 세계 대학 평가에서 좋은 평가를 받을 수 있다는 현실적인 장점도 예상할 수 있다. 국내 연합 대학은 학생들의 연결 능력을 키워 주기 위해 다른 캠퍼스에서 1년 정도 학업을 수행하는 네트워크 내 학생 교류 프로그램을 적극적으로 추진해야 한다. 연합 대학의 실효성을 높이고, 캠퍼스 간의 교육 경쟁을 촉발해서 전반적인 교육의 질을 향상시킬 수도 있을 것이다. 국

59 프랑스의 연합 대학들은 세계 대학 평가에서 프랑스 대학들이 인정받지 못하는 문제를 해결하기 위해 전략적으로 설립되었다.

내 다른 지역의 대학에서 학습과 생활을 동시에 경험해 본다는 것은 연결 능력의 개발뿐 아니라 타 지역에 대한 이해의 폭을 넓히며, 새로운 환경에 적응하는 리질리언스를 강화한다는 의미를 가진다. 철학의 정립에서 언급했던 다양성과 지역별 차이에 대한 이해와 존중을 생활 속에서 학습해 보는 기회도 될 수 있다.

대학이 미래 역할의 변화에 있어 고려해야 할 부분은 '캠퍼스 활용'의 차별성이다. 비전통적인 고등교육기관들의 역할이 강화되는 미래에, 위기를 맞고 있는 전통적인 대학이 가지고 있는 가장 강력한 자산과 차별성은 물리적으로 실재하는 공간들이기 때문이다. 강의실, 실험실, 연구실, 도서관, 회의실, 학생회관, 운동장, 피트니스센터, 기숙사, 식당 등 대학이 보유한 공간의 활용은 개별 대학이 '연결'에 대한 전략 수립 시 중요하게 고려해야 할 항목이다. 또한 대학이 위치한 지역 사회와의 연결에 있어 캠퍼스 활용은 중요하다. 미래의 대학은 유럽의 시민대학처럼 학습하는 자율 공동체를 유치하는 역할이 중요할 것이며, 좀 더 먼 미래에는 노동을 대신해 학습을 통해 삶의 의미를 찾는 인문 교양 중심의 학습 플랫폼이 될 가능성이 높다. 대학은 학습을 중심으로 지역 사회 사람들을 연결하고, 조직하고, 물리적으로 만나게 하는 공간이 될 것이다. 전통적인 대학이 교육과 연구, 평생교육을 포함한 연결 활동에 성공적인지 여부는 캠퍼스 공간의 활용 수준으로 평가할 수 있을 것이다. 벤처 투자 업체(Venture Capital)가 투자를 결정하는 데 중요한 기준 중에 하나는, 대상 기업을 방문했을 때 느낄 수 있는 오피스의 분위기이다. 역동적이며 긍정적인 오피스 분위기는 비즈니스 모델만큼 중요한 기준이다. 마찬가지로 대학을 실체적인 공간을 갖고 있는 플랫폼으로 바라본다면, 이 공간들이 연결을 위해 얼마나 역동적이며, 가치 있게 사용되고 있는지가 중요한 평가 기준이 될 수 있다. 방학이 되면 아무도 볼 수 없는 캠퍼스는 해당 대학이 연결의 플랫폼 역할을 매우 제한적으로 수행하고 있다는 강력한 증거가 된다.

(9) 평생교육과 대학의 역할

내생적 성장 이론을 주장한 폴 로모와 로버트 루카스는 국가의 경제성장은 축적된 지식과 교육을 통해 생성된 인적 자본에 달려 있다고 주장했다. 신성장 이론을 주장한 필립 아기온과 피터 호위트는 대학의 중요성을 강조하며 양질의 고등교육이 경제성장에 기여한다는 것을 입증하기도 했다. 그러나 최근의 연구는 고등교육보다 성인교육과 직무 교육을 포함하는 평생교육이 경제성장에 더욱 큰 기여를 한다는 이론이 인정[60]받고 있다. 폴 로모는 과거에는 고등교육을 통해 인적 자본을 확충해 왔지만, 미래에는 급격하게 변화하는 산업 환경에 필요한 새로운 기술을 습득하고, 복합적인 역량을 지속적으로 개발하는 실무 현장의 교육이 중요하다고 주장하기도 했다. 미래 사회에 평생교육의 중요성은 대중 경제 잡지인 이코노미스트에서 "Learning and earning"이라는 제목의 특집 기사[61]로 다루어질 만큼 강조되고 있다. 평생교육의 가치를 이와 같이 경제적 측면과 실용적인 관점에서 바라봤을 때 가장 적극적인 정책을 집행하고 있는 국가는 싱가포르이다.

60 Simon Wiederhold, 2015, "Macroeconomic Growth and Lifelong Learning"

61 The Economist, 2017.1.14, "Learning and earning" Special Report Lifelong Education

싱가포르는 SkillsFuture라는 직무 역량 향상 프로그램을 정부가 주도하고 있으며, 구직자와 근로자들은 기업에서 필요한 직무 능력을 향상시켜 노동 경쟁력을 유지하고, 기업들은 근로자들의 직무 능력 향상을 통해 생산성 향상을 도모한다. 부총리가 의장인 SkillsFuture Council이 전체 프로그램을 관리하며, SkillsFuture Singapore(SSG)와 Workforce Singapore(WSG) 등 정부 기관을 새로 설립해 더욱 세분화되고 전문화된 직무 역량 강화 서비스를 제공하고 있다. 이중 SkillFuture Credit Scheme은 25세 이상 국민들에게 대학을 비롯한 정부 인가기관에서 직무 역량 강화 프로그램을 이수할 경우 소정의 금액을 지원하는데, 2017년 28만 명이 수혜를 받았다. 40세 이상의 경력자들은 SkillFuture Mid-Career Enhanced Subsidy를 통해 정부 인가 기관 교육 프로그램의 수강비 90%를 보조 받을 수 있으며, 같은 해 약 12만 명이 수혜를 받았다. 2018년 기준으로 약 23,000개의 강좌를 전문대학, 기술학교가 제공하고 있으며, 대학에서 제작한 코세라 강좌도 인정[62]해주고 있다. 그 밖에 학생, 사회 초년생, 경력자 등 교육 대상에 따라 매우 다양한 SkillFuture 프로그램이 운영되고 있다.

한편, 유럽의 시민대학은 국가별로 다양한 이름으로 운영되고 있는데 인문 교양 교육, 문화 예술 교육, 시민 참여 교육을 중심으로 한 성인 교육 프로그램으로 명성이 높다. 1844년 덴마크의 역사학자인 그룬트비가 남부 유틀랜드 뢰딩에 설립한 시민고등학교(폴케호이스콜레)가 유럽 시민대학의

62 주싱가포르 대한민국 대사관, "싱가포르 자국민 직무 역량 향상 정책(SkillFuture)"

효시로 알려져 있다. 국민의 대다수인 농민들이 민주적인 정치 참여를 위해 교육을 받아야 한다는 신념으로 선발 시험 없이 누구나 참여할 수 있는 성인 교육기관으로 설립되었다. 1864년 독일과의 전쟁에서 국토를 빼앗기면서 민족주의로 무장한 국민의 역량 강화 기관과 같은 역할을 담당하기도 했다. 현재 덴마크 전역에 75개의 폴케호이스콜레가 운영되고 있는데, 교육기간, 교육 대상 연령, 교육 내용이 매우 다양하다. 겨울에는 4개월 이상의 장기 프로그램부터 여름에는 1, 2주의 단기 프로그램이 제공되고, 일반적으로 겨울에는 20대 초반의 젊은 학생들, 여름에는 전체 연령을 대상으로 한 프로그램이 운영된다. 노인만을 위한 폴케호이스콜레도 있다. 덴마크 성인 인구의 2%에 해당하는 약 5만 명이 매년 폴케호이스콜레를 수료하고 있다. 정부 지원금은 2015년 5.5억 크로네(약 1,000억 원)로 학생들은 1주당 약 20~30만 원의 숙박과 식비에 해당하는 금액만 지불하고 참여할 수 있다. 폴케호이스콜레는 직업교육과 전문교육을 배제하지만, 학교별로 특정 영역에 집중하며 체육 활동, 미술과 공예, 음악, 연극, 환경, 교육, 문화, 역사, 국제정치, IT, 영화 등, 특화된 분야의 학습 기회를 제공[63]한다. 이런 다양성 속에서 공통점은 모두 기숙학교로 운영되어 학생과 교사들이 함께 생활하고, 시험과 평가 없이 삶의 의미와 사회의 일원에 대한 질문에 대한 답변을 고민하는 공통 과정으로 구성되며, 무엇보다 '다른 사람들과 연결된 삶'이 모든 학습의 주제라는 점이다. 폴케호이스콜레는 4차 산업혁명 이후 학습을 통해 삶의 가치를 찾는 미래 대학의 역할과 가까운 모습을 보여 주고 있다.

---

63 Jørgen Carlsen and Ole Borgå, 2016, "The Danish Folkehøjskole"

독일의 시민대학(폭스호흐슐레)의 역사는 1879년 세워진 훔볼트 아카데미로 거슬러 올라간다. 19세기 독일 대학의 확장 운동 과정에서 대학 교육을 받지 못한 노동자와 수공업 기술자들에게 과학기술 강의를 제공하는 기관으로 설립되었다. 제1차 세계대전 이후 바이마르 공화국에서 교육 소외계층에 대한 교육을 목표로 크게 확대되었으며, 현재 900여 개의 시민대학과 약 3,000여 개의 지부가 운영[64]되고 있다. 독일 시민대학 중 가장 큰 규모로 알려진 뮌헨 시민대학은 약 14,000개의 강좌를 제공할 만큼 활발히 운영되고 있다. 뮌헨 시민대학의 교육 내용을 살펴보면 철자법, 계산법 같은 기초 내용부터 생활 강좌, 건강 강좌, 문화 예술 강좌처럼 여가와 관련된 내용을 포함하며, 좀 더 높은 수준의 정치, 사회, 경제, 과학, 철학, 인권과 같은 인문 교양 강좌와 외국어 강좌, 이주민들을 위한 독일 내 정착 강좌, 도시 내 오케스트라 같은 문화 조직들과 협력하는 프로젝트 강좌 그리고 직업교육까지 다양[65]하다. 독일의 시민대학은 실용적인 업무 지식과 기술 습득을 통한 직무 역량 강화 그리고 개인의 자아실현과 민주적인 시민 정신 고양이라는 사회적 가치를 동시에 추구하고 있으며, 두 가지 목적을 성공적으로 달성하고 있다. 독일 시민대학은 정부 지원으로 수업료가 매우 저렴하며, 외국인과 이민자를 포함한 주민 모두에게 열려 있는 개방성을 갖고 있다. 또한 시민대학들과 그 지부들이 전국에 촘촘히 배치되어 어느 지역에서나 쉽게 접근이 가능하다. 특히, 직업교육의 경우 지역 내의 교육기관과 정부 기관 그리고 기업들과 네트워크를 구성하여 지역에 특화된 교육프로

64 https://www.volkshochschule.de

65 https:// www.mvhs.de

그램을 제공하고 있다. 중세 시대부터 이어진 독일의 지방분권적 정치 체계의 전통은 평생교육에도 반영되어, 각 지역의 시민대학들은 정부로부터 지원은 받아도 통제를 받지 않는 분권적인 의사 결정 체계를 갖고 있다.

우리나라는 2007년 개정된 평생교육법에 따라 평생교육을 학력보완교육, 성인문자해득교육, 직업능력향상교육, 인문 교양 교육, 문화 예술 교육, 시민 참여 교육의 총 6가지로 정의하고 있다. 국내 평생교육의 일반적인 여건은 평생교육의 선진 국가들과 비교하여 크게 뒤쳐지지 않는다. 재정적으로는 2018년 교육부의 평생교육 관련 예산이 5,900억 원으로 교육부 전체 예산 68조 원의 0.8%에 불과하지만, 고용노동부의 고용보험 기금을 통해 지원되는 직업능력개발사업의 지원액이 2018년 1조 8천억 원이다. 이 직무 교육 프로그램에 참여한 인원은 520만 명에 달한다. 또한, 공식적인 정부 통계에 잡히지 않는 재정 지원으로 방송통신대학과 사이버대학에 재학 중인 성인 학습자들에게 지원되는 국가 장학금이 있다. 2017년 전체 대학 재적생 수가 308만 명이고, 방송통신대학과 사이버대학의 재적생 수가 29만 명인 것을 고려[66]하면, 2018년 3조 6천억 원의 국가 장학금 중 약 1,500억 원이 평생교육에 지원된다고 추정할 수 있다. 그 밖에 지방자치단체가 설립한 평생교육 기관들에 투입되는 지방 재정도 포함되어야 한다. 평생교육을 담당하는 기관을 살펴보면, 법정 기관으로 교육부 산하의 국가평생교육진흥원과, 광역 자치 단체에 17개 평생교육진흥원이 설치, 운영되고 있다.

66 대학 교육연구소, 2017, "대교연 통계" 2017-18 15호

2018년 기준으로 시 · 군 · 구에 475개의 평생 학습관이 운영되고 있으며, 시민단체 부설학습기관이 500개, 특수대학원 820개 등 평생교육 기관의 개수가 5,225개에 달한다. 아울러 총 평생 학습 참여자 수가 1,680만 명에 이르는 것으로 조사[67]되었다.

앞의 자료를 보면 평생교육 관련 정부의 재정 지원과 물리적 인프라는 다른 나라에 비해 뒤떨어지지 않는 여건으로 판단된다. 그러나 덴마크, 독일, 스웨덴, 핀란드 등 유럽의 평생교육 선진국과 비교하면, 우리나라 평생교육은 참여율과 교육 성과 측면에서 모두 개선이 필요한 것으로 평가되고 있다. 우선, 유럽의 시민대학이 강조하는 인간다운 삶과 관련된 인문 교양 교육, 문화 예술 교육, 시민 참여 교육은 정부 지원이 매우 미진하다. 교육방송과 K-MOOC의 인문사회학 강좌가 큰 인기를 끌고 있으며, 백화점까지 교양 강좌를 개설하는 상황은 이런 수요에 대한 대응이 부족함을 입증한다. 정부에서 집중하고 있는 직업 능력 향상 교육도 개선이 필요한 것으로 평가되었다. OECD에 따르면 25세 이상 65세 미만 인구의 성인교육 참여율이 평가 대상 18개 국가들 중 12위였으며, 특히 생산 주축 연령대인 35~44세 인구의 경우 최하위로 평가[68]되었다. OECD에서 주관하는 국제성인역량조사(PIAAC)에 따르면 우리나라 16~24세 인구는 높은 역량을 갖고 있으나, 25세 이후 65세까지 하락 폭이 매우 큰 것으로 조사되었다. 고등교육기관을 졸업한 이후 노동시장으로 진입하는 연령부터 역량 감소가 빠르게 진

---

67 한국교육개발원, "평생교육통계: KOSIS 평생교육기관 총개황"

68 정순둘 등, 2016, "연령통합적 관점에서 본 OECD 각국의 교육체계 비교", 입법과 정책

행된다는 것이다. 이 결과는 나이가 들수록 평생교육 참여가 급격히 줄어드는 국내 현황과 관계가 있으며, 개인의 평생교육 참여 여부가 역량 유지와 아주 밀접하게 관계된다는 사실을 설명한다. 또한 4차산업 혁명 시대에 필요한 협동 능력, 문제 해결 능력, 직장 내 학습이 OCED 평균 이하로 평가[69]되었다. 전 생애 주기에 걸친 학습 기회 확대와 평생교육 참여 문화 정착이 중요할 것으로 판단되는 근거들이다. 이러한 현황을 개선할 방안들을 다음과 같이 제안한다.

첫째, 평생교육의 패러다임을 전체적으로 재검토해서 중앙정부와 지방정부가 주도하는 하향식 관리 방식에 대한 전면적인 개편을 시도해야 한다. '평생교육'이라는 교육 공급자 중심의 시각은 '평생 학습'이라는 학습자 중심의 시각으로 바뀌어야 하며, 평생 학습을 문화 운동으로 전개하는 발상의 전환을 고려해야 한다. 특히 지원이 부족한 인문 교양 교육, 문화 예술 교육, 시민 참여 교육의 강화를 위해 전국에 산재해 있는 민간 단체, 민간 조직, 지역별 학습 동아리가 해당 지역의 대학 교수, 대학 강사, 평생 교육사 등과 연계한 평생 학습 계획을 제안하고, 정부는 이를 지원하는 상향식 운영을 도입해야 한다. 서점을 평생 학습과 연결의 공간으로 만들자는 '동네 책방' 운동도 정부가 지원할 만한 프로그램이다. 시민들과 지역 학자들이 자율적으로 설립한 광주시의 자유시민대학과 같은 활동도 상향식 운영의 사례가 될 수 있다.

69 PIAAC, 2013, "한국인의 역량, 학습과 일: 국제성인역량조사(PIAAC) 보고서"

둘째, 교육부의 평생교육 관련 재정 운영을 교육기관 중심이 아니라 학습자 중심으로 바꾸는 방식을 고려해야 한다. 고용노동부의 직업능력개발 사업 중 내일 배움 카드제, 청년 취업 지원 교육 훈련, 국가 기간·전략 산업 직종 훈련은 학습자에게 재정이 직접 지원되며, 재직자 교육은 학습자와 기업에게 재정이 지원된다. 앞서 언급한 평생 학습을 문화 운동으로 전개하기 위해서는 평생교육 재정 운영도 학습자가 원하는 방향으로 사용할 수 있도록 선택권을 제공하는 것이 중요하다. 일정 조건을 만족하는 학습자에게 평생교육 바우처를 제공하고 학습자는 민간 기업, 평생교육관, K-MOOC, 일반대학, 전문대학, 앞에서 언급한 자유시민대학 등 다양한 교육 플랫폼에서 원하는 학습을 선택하고, 자신이 참여하는 평생 학습 프로그램에 바우처를 지급하는 방식으로 운영해야 한다. 평생교육체계에 공개와 경쟁의 원리를 도입하는 것이다.

셋째, 학령 인구의 급속한 감소로 위기를 맞게 되는 대학들을 평생교육에 적극 활용해야 한다. 대학이 확보하고 있는 강의실, 도서관, 기숙사 공간과 같은 물적 인프라와 교수 및 행정 인력과 같은 인적 인프라를 활용하면, 평생교육의 품질, 범위, 교육 방법의 향상을 도모할 수 있다. 정부는 2015년에는 평생 학습 중심 대학 육성 사업, 2016년에는 평생교육 단과대학 지원 사업을 운영했고, 2017년부터 이들 사업을 통합해 평생교육 체제 지원 사업을 운영하고 있다. 2019년에는 전국의 5개 권역에서 23개의 일반대학과 7개의 전문대학이 선정되어 2020년부터 성인 학습자를 대상으로 단과대학, 학부, 또는 학과를 설치하고 전담 학위 과정을 운영할 예정이다. 대학을 평생교육에 활용하는 것은 올바른 방향이지만, 학사 학위 과정이 중심이 되는 것은 개선이 필요하다. 2004년 이미 대학 진학률이 80%을 넘은 국내 실정을 고려하면 '선취업 후진학'이라는 구호와 4년이라는 긴 기간이 필요한 학사 과정 중심의 평생교육은 성인 학습자들의 요구를 적절히 반영하지 못할 것으로 판단된다. 성인 학습자들에게 학사 학위 과정을 제공해 온 방송통신대학과 사이버대학의 충원률이 감소하고 있는 상황은 이런 추론의 간접적인 증거가 된다. 대학의 활용은 상향식 평생교육과 평생교육 바우처를 담아낼 수 있는 비학위 과정이 중심이 되어야 하며, 학위 기간이 짧은 특수대학원의 석사 과정 확대가 중심이 되어야 한다. 학위 과정의 경우 '컴퓨터 코딩', '데이터 과학', '인공지능'처럼 수요가 급증하는 분야에 대해 자율적이고 신축적인 정원 운영을 허용해야 한다. 해외 사례와 같이 온라인 석사 과정을 확대하고, 성인 학습자들이 아비트리지를 통해 원하는 강좌를 여러 대학으로부터 수강하고 스스로 석사 학위를 설계할 수 있는 혁신도 고려해야 한다.

넷째, 인문 교양 교육, 문화 예술 교육, 시민 참여 교육 같이 우리나라 평생교육에서 가장 취약한 부분을 보완하는 기관 설립을 고려해야 한다. 독립 후 짧은 기간 동안 경제성장을 이루어 낸 우리나라는 근대적 성찰의 여유를 갖지 못하고 유교 농경 사회에서 서구 자본주의 사회로 급속히 변신해 왔다. 그 결과 개인의 해방과 자유, 인권 보장과 같은 근대 정신의 핵심을 수용하는 데 어려움을 겪고 있다. 따라서 이런 문제를 담당할 평생교육 프로그램이 필요한 상황이다. 이 문제를 해결하기 위해 역사, 철학, 사회, 정치, 경제, 문화, 예술 분야의 최고 권위자들로 구성된 한국형 콜레쥬 드 프랑스와 같은 기관을 설립하고, 해당 분야의 최고 권위자들이 전 국민을 대상으로 평생교육을 담당한다면 한 가지 해결 방법이 될 수 있다. 이 기관의 대중 교육을 통해 근대 정신의 수용, 민주적 시민 의식 고양, 함께 사는 삶에 대한 이해, 존재에 대한 철학적 사유처럼 우리 국민들에게 가장 부족한 소양을 개선할 수 있을 것이다. 논쟁적인 사회 현안에 대해서도 국가가 부여한 최고의 권위를 갖고 보이텔스바흐 3대 원칙에 준하는 기준에 따라 보수, 중도, 진보의 시각을 설명해 준다면, 진영 간의 극심한 반목을 완화하는 역할 수행도 가능하다. 콜레쥬 드 프랑스와는 달리 인문 사회 분야의 권위자들로만 구성하고, 종신 임용보다는 3년 정도의 임기제를 통해 변화와 활력을 유지하며, 최고의 예우로 권위자를 초빙한다면, 침체되고 있는 인문 사회 분야에 활력을 불어넣는 계기가 될 수도 있을 것이다.

(10) 연결의 플랫폼인 대학의 운영 조직 혁신

대학을 플랫폼과 네트워크의 측면에서 바라보면, 대학은 지식과 사상을 매개하는 연결을 담아내는 플랫폼이다. '어떤 목적을 가진 구성원들의 유사한 활동이 이루어지는 생태계'라는 플랫폼의 정의는, 대학은 학생, 교수, 교직원으로 구성된 교육, 연구, 사회 기여 활동을 하는 생태계라는 정의에 바로 적용 가능하다. 교수들의 교육 활동인 강의, 연구 결과물인 학술 논문 출판, 저술과 기고, 외부 강연, 학회 활동, 교과 외 활동을 통한 동료 선후배 학생들 간의 관계 형성 등 대학의 모든 활동은 네트워크, 즉 연결의 관점에서 설명할 수 있다. 대학이 교육, 연구, 봉사의 역할을 충실히 수행하고 있는지 여부는 교수, 교직원, 학생이라는 개별 노드로 구성된 대학이 외부에 있는 노드와 연결 개수 및 연결 강도로 표현되는 함수로 평가할 수 있다. 명문 대학이 된다는 것은 대학의 활동을 표현하는 다양한 연결의 중심이 된다는 것을 의미한다. 대학은 연결의 중심지가 되어야 한다는 사실을 간과했던 독일 대학들은 세계 학문의 중심지라는 영광을 잃고 쇠락했으며, 최근 급격히 위상을 상실하고 있는 일본의 대학들도 연결을 담아 내는 플랫폼이라는 대학의 역할에 적응하지 못한 사례이다. 급격한 학령 인구 감소로 촉발될 우리나라 대학의 위기는 경쟁력 없는 대학들의 퇴출이 시작되는 2021년부터 가시화될 것이다. 이런 대학의 위기에 대응하려면, 새로운 대학 운영 전략과 이를 실행하기 위한 대학 운영 조직의 혁신이 필요하다.

대학 조직 모델을 분류하는 방식은 여러 가지가 있다. 주도적인 집단에 따라 교수들이 지배하는 과두제적 대학, 학생과 교직원들의 영향력이 강화된 민주화된 대학, 국가 권력이 주도권을 잡은 관료적인 대학, 시장의 효율성이 도입된 전문적인 대학으로 나뉜다.[70] 정책 목표를 정의하는 수준과 정책 실행을 통제하는 수준에 따라서는 동료형(Collegium), 관료형(Bureaucracy), 기업형(Corporation), 사업형(Enterprise)의 네 가지로 분류된다.[71] 여기서 동료형 대학은 대학의 정책 목표의 정의와 통제가 모두 엄격하지 않으며, 정부와 같은 외부의 통제로부터 자유로운 조직으로 제도적인

70 요 리츤, 『유럽의 대학: 어디로 갈 것인가』

71 Ian McNay, 1995, "From Collegial Academy to the Corporate Enterprise: The Changing Cultures of Universities".

자율성과 학문적 자치가 중시된다. 학문 분야로 나누어진 학과와 교수 개인들의 선호를 중심으로 합의에 의해 의사 결정 하는 것이 일반적이며, 총장을 비롯한 대학 행정 조직의 권한은 강하지 않다. 동료형 모델은 학문적 과두제 불리기도 하는데, 학문의 자유를 강조한 초기 근대 대학들이 발전해 나가는 과정에서 사용했던 조직 모델이다. 조직의 변화가 본질적인 혁신으로 이어진다는 강력한 장점을 가지며, 미국의 최고 명문 사립대학들과 소규모 연구 중심 대학들이 이러한 기조를 유지하고 있다. 동료형 대학 운영의 중요한 가치는 '자유'이다.

관료형 대학은 정부와 규제 기관의 영향력이 강한 경우에 해당한다. 대학의 독자적인 정책 목표는 명확하지 않지만 그 실행에는 규칙과 절차를 엄정하게 적용하는 특징이 있다. 공정한 실행을 통해 기회의 평등, 공평한 재원 분배, 일관성 있는 기준의 적용 같은 긍정적인 측면을 갖지만, 새로운 방식에 거부감을 가지고, 과거의 사례를 중시하기 때문에 변화하는 상황에 대한 대응 능력이 현저하게 떨어진다. 조직의 변화가 수동적인 적응 이상의 혁신을 기대할 수 없는 단점을 갖는다. 따라서 외부 환경이 안정된 상황에 적합한 모델이다. 교내 위원회가 의사 결정에 중요한 역할을 담당하지만, 총장을 비롯한 대학 행정 조직의 영향력이 강하다. 절차와 규정을 강조하는 우리나라 국립대학에서 그 전형을 볼 수 있다. 관료형 대학 운영의 중요한 가치는 '공정'이다.

기업형 대학은 대학의 정책 목표가 명확하게 정의되고, 그 실현을 구성원에게 강하게 요청하고 통제하는 특징이 있다. 주요 의사 결정은 총장과 상급 관리자 그리고 임명제 위원으로 구성된 특별위원회가 주도한다. 소수의 의사 결정 그룹이 목표를 설정하고 신속하게 실행하기 때문에, 대학이 위기 상황에 처해 있을 때 적절한 모델이다. 계획적인 변화를 지향하며, 강력한 통제를 시행하기 때문에 구성원을 다루는 방식이 위압적일 수 있고, 대다수의 구성원은 의사 결정에 관여하지 않기 때문에 불만을 갖거나 무관심한 구성원들이 늘어나는 단점이 있다. 오랜 기간 지속적으로 사용하기 보다는 단기간 위기 극복에 활용하는 것이 바람직하다. 역사가 짧고, 교수의 권한이 약한 대학에서 흔히 나타나는 모습으로, 우리나라 기업형 사립대학에서 나타나는 모델이다. 기업형 대학 운영의 중요한 가치는 '충성'이다.

사업형 대학은 대학의 정책 목표는 명확하게 설정되어 있으나, 이를 실행하는 방법에 대해서는 통제적 절차 없이 교수, 학과, 단과대학의 단위 그룹, 프로젝트 팀과 같이 현장에 있는 단위 조직에게 위임하는 대학의 조직 모델이다. 의사 결정에 가장 중요한 기준은 고객의 만족으로, 대학 서비스의 수요자인 학생이나 외부 기관들과 연결 관계를 유지할 수 있는지 여부가 의사 결정의 기준이 된다. 대학은 학생들과 외부 기관들의 필요를 예측하고 문제를 파악해서 지속적으로 그 해결책을 제공해 주어야 하며, 적절한 커리큘럼을 개발해 다양한 수요자 그룹이 필요로 하는 기술과 역량을 개발해 주어야 한다. 총장과 대학 행정 조직의 권한도 강하지만 현장의 의사 결정도 중요하며, 미래 상황이 불투명하고 외부의 상황이 예측하기 어려운 경우에 적절한 모델이다. 조직의 변화가 유연하다는 전략적 장점을 갖지만, 고객의 요청에 너무 예민하게 대응하다 보면 교육 내용의 조직의 일관성과 지속성을 잃을 수 있다는 단점이 있다. 총장과 행정 조직의 권한이 강하게 유지되어야 하는 이유이기도 하다. 사업형 대학 운영의 중요한 가치는 '역량'이다.

대부분의 대학은 이 네 가지 조직 문화가 공존하며, 그 비중은 개별 대학의 전통, 사명, 지배 구조의 특징 그리고 외부 세력의 권한 수준에 따라 다양한 조합이 가능하다. 이안 맥네이의 분석에 따르면 영국의 대학은 대체로 동료형, 관료형, 기업형, 사업형으로 변신해 왔고, 미국의 공립대학들도 유사한 경로를 거친 것으로 평가되었다. 케임브리지 대학과 옥스포드 대학은 동료형을 유지하며, 사업형 성격을 강화하는 방식으로 변화했다. 미국의 주요 명문 연구 중심 사립대들과 명문 자유 교양 대학은 여전히 동료형 조직의 성격을 유지하고 있으며, 공립대학들 중에서도 전통의 명문 대학들은 동료형 조직의 성격을 상당 부분 유지하고 있다. 우리나라의 대학들도 대부분 동료형, 관료형, 기업형, 사업형 성격이 차례로 강화되는 방식으로 변화해 왔다. 해방 후 교육계의 거물들이 대학의 조직을 장악한 과두제 기반의 동료형 조직으로 시작되었으며, 1963년 사립학교법이 공표되면서 관료형 조직의 성격이 서서히 자리 잡기 시작했다. 1995년 5.31 교육개혁 이후 대학 평가와 연계된 재정 지원 사업이 확대되자 대학의 정책 목표를 명확히 하고 실행을 관리하는 기업형 조직으로 변화하기 시작했다. 2019년부터 대학 재정 지원 사업에 포뮬러 방식의 지원금 산정이 도입되는 것은 사업형 조직으로의 변신을 촉진하는 외부 조건이 될 수 있을 것으로 판단된다.

2021년부터 가시화될 대학의 위기에 대처하기 위해서는 새로운 조직 전략이 필요하다. 개별 대학이 중심이 될 수 있는 연결의 종류, 연결의 공간적 범위, 연결의 대상을 분석하고, 개별 대학의 내부 상황을 분석해서 최적의 연결 활동을 선택해야 한다. 아울러 해당 연결 활동에 가용한 재원과 인력을 투입해야 하며, 민간 분야의 플랫폼 비즈니스 전략을 적극적으로 차용해야 할 것이다. 이런 미래 전략을 실행하기 위한 조직 형태의 선정에서 고려할 사항은 교수진의 역량과 재정 확보 수준이다. 개별 교수진의 역량이 탁월하고 대학의 재정 확보가 충분하다면 자율성을 중시하는 동료형 모델이 미래를 대비하는 최적의 조직 형태가 될 수 있다. 2001년 MIT의 OCW 계획 발표가 그 대표적인 예이다. 세계 교육의 중심을 지향하는 이 담대한 목표를 940여 명 교수들이 합의하고 추진할 수 있던 것은 개별 교수진의 탁월한 역량과 새로운 이니셔티브를 지원할 수 있는 충분한 재정 능력 덕분이었다. 세계적인 명문 대학이 되느냐는 자율적인 동료형 모델이 잘 작동할 수 있는 여부로 판단이 가능하다. 2018년 국립대학인 케임브리지 대학과 옥스포드 대학이 사립대학으로 변신을 고려했던 이유도 자율성 확보를 위해 추가 재정 확보가 필요하다는 판단 때문이었다. 우리나라의 경우 두 가지 조건을 만족하고 있는 강소대학들이 선택할 수 있는 모델이다.

교수진의 역량은 상당한 수준이지만 재정 상태가 취약한 대학들의 경우, 사업형 모델의 선택이 합리적이다. 총장과 행정 조직은 대학의 최상위 정책 목표와 방침을 정하고, 제한된 재원을 배분하고, 지원하는 역할을 담당한다. 교육, 연구 등 다양한 연결 활동을 담당하는 현장의 단위 조직들은 실행 권한을 가지고 불확실한 현장 상황에 유연하게 대처하며, 고객이라고 할 수 있는 연결 대상과 지속적인 연결을 유지할 수 있도록 운영하는 방법이다. 교수진 역량이 우수한 명문 대학들이 선택할 모델이다. 교수진의 주도력이 부족하고 재원도 부족한 상황이라면 기업형 모델 선택이 합리적이다. 대학 내부의 상황과 외부 환경을 분석해서 가장 잘할 수 있는 분야를 선택하고, 집중적으로 인력과 재원을 투입하는 대학의 특화 전략이 바람직하다. 이를 위한 조직 형태는 총장과 대학 운영 조직이 강력한 권한을 가지고 대학의 정책 목표를 명확히 정의하며, 세부적인 실행 지침을 제시하고 현장의 단위 조직을 통제하는 기업형 모델이다. 대학설립 준칙주의 이후 설립된 대부분의 사립대학들이 선택할 모델이다.

대학이 피해야 할 조직 형태는 관료형 모델이다. 과거의 상황에 맞게 확립된 규정과 절차를 가장 우선시하는 관료형 모델은 현재처럼 위기 상황에 있는 대학에게 가장 부적절한 조직 형태이다. 문제는 우리나라 대학의 공공성 회복과 다양한 혁신에 앞장서야 할 국립대학들이 관료형 조직에 매몰되어 있다는 점이다. 독일 대학과 프랑스 대학의 쇠락은 재정 부족이 첫 번째 이유였으며, 교수들이 공무원 신분으로 경직된 관료형 조직에 매몰되어 있어 변화하는 세계에 적극적으로 대응할 여건과 동기 부여가 부족했던 것이 두 번째 이유였다. 근대 대학의 원형을 제공하고 세계 학문을 주도했던 독일의 대학, 200여 년간 세계사를 뒤흔든 혁명과 혁신의 나라인 프랑스의 대학이 재정 부족과 관료형 조직의 규제 아래에서 활력을 잃고 질식한 셈이다. 서울대가 법인화를 관철해 낸 것도 이런 관료형 조직의 폐해에서 벗어나기 위한 시도였다. 우리나라 모든 국립대학이 법인화를 채택하는 것이 대안이 아니라는 사실을 고려하면, 국립대학 통합 네트워크 실현이 국립대학에 새로운 활력을 불어넣을 수 있는 차선책이 될 수 있다. 통합 네트워크 구현을 통해 추가적인 재정을 확보하고, 통합 네트워크의 규모의 장점을 활용하며, 학생들의 이동을 통해 연결 활동의 범위와 규모를 확대하고, 다른 캠퍼스의 동일 학과 간 협력과 경쟁을 통해 역동성을 확보한다면, 관료형 조직의 폐해를 상당 부분 개선할 수 있을 것으로 판단된다.

어떤 조직 형태를 채택하든 대학의 혁신과 발전에 필요한 조직 문화는 동료형이 근간이라는 사실을 인지해야 한다. 대학의 주요 연결 활동인 교육과 연구는 정형화된 틀로 규정하기 어렵다. 이를 제대로 수행하기 위해서는 교수진의 자발적인 협력을 이끌어 낼 수 있는, 자율적인 동료형 조직 문화가 반드시 필요하다. 중세 대학의 몰락은 대학이 왕정권력에 복종하고 자율성을 잃게 되면서 시작되었다는 역사적 교훈을 기억해야 한다. 동료형 조직 문화를 강화하기 위해서는 대학 내부 구성원들의 연결을 촘촘하고 단단하게 만드는 것이 가장 시급히 추진해야 할 사항이다. 융합 연구회, 학술 포럼, 공동 저술 등 학술적 공식적 모임부터 동호회, 정기 연찬회 같은 비공식 모임도 동료형 조직 문화 형성에 도움이 된다. 연구, 출판, 교육, 저술, 강연, 자문, 기술 이전 등 다양한 활동을 통해 연결의 중심이 되는 것이 대학에게 주어진 사명이다. 가능한 많은 외부 노드들과 연결을 강조하면서, 정작 내부 구성원들의 연결에는 소홀했던 것이 현실이다. 구성원들의 소통 수준이 기업의 경쟁력인 것처럼, 대학 내 구성원의 소통 수준이 대학 경쟁력의 근간이다. 대학이 미래를 위한 변화를 성공적으로 수행하기 위해서는 대학의 구성원들이, 특히 개인 연구실에 갇혀 지내는 교수들이 같은 대학 내 다양한 분야의 모든 구성원들과 단단히 연결되는 것이 그 첫걸음이다. '학문하는 이들의 공동체'라는 대학의 본령을 회복해야 한다.

2.3 대학의 혁신에 앞서 생각할 문제

미국 연구 중심 대학의 초석을 놓았던 하버드 대학의 찰스 엘리엇 총장은 라틴어와 그리스어를 필수 과목에서 제외하는 데 총장 취임 후 15년의 시간이 걸렸다. 미국 28대 대통령을 역임한 우드로 윌슨은 프린스턴 대학 총장 시절 그의 개혁적인 행보에 반대하는 엘리트 교수들과의 갈등으로 건강을 해쳤으며, 대통령 재임 시까지 그 시절의 악몽에 시달릴 만큼 어려움을 겪었다. 그는 "정치가 대학을 운영하는 것만큼 어렵지는 않다.[72]"라는 어록을 남기기도 했다. 대학의 미래에 대한 예측과 혁신 방향을 제시하는 것보다 이를 실행하는 것이 더욱 어려운 문제라는 것을 대학 역사의 큰 인물들은 증언하고 있다.

미래 사회의 변화에 조응하는 새로운 대학을 만들어 가는, 간단치 않은 혁신의 여정을 시작하기 전에 먼저 고민해야 할 문제가 있다. 대학에 대한 국민의 존경과 신뢰를 회복하는 일이다. 유럽 대학의 쇠락에는 유럽인들이

72 "Politics was less brusque than university administration"

갖고 있는 대학에 대한 불만이 기저에 깔려 있다. "유럽 대학 중 최고는 거의 없다.", "대학에서 하는 연구가 혁신에 거의 기여하지 못한다.", "대학 교육이 노동시장의 요구를 충분히 반영하지 못하고 있다.", "현실과 유리된 연구를 하며, 학문의 자유만 부르짖는다." 등 전 세계 모든 국가의 대학에 대한 공통적인 불만이 유럽에서는 특히 두드러진다. 유럽의 전통적인 반엘리트적 정서와, 대학을 정부 관료 체계의 한 부분으로 생각하는 점이 유럽인들이 대학을 부정적으로 대하는 이유이다. 네덜란드 교육부 장관이었던 요 리츤의 분석이다.

대학에 대한 시각이 유럽에 비해 긍정적인 미국도 19세기 중반부터 20세기 초반 사이, 대학 무용론이 제기되었고 대학 교육의 비실용성에 대한 많은 비판이 있었다. 남북전쟁 이후 자유 교양 중심의 대학 교육에 대한 산업자본가들의 비판이 확대될 때, 미국 정부의 토지허여 주립대학 설립 지원, 존스 홉킨스 대학과 하버드 대학과 같은 주요 대학들의 통합형 교육 모델 도입, 연구 중심 대학원의 설립으로 위기를 돌파할 수 있었다. 20세기 테일러의 과학적 관리 이론이 사회 전반에 파급되어 대학 교수들의 낮은 생산성이 비판을 받을 때, 당시 최고의 지성들은 미국 대학 교수협회를 조직하고, 학문의 가치와 학문의 자유의 의미를 전파하고, 종신 임용제를 쟁취했다. 산업자본이 대학을 포획하려는 시도와 실용주의라는 이름으로 포장된 배금주의에서 대학을 지켜 낸 역사적 성취였다. 두 차례의 세계대전을 거치며 대학이 주도해 온 '비실용적'인 과학 발전의 엄청난 가치를 인지한 미국은 1950년 버니바 부시가 제출한 미국과학재단 법안을 거의 원안대로 입안했다. 100여 년에 걸친 대학 무용론 논쟁이 대학의 완벽한 승리로 마무리된 것이다. 이런 자율적인 혁신과 조직적인 대응을 통해 미국 대학은 국민의 존경과 신뢰를 획득할 수 있었다. 1980년에는 베이-돌 법안으로 정부의 연구비로 개발한 기술에 대한 지적재산권을 대학이 갖는 혜택을 확보하게 되었고, 민간의 대학 기부금이 지속적으로 증가해 2018년 한 해에만 그 금액이 467억 달러[73]에 달하고 있다. 대학에 대한 미국 국민들의 존경과 신뢰는 현재 진행형이다.

해외의 대학들이 겪어 온 위기처럼, 우리나라 대학은 현재 다양한 비판의 대상이 되고 있다. 기업형 사립대학의 정체를 명확히 이해하는 국민이 많지 않은 상황에서 비리 사립대학이 우리나라 대학을 대표하는 것처럼 미디어에서 회자된다. 미국 주요 대학의 1/100에도 못 미치는 기부금을 빨리 사용하지 않는다고 비난을 받고 있으며, OECD 국가들 중 최하위권에 위치한 정부의 재정 지원 수준을 알지 못하는 국민들은 실질 등록금이 비싸다는 이유로 등록금 동결과 같은 인기 영합 정책에 큰 지지를 보내고 있다. 무엇보다도 대학 서열화와 이로 인한 대학 입시 경쟁은 우리 사회 모든 문제의 정점에 있다고 인식되고 있으며, 대학은 이런 상황을 조장하고 이용한다고 비난받고 있다. 대학의 사소한 정책 하나라도 진영의 이해관계에 부합되지 않으면 가차 없는 비판에 직면하게 된다. 어느 정치 진영도 대학을 지원해야 할 대상으로 바라보지 않으며, 대학을 비판할수록 의식 있는 사람으로

73 The Wall Street Journal, 2019.2.11, "Giving to Colleges Jumps 7.2% to Record $46.7 Billion"

비춰지는 것이 우리의 현실이다. 이런 상황을 개선하지 못한다면, 어떤 혁신 노력도 추진력을 갖기 어려우며 성공을 담보하기 어렵다.

그래도 아직 희망은 있다. 한국행정연구원의 사회통합실태조사 보고서에 따르면 교육기관은 신뢰도 평가에서 17개의 평가 대상 기관들 중 2016년에는 의료계와 공동 1위, 2017년에는 금융기관과 공동 2위로 평가[74]받았다. 2017년 한국언론진흥재단의 7개 주요 직업군 - 정치인, 고위 공직자, 법조인, 언론인, 기업인, 교육자, 종교인들 - 에 대한 설문 조사 결과, 신뢰도가 가장 높은 직업군으로 선정[75]되었다. 모든 교육 기관과 모든 교육 종사자에 대한 평가로 대학과 교수에 대한 평가를 의미하지는 않지만, 국민의 존경과 신뢰를 회복하기 위한 가능성은 아직 열려 있다고 보는 것이 타당하다. 이런 기대를 기반으로 다음 세 가지 사항의 실행을 고려해야 한다.

자유 교양 중심의 대학 교육에 대한 비판에 대해, 새로운 교육체계를 제시하며 대응했던 미국의 사례처럼 국민의 입장에서 납득하고 만족할 수 있는 고등교육의 재탄생에 준하는 구조적 변화를 시도해야 한다. 기업형 사립대학의 정리와 이를 통한 공공성 회복이 그 첫걸음이다. 이 책에서 수차례 언급한 거점 국립대학 통합 네트워크와 공영형 사립대학 네트워크의 실현이 한 가지 방법이 될 수 있다. 32만 명 정도 되는 4년제 일반대학 정원의 20% 정도가 거점 국립대학 통합 네트워크와 공영형 사립대학 네트워크에 포함

74 한국행정연구원, "2017년 사회통합실태조사(국가승인통계 공표용 보고서)"

75 연합뉴스, 2017.03.16, "7개 주요직업 신뢰도 교육자>종교인>언론인>법조인 순"

될 만큼 이 두 네트워크를 확대하고 통합된 입시를 시행하는 혁신을 실행하며, 등록금 면제 또는 등록금 50% 감면, 국가 장학금 차액에 대한 생활비 지급, 지역 공기업 및 민간 기업 취업 혜택과 같은 강력한 인센티브를 제공해야 한다. 매년 7만 명 정도의 학생들이 여러 가지 혜택이 있는 대학에 진학할 수 있다면, 대학 서열화와 대학 입시 경쟁의 완화, 기업형 사립대학의 청산, 수도권 집중 및 부동산 문제와 같은 사회 문제 해결에 기여할 수 있다.

우리나라 대학에는 20세기 초반, 미국 대학의 위기에 당당히 목소리를 내던 소스타인 베블런, 업튼 싱클레어 같은 교수들이 필요하다. 대학의 위기에 당당히 국민의 존경을 이끌어 낸 존스 홉킨스 대학의 대니얼 길먼 총장, 하버드 대학의 찰스 엘리엇 총장, 시카고 대학의 로버트 허친스 총장, 위스콘신 대학의 밴하이스 총장 등과 같은 리더십도 필요하다. 또한 존 듀이, 아서 러브조이와 같은 석학의 주도로 설립된 미국 대학 교수협회처럼 권위 있는 기관 또는 협회도 필요하다. 개별 교수, 대학 리더십, 새로운 조직은 대학의 유무형 가치를 산정하고, 대학의 가치를 뒷받침하는 단단한 논리를 개발해야 하며, 대학의 중요성을 갈파해야 한다. 노동을 대신해 인간에게 삶의 의미를 부여할 대안이 학습이라는 사실과, 미래의 인류가 의지하게 될 학습하는 공동체를 품어 낼 조직이 대학이라는 사실을 강조해야 한다. 법인세의 5%를 대학에 투자하는 규정을 관철해 내는 것도 구체적인 목표가 될 수 있다. 이런 내용을 일반 대중에게 지속적으로 홍보하고 때로는 대학을 폄훼하는, 짧은 호흡의 정치 세력과 논쟁을 두려워하지 않는 역할을 담당해야 한다. 더 나아가 정치, 경제, 사회 현안에 대해서 균형 잡힌

목소리를 내며, 진영의 이해관계에 대해 기품 있는 언어로 논쟁하는 국가의 현자와 같은 역할을 수행해야 한다. 종신 임용제를 가능케 한 '1915년 원리 선언'은 "교수들은 논쟁적인 문제에 대해 견해를 표명하는데 제약을 받지 말아야 하고, 사회 문제인 경우 자기 전공분야가 아니더라도 의견을 표명하는데 제한을 받지 않는다" 라고 명시하고 있다. 그러나, 우리 사회가 겪고 있는 여러 갈등과 반목 상황에서 교수들은 목소리를 내지 않는다. 앞으로 나아가(Pro) 외치는(-fess-) 사람(-or)이라는 단어의 정의가 무색한 상황이다. 인문학과 사회과학의 위기는 많이 언급되지만, 정작 인문학과 사회과학의 지혜가 필요한 상황에서 인문·사회과학자들의 목소리를 듣기 어렵다. 이런 상황을 바꿀 수 있는 인물과 리더십 그리고 조직이 필요하다.

미국의 대학들은 50여 년간 인종차별 문제를 완화하고 다양성 확대의 첨병 역할을 담당해 왔다. 독일과 프랑스 대학들은 고등교육의 보편화와 교육 기회의 평등이라는 철학을 실현하기 위해 50여 년의 시간을 투자했다. 우리나라 고등교육에도 이와 같이 흔들리지 않는 철학이 있어야 한다. 그 철학은 국민 대다수가 수긍할 수 있는 동시에, 우리나라의 문제를 해결하는 내용이어야 한다. 또한, 앞서 언급한 대학의 재구조화를 뒷받침하는 이론적 토대가 되어야 한다. 필자는 다양성 존중과 인권 감수성 증진을 제안했지만, 공정한 사회 구현, 지역의 균형 발전, 교육 기회의 평등과 같은 다른 대안도 고려할 수 있다. 위에서 언급한 대학 교수들을 대표하는 새로운 조직과 대학들의 대표 협의 기관인 한국대학 교육협의회가 집중적인 논의와 합의를 통해 이런 철학의 정립을 시도해야 한다. 앞으로 50년은 지속

될 수 있는 철학의 정립을 통해 대학이 긴 호흡을 갖고 서서히, 그러나 흔들리지 않고 우리 사회에 긍정적인 변화를 이끌 때, 국민의 존경과 신뢰를 회복할 수 있을 것이다.

에필로그

코로나19 이후 대학의 미래

초고를 마무리하고, 편집, 교정, 교열을 하는 기간 동안 코로나바이러스 감염증-19(코로나19)가 전세계에 창궐하게 되었다. 서구의 여러 정부는 국민의 이동을 제한하는 봉쇄령(Lockdown)이라는 전대미문의 조치를 시행하고 있다. 전 세계 대부분 국가는 학교를 폐쇄하고 휴교를 하거나, 온라인 학습으로 대면 수업을 대신하고 있다. 코로나19 이후의 세계는 이전의 세계와 다를 것이라는 예측이 지배적이다. 특히, 많은 학자들이 고등교육의 큰 변화를 예견하고 있다. 미래 사회의 변화상과 대학의 미래에 대해 의견을 제시한 이 책의 내용이 코로나19 이후의 미래에도 합당한 지에 대해 고민하는 시간을 가져 보았고, 그 의견을 독자들과 공유하고자 한다.

초기 중세 대학의 쇠락에는 흑사병의 창궐이 주요 원인 중에 하나였다. 흑사병으로 인해 교류와 이동이 제한되면서 '자치'와 '이동의 자유'라는 특권을 가진 학생들과 교수들의 공동체가 약화되었다. 무엇보다도 '아비뇽 유수[1]'로 시작되었던 교황 권력의 쇠퇴가 흑사병으로 가속되었다. 이미 시작된 정치적 사회적 변화가 흑사병으로 더욱 빠르게 전개된 것이다 그 결과 중세 대학은 강력해 지는 왕정 권력에 복속되면서 몰락해 갔다. 코로나19도 4차 산업혁명으로 통칭되는 인류사적 전환기에 정치, 사회, 경제, 산업의 변화를 가속할 것이다. 그리고 이미 시작된 대학의 변화는 더욱 급격히 전개될 것이다. "미래는 이미 와 있다. 다만 널리 퍼져 있지 않을 뿐이다 (The future is already here. It's just unevenly distributed.)" 라는 윌리엄 깁슨의 경구 대신 "미래는 이미 와 있다. 그리고 코로나19로 인해 빠르게 퍼질 것이다. (The future is already here. It will be rapidly distributed due to COVID-19.)"가 적절한 상황이 될 것이다.

'미래의 변화상과 혁신의 개요' 에서 살펴본 과학기술과 산업의 변화, 학습 방법의 변화, 대학 역할의 변화는 코로나19 감염 확산 이후 더욱 명확하게 목격되고 있다. 산업의 생산 방식이 디지털 환경 안에서 운영되는 디지털 트랜스포메이션은 선택이 아닌 기업의 생존을 위한 필수 사항이 되고 있다. 4차 산업혁명의 폐해로 예상됐던 경제적 양극화와 사회적 불균형도 심화되고 있다. 원격 업무가 일상화 되면서 단순 반복 업무를 자율적으로 처리하는 스마트 시스템의 도입이 증가하고 있다. 원격 근무를 통해 가치를 생산할 수 있는 계급과 그렇지 못한 계급의 분화도 예측된다. 개인 스스로 다양한 지식

---

1 1309년부터 1377년까지 모두 7명의 교황이 로마 교황청이 아닌 프랑스 아비뇽에서 생활했던 시기를 말한다

을 축척하고, 이들을 연결 조합할 수 있으며, 소통하고 공감하는 능력으로 타인의 지식과 역량을 공유하고 활용할 수 있으며, 무엇보다 급변하는 상황에서 유연하고 탄력적으로 해결책을 찾는, 다양성, 연결, 리질리언스로 설명되는 미래 인재의 특징에는 변함이 없을 것이다. 다만, 코로나19 이후 원격 업무가 새로운 기준(New Normal)이 된다면 컴퓨터/정보처리 능력(ICT Literacy), 의사소통(Communication) 역량, 주도성(Initiative)과 적응력(Adaptability)이 더욱 중요시 될 것이다.

학습 방법의 변화는 더욱 극적이다. 모든 대학이 온라인 강의를 채택하면서 모든 대학생이 온라인 학습을 경험하고 있다. 유튜브, 틱톡(TikToc) 등을 통해 영상 커뮤니케이션에 익숙한 학생들은 온라인 학습에 거부감과 어려움 없이 적응할 것이다. 고등교육의 디지털 트랜스포메이션이 불과 한 학기 만에 전세계적으로 달성되는 것이다. 세계 최고의 브랜드 가치를 갖고 있는 하버드, MIT, 예일, 프린스턴 대학 등은 희소성에 기반한 명품 전략을 유지할지, 전세계 어디라도 닿을 수 있는 새로운 기회를 활용하여 고등교육에 대한 지배력을 확대할지 결정할 것이다. 책무성을 주요 목표로 하는 공립 대학에게는 비용의 증가 없이 학생 수를 늘릴 수 있는 새로운 기회가 찾아 왔다. 애리조나 주립대학의 온라인 오프라인을 통합한 학습 모델이 주류가 될 것이다. 이 기회를 통해 정원 제한이 없는 미국의 주립대학은 정원을 크게 확대할 것이다. 충분한 학력 인증을 제공하지 못하는 영리 목적 대학들과 재정적으로 취약한 소규모 자유 교양 대학들은 더욱 빠르게 사라질 것이다. 대규모 학습 데이터 분석을 통한 개인화된 학습 방법을 제공할 수 있는지 여부는 개별 대학의 교육 경쟁력을 판가름 하는 중요한 평가 기준이 될 것이다. 적응형 학습 시스템 개발 등 온라인 학습 관련 혁신을 이끌어 온 에듀텍 기업들에게는 새로운 지평이 열리고 있다. 코세라는 C4CV(Coursera for Campus Coronavirus Initiative)를 통해 한시적으로 파트너 대학들에게 3,700여 개의 강좌를 무료로 제공하며, 최고의 온라인 강좌를 확산시키고 있다. 학부모와 학생들은 대학 등록금은 어디서나 접근 가능한 온라인 학습에 대한 대가가 아니라, 대학의 캠퍼스라는 실체적 공간에서 제공하는 다양한 활동과 경험에 대한 비용이라는 것을 실감하게 될 것이다.

코로나19 이후, 대학의 양극화는 더욱 심화될 것이다. 고등교육에 민간 비용 분담률이 높은 미국, 영국, 일본, 캐나다, 호주, 그리고 우리나라 대학들은 등록금 인하 압력에 직면할 것이다. 최고 명문 대학들은 재정 구조에 등록금 비중이 높지 않으므로 큰 영향 없이, 유연한 방식으로 대처하면서 더욱 강력한 지배력을 갖게 될 것이다. 아래 단계의 대학들은 감소하는 수입을 온라인 학위 과정을 통한 정원 확대와 유학생 유치로 타개하려 할 것이다. 문제는 이 국가들이 우리나라와 심리적으로 가까운 나라들이며, 고등교육 분야에 비교 우위의 경쟁력을 갖고 있다는 점이다. 미국과 영국은 2017년 기준으로 전세계 유학생의 35%를 유치하고 있으며, 이 비율을 쉽게 올릴 수 있다. 미국 50-200위권 대학들은 유학생들에게는 SAT나 ACT를 면제해 주고 있으며, 심지어 로체스터 공대, 라베른 대학, 오티스 예술대학, 버몬트 대학, 유니온 칼리지, 벨로이트 칼리지 등은 우리나라 대학수학능력시험 성적만으로 진학이 가능하다. 일본 역시 유학생 유치 확대 기조가 더욱 강화될 가능성이 있다. 캐나다와 호주도 이미 한국 유학생이 많은 국가들이다. 중국은 유학생 50만 명 유치를 목적으로 등록금을 낮게 책정하고 있다. 한국에서 대부분 생활하면서 미국 100위권 정규 대학의 학위를 받을 수 있다면, 우리나라 대학들이 학위 수여만으로 경쟁력을 유지할 수 있을까? 급변하는 외부 환경은 감소하는 진학 인구로 위기를 맞게 될 우리나라 대학들에게 결정적인 타격을 줄 수 있다. 정부가 정원을 관리하는 보호 속에서 안주하며, 교육 투자에 인색했던 기업형 사립대학들은 온라인 학습 수준에 대한 학생들의 실망, 학습 방법의 변화가 촉발한 학생 유치 경쟁, 그리고 진학 인구 감소로 인해 생존의 위기에 직면할 것이다. 당장 2020학년도 2학기에 대학이 정상화 되지 않는다면 많은 학생들이 휴학을 하고, 1학년 학생들은 소위 반수를 선택할 것으로 예상된다. 국내 대학으로 유학 온 16만 명의 유학생[2]들 중 온라인 강좌를 듣기 위해 가을 학기에 등록할 유학생들은 많지 않을 것이다. 등록금에 의존하는 사립대학들이 이런 위기를 버텨 낼 수 있을까? 대학의 역할 변화를 인지하고 차별화된 플랫폼 전략을 통해 수요자인 학생들에게 학위 이외의 미래가치를 제공해 온 대학들만 살아 남는 시대가 더욱 빨리 다가올 것이다. 코로나19 이후 미래는 이미 위기가 시작된 우리나라 대학들에게 더욱 엄중한 시련의 시간이 될 것이다.

'만들어 가는 대학의 미래'에서는 미래 변화에 적응하기 위한 10가지 혁신의 방향을 제안했다. 코로나19로 인해 다가오는 엄중한 시련에 대응하기 위

2 '2019년도 국내 고등교육기관 외국인 유학생 통계'에 따르면 2019년 기준으로 전체 유학생은 160,165명, 학위과정에 등록한 유학생은 100,215명이며, 유학생들의 91.3%는 자비 유학생으로 조사되었다.

해 좀 더 시급히 시행해야 할 혁신 사항은 다음과 같다. 온라인 강좌와 연동되는 개인화된 학습 플랫폼의 개발과 확산, 지배 구조 개선과 대학 교육의 다양화, 교육 관련 정보의 투명한 공개와 경쟁 구조 도입, 이를 뒷받침 하는 고등교육 재정지원 확대가 그것이다.

코로나19로 인해 온라인 학습의 전면적인 도입과 운영이 시작되었다. 온라인 교육을 통한 대학교육 혁신을 가로막는 여러가지 장애물이 한시적이지만 일거에 제거되었다. 변화를 거부하는 기존 교수들은 대안이 없는 상황에서 온라인 강좌를 수용하고 준비에 최선을 다하고 있다. 온라인 학습과 관련된 투자에 인색했던 대학들도 최소한의 투자를 통해 온라인 학습 환경을 제공하게 되었다. 정부는 '2020학년도 1학기 적용 일반대학의 원격수업 운영 기준' 이라는 한시적인 규정을 통해 온라인 강좌 도입을 지원했다. 짧은 준비 기간에도 불구하고, 큰 문제 없이 온라인 강좌가 운영되면서 온라인 강좌를 활용한 대학교육 혁신에 대한 기대감도 감지된다. 기업형 사립대학들은 온라인 강좌 확대를 통해 경비를 절감하려는 근시안적인 목표를 달성하기 위해 노력할 것이다. 그러나 대면 강좌를 단지 온라인으로 변환해 제공하는 것은 혁신이 아니다. 온라인 학습을 통해 생성되는 학습 빅데이터를 기반으로 개인화된 학습 시스템의 개발과 활용이 교육 혁신의 핵심이라는 사실이 중요하다. 개인화된 온라인 학습 시스템을 통해 교수와 학생의 상호작용을 새롭게 정의하고, 그 교육 성과가 대면 강의를 뛰어 넘을 때 진정한 혁신이 완성되는 것이다. 미국 최고의 명문 대학들이 미네르바 학교의 개인화된 학습 플랫폼 도입을 고려하고 있다는 소문이 돌고 있다. 적응형 학습 서비스를 제공하는 Wiley and Sons, Pearson, McGraw Hill 등 주요 기업들은 온라인 학습의 전면적인 시행이 기존 솔루션의 개선과 극적인 매출 확대로 연결될 것이다. 호시탐탐 교육시장 진출을 노리고 있는 거대 IT기업들의 움직임도 주목해야 한다. 앞서 달려가고 있는 해외 대학과 해외 기업의 온라인 학습 시스템에 종속되지 않으려면, 정부와 대학이 협력해야 한다. 정부는 학생들의 학습 데이터를 자유롭게 사용할 수 있도록 법령을 정비해야 하며, 주요 대학들을 중심으로 적응형 학습 시스템을 시급히 개발하고 여타 대학들과 공유해야 한다. '온라인 강좌와 적응형 학습은 피할 수 없는 대세다' 에서 언급한 사항이다.

코로나19 이후 지방 사립대의 몰락이 더욱 뚜렷하게 가시화될 것이다. 정부는 대학설립 준칙주의와 대학 정원 자율화가 낳은 폐해인 수도권과 지방대학의 양극화를 개선하고, 분권화된 지역성, 대학의 공공성, 지배구조의 다양성, 교육의 내용의 차별성이 확보되는 방향으로 정원 조정과 구조 개혁을 실행해야 한다. 또한 우리나라 대학들이 공멸하는 타격을 받기 전에 기업의 파산과 폐업, 인수와 합병처럼 신속하게 구조 개혁을 진행하는 것도 중요하다. 이런 기준 하에 가장 서둘러야 할 것은 지방 거점 도시의 주요 사립대학을 공영형 사립대학으로 전환하는 것이다. 공영형 사립대학이 거점 국립대학과 공존하고 경쟁하면서 지방의 고등교육체계를 건강하게 유지하는 보호막이 되어야 한다. 집중적인 재정 투입과 행정 지원이 필요하며, 2021년이 그 원년이 되어야 한다. 또한, 코로나19 이후 대학 기본역량진단평가에서 부실 평가를 받은 대학뿐 아니라 학생 모집에 실패하여 폐교되는 기업형 사립대학이 더욱 빠르게 증가할 것이다. 이들 대학의 폐교 과정과 잔여 재산의 처리 문제는 공론화 과정과 국민적 합의를 통해 신속하게 해결해야 할 것이다. '대학은 누구의 것인가 - 지배구조의 다양화와 공공성 회복'에서 설명한 내용이다.

코로나19로 인해 시작된 전면적인 온라인 학습은 대학의 가치에 대해 재고하는 기회를 제공할 것이다. 공급자인 대학들은 온라인 강좌를 통한 비용 절감을 혁신으로 포장하고 있지만, 수요자인 학생들은 부족한 수준의 온라인 강좌를 수강하며, 교과목을 통한 지식 습득은 대학의 가치 중 단지 일부분임을 자각하게 될 것이다. 특히 우리나라 대부분 학생들은 '일타' 강사라고 불리는 최고 강사들의 대학 입시 교과목 인터넷 강의에 익숙하다. 메가스터디, 이투스, 스카이에듀 등이 대표적인 기업들이다. 유니스터디, 에듀캐스트, 유니와이즈는 대학의 주요 교과목을 인터넷 강의로 제공하고 있다. 취업에 도움이 되는 강좌를 제공하는 패스트캠퍼스, 미국의 마스터클라스와 유데미(Udemy) 모델을 혼합한 클라스101도 인기를 끌고 있다. 이렇듯 인터넷 강의에 익숙한 학생들은 대학이 제공하는 온라인 강좌에 대한 실망과 불만이 커질 것이다. 이는 등록금 인하 투쟁을 넘어 대학의 가치에 대한 전반적인 회의까지 도달할 것이다. 표준화되고 전문화된 국가주도 근대 대학의 모습을 극단까지 끌고 나간 우리나라 대학은 생존을 위한 변화가 필요하다. 연결의 플랫폼인 개별 대학이 제공하는 차별화된 교과외 활동이 핵심이 될 것이다. 대학 이사회와 집행부는 가속되는 대학의 위기 속에서 생존을 위한 차별화된 플랫폼 전략을 설정하고, 학생들에게 타 대학들과 차별화된 가치를 제공해야 할 것이다. '교육 내용과 교육 방법의 다양화가 실현되어야 한다' 와 '대학은 연결의 플랫폼이다'에서 언급한 사항들이다.

코로나19로 인한 전면적인 온라인 학습의 시행은, 역설적으로 우리 대학의 교육 역량을 향상시키기 위한 절호의 기회를 제공할 수 있다. 대학 본연의 역할은 교육이지만 현재까지 개별 교수가 얼마나 잘 가르치는지는 알 수 있는 방법이 없었다. 모든 교수들이 온라인을 통해 강좌를 운영하는 현 상황은 교육 내용을 공개할 수 있는 모든 조건을 만족하고 있다. 우리나라 대학의 연구 역량 향상이 개별 교수의 연구 실적 '공개'에서 시작 되었듯이, 개별 교수의 온라인 교육 내용을 일부라도 '공개'하는 것은 어떤 방식보다도 효과적으로 대학 교육 수준을 향상시킬 수 있을 것이다. '시장은 실패해도 시장의 방식은 실패하지 않는다 - 평가하지 말고 공개하라' 에서 다룬 내용이다.

"대학은 사라질 것인가, 새롭게 재탄생할 것인가? 역사적으로 강인한 생명력을 보여준 대학은 어떻게든 살아남을 것이다. 대학은 사라지지 않지만 동시에 혁명적인 변화는 피할 수 없을 것으로 예상된다. 결국 이 변화의 흐름을 주도하면서 적응하는 대학들과 변화의 격랑 속에서 도태되어 사라지는 대학들로 구분될 것이다"는 대학의 미래 서문에 제시된 문장이다. 이 예측은 코로나19로 인해 더욱 빠르게 현실이 될 것이다. 시간은 많지 않다.